前海地下道路工程技术创新与实践

张小妹 编著

中国建筑工业出版社

图书在版编目（CIP）数据

前海地下道路工程技术创新与实践 / 张小妹编著
. —北京：中国建筑工业出版社，2022.11
ISBN 978-7-112-27772-8

Ⅰ.①前⋯ Ⅱ.①张⋯ Ⅲ.①隧道工程－工程技术－深圳 Ⅳ.①U45

中国版本图书馆 CIP 数据核字（2022）第 152854 号

责任编辑：毕凤鸣
责任校对：孙 莹

前海地下道路工程技术创新与实践

张小妹 编著

*

中国建筑工业出版社出版、发行（北京海淀三里河路9号）
各地新华书店、建筑书店经销
华之逸品书装设计制版
恒美印务（广州）有限公司印刷

*

开本：880毫米×1230毫米 1/16 印张：15¾ 字数：370千字
2022年11月第一版 2022年11月第一次印刷
定价：216.00元
ISBN 978-7-112-27772-8
（39963）

版权所有 翻印必究

如有印装质量问题，可寄本社图书出版中心退换
（邮政编码 100037）

《前海地下道路工程技术创新与实践》
编委会名单

主编单位： 深圳市前海建设投资控股集团有限公司

参编单位： 北京市市政工程设计研究总院有限公司

主　　编： 张小妹

副 主 编： 鲁　飞　夏石泉　肖文君　郭华丽　金延伟
　　　　　　张　帆　王　宁　倪　伟

编　　委： 常　海　崔江峰　包长春　刘一超　牛宏荣
　　　　　　王　越　张建军　赵伟红　杨　玲　王俊辉
　　　　　　申美兰　梅　园　刘　飞　廖晶晶　蒋永红
　　　　　　林翠媚　王　虹　吴介普　秦江华　田常均
　　　　　　陈　定　马晓翠　冯美华　刘葛羽　袁　斌
　　　　　　李世渊　刘　涵　黄　华

序·PREFACE

城市地下道路的发展有百余年历史，已建成地下道路主要分布在欧美日等发达国家的特大城市，多数是为了解决大城市日益严重的交通拥堵、土地资源不足和环境污染等"城市病"问题而被迫建造的。我国地下道路建造始于20世纪60年代，发展比较缓慢，且绝大部分地下道路是穿越障碍物（如大江大河、高山等）的简单交通隧道。进入21世纪，随着城镇化进程加快，"城市病"日益突出，随着综合国力快速提升，城市地下道路建设速度也随之加快。特大和超大城市已建成或正在建设大量的地下道路，尤其是北京、上海、深圳等超大城市。

2010年8月26日，国务院批复同意《前海深港现代服务业合作区总体发展规划》。开发建设前海深港现代服务业合作区是支持香港地区在"一国两制"前提下经济社会发展、提升粤港澳合作水平、构建对外开放新格局的重要举措，对推进粤港澳大湾区建设、支持深圳建设中国特色社会主义先行示范区、增强香港同胞对祖国的向心力具有重要意义。2021年9月6日，中共中央、国务院印发的《全面深化前海深港现代服务业合作区改革开放方案》发布，作为国家战略的前海合作区将打造粤港澳大湾区全面深化改革创新试验平台，建设高水平对外开放门户枢纽。同时，进一步扩展前海合作区发展空间，前海合作区总面积由14.92平方公里扩展至120.56平方公里。

在2021年9月6日之前，前海合作区面积只有14.92平方公里，且大部分属于填海区，地质条件复杂，土地空间有限，城市开发建设面临巨大挑战。前海人创新地采用先地下后地上等"四先四后"开发建设时序，以"创新无限"破解"空间有限"，实现了"映像前海"的地下空间开发愿景，打造深港地区具有示范意义的"城市倒影"，成为优化城市空间结构、提高城市空间资源利用效率典范之一。

前海地下空间规划建设规模体量巨大。需与地面形成人、车、物、信息等要素流的安全高效智慧的立体空间。为此，前海在地下空间规划建设互联互通的地下慢行网络系统、立体高效的地下车行网络系统、多元协同融合的地下公共服务设施和绿色低碳的地下市政基础设施，从而使前海地上与地下立体城市具有更安全高效的网络化、立体化、便捷化和体系化的四大特色，真正打造与地上空间相得益彰高效协同的现代"立体城市"（"城市倒影"）。

地下交通系统是"前海倒影"的核心，而"核中之核"就是前海的综合地下道路系统。其显著特点是"地下道路－地下联络道－地下车库"逐级分流系统。前海分别于2012年和2014年，启动《前海地下快速道路系统详细规划》的编制和勘察设计。2015年，国内最高标准地下道路——前海地下道路一期工程启动。2021年7月，该区桂湾一路、临海大道和滨海大道地下道路开通，北联南坪快速二期、东联滨海大道快速路、南接广深沿江高速，开辟前海—南山—龙华—龙岗快速畅行新通道，实现前海中远程交通快速到发的阶段性成效。

作为全国城市少有的多点进出综合地下道路网络，前海地下道路的建设面临地质条件复杂、穿越地铁线路多、同步推进基础设施项目众多、消防设计无规可依、出地面构筑物景观环境要求高等诸多问题和难点。因此，前海地下道路网络的规划设计、建设时序研究、接口的统筹建造以及运营管理都极具挑战性和前瞻性，为破解现代城市发展和治理难题做了有益的探索和实践。

这个国内最高标准地下道路网络的规划建设过程，是国内外专家、各参建单位精诚合作、精益求精、深刻诠释"工匠精神"的过程。藉此，前海不仅建成了高质量的地下道路网络，也取得了较多的突破性技术成果。通过多项关键技术专项研究和采用消防性能化设计方法，有效解决了多点进出地下道路网络的消防技术难题，也推动了消防设计规范的修编。对于出地面附属构筑物在地面景观环境融合方面，采用合建、景观融合、弱化建筑体量等设计优化方法，将出地面构筑物不利景观环境的影响降至最低。在统筹城市建设管理方面，探索采用项目集群管理方法对包括地下道路在内的基础设施项目进行集群管理，提前统筹建设时序、设计接口和工程接口，保障项目顺利实施。

我国城市地下空间发展潜力巨大、前景广阔。本书是对前海地下道路规划设计和开发建设的高度概括，可为国内外类似的城市地下空间开发建设提供有益借鉴。以实践创新带动理论创新和技术创新，深入研究韧性地下空间结构、全息感知和智能韧性管理系统，水循环利用等绿色降碳规划设计。相信在不久的将来，一座四通八达、规模庞大、世界一流的现代"立体城市"将会在前海全面崛起，成为新时代人民城市建设的范例。

中国工程院院士
深圳大学土木与交通工程学院院长
深圳大学未来地下城市研究院院长　陈湘生

2022年11月6日

目录·CONTENTS

第一章 城市地下道路发展概述   **001**

第1节 城市地下道路的基本特点   002

第2节 地下道路与城市开发的关系   002
    2.1 地下道路与城市开发建设的现状   002
    2.2 城市地下交通系统功能组成   002
    2.3 城市地下道路对城市开发的作用   003

第3节 城市地下道路建设的综合效益   004
    3.1 社会效益   005
    3.2 经济效益   005
    3.3 环境效益   006
    3.4 防灾效益   006
    3.5 国土资源效益   006

第4节 国内外城市地下道路发展概况   007
    4.1 地下道路分布情况   007
    4.2 国外城市地下道路发展概况   007
    4.3 国内城市地下道路发展概况   013

第二章 前海深港现代服务业合作区规划   **019**

第1节 前海深港现代服务业合作区简介   020
    1.1 前海深港现代服务业合作区区域概况   020
    1.2 前海深港现代服务业合作区发展目标与定位   021
    1.3 前海深港现代服务业合作区综合规划   021

第2节 前海合作区地下空间规划及其发展   023
    2.1 前海合作区地下空间开发及开发理念   023

	2.2 前海合作区轨道与道路交通详细规划	024
	2.3 前海合作区地下空间规划	026

第三章　前海合作区地下道路工程概况　　031

第1节　工程概述　　032

第2节　功能定位　　033
  2.1　滨海大道地下道路　　033
  2.2　桂湾一路、临海大道地下道路　　033
  2.3　地下车行联络道　　034

第3节　建设必要性　　034
  3.1　构建立体化道路交通系统　　034
  3.2　构建地下道路快速、高效的交通系统　　035
  3.3　核心区小尺度路网无法独立承担区域集散交通　　036
  3.4　构建地下车行系统，为沿线片区提供对外交通出行条件　　038

第4节　建设意义及经济、社会效益　　039
  4.1　经济效益　　039
  4.2　社会效益　　040

第四章　前海合作区地下道路工程建设管理实践与创新　　043

第1节　项目群组织模式　　044
  1.1　项目群组织实施特点与难点　　044
  1.2　项目群组织形式　　045

第2节　建设单位设计管理　　046
  2.1　设计管理策划　　046
  2.2　设计边界条件管理　　049
  2.3　设计进度与质量管理　　050
  2.4　设计接口管理　　053

第3节　建设单位施工管理　　058
  3.1　工程实施策划　　058
  3.2　施工进度管理　　059
  3.3　工程成本管理　　060
  3.4　工程质量管理　　061
  3.5　工程实施接口管理　　062

第4节　工程档案管理　065
  4.1　工程档案管理重点　065
  4.2　工程档案管理难点把控　067
  4.3　档案管理工作亮点　067
第5节　项目管理创新　070
  5.1　设计与项目管理领域深化"深港合作"　070
  5.2　招标模式创新与选择　070
  5.3　创新"监理＋项目管理"模式　071
  5.4　BIM技术应用　071

第五章　项目建设时序安排与工程接口管理　073
第1节　项目总体建设时序与接口管理　074
  1.1　工程建设时序分析及建议　074
  1.2　工程接口管理　075
第2节　规划设计阶段建设时序分析与接口处理设计　077
  2.1　规划设计阶段建设时序分析与对策研究　077
  2.2　工程接口处理设计　084
第3节　施工阶段工程接口管理及工程措施　089
  3.1　工程接口分析与管理　089
  3.2　接口处理工程措施　090

第六章　前海合作区地下道路工程设计　091
第1节　工程建设条件分析　092
  1.1　工程地质条件分析　092
  1.2　周边土地开发及工程建设情况　093
第2节　地下道路总体设计　096
  2.1　设计原则　096
  2.2　交通需求及预测　096
  2.3　设计标准与技术指标　105
  2.4　工程总体布局　106
第3节　结构工程设计　110
  3.1　结构体系设计　110
  3.2　结构防水设计　112
第4节　岩土工程设计　113

		4.1 填海区基坑工程	113
		4.2 地基处理工程	121
	第5节	消防工程设计	124
		5.1 设计原则	124
		5.2 地下道路火灾的危险性及特点	124
		5.3 消防关键技术及解决思路	125
	第6节	附属工程设计	129
		6.1 隧道通风	129
		6.2 隧道供配电系统	131
		6.3 隧道照明系统	131
	第7节	景观与装饰设计	132
		7.1 地下道路装饰装修工程特点	132
		7.2 地下道路进出口装饰设计	132
		7.3 地下道路装饰工程构成	133
		7.4 地下道路装饰装修亮点	135
	第8节	与相关工程的衔接	136
		8.1 接口分类及处理措施	136
		8.2 联络道与周边地块接口处理	138
	第9节	设计重难点分析及应对措施	139

第七章		前海合作区地下道路施工	**143**
第1节		土建工程施工	144
		1.1 明挖段施工	144
		1.2 暗挖段施工	164
第2节		机电安装及装饰装修工程施工	181
		2.1 机电安装施工	181
		2.2 装饰装修施工	190
第3节		施工重难点分析及应对措施	194
		3.1 土建工程	194
		3.2 机电安装及装饰装修工程	196

第八章		科研和成果应用	**199**
第1节		科研项目背景与课题	200
		1.1 科研项目背景	200

	1.2 科研课题	201
第2节	科研课题研究内容与成果应用	202
	2.1 多点进出地下道路通风关键性技术研究	202
	2.2 多点进出地下道路逃生救援关键性技术研究	203
	2.3 地下道路特长隧道交通安全与驾乘环境专题研究	204
	2.4 地下道路车流仿真专题研究	207
	2.5 桂湾地下车行联络道与剧院建设模式专题研究	209
	2.6 地下道路装饰装修设计优化专题研究	215

第九章　经验成果　　231

第1节	工程亮点	232
第2节	经验总结	235
第3节	下一步研究及探索	238

参考文献	241
致谢	242

第一章
城市地下道路发展概述

○ 城市地下道路的基本特点
○ 地下道路与城市开发的关系
○ 城市地下道路建设的综合效益
○ 国内外城市地下道路发展概况

第1节
城市地下道路的基本特点

随着世界经济的蓬勃发展，各国城市化速度在不断地加快，为缓解城市中心区主干路交通拥堵、缩短城区间道路里程，城市交通改善的重要性日益突出。作为城市交通的重要组成部分——城市地下道路占有越来越重要的位置，建设城市地下道路已成为大中型城市交通发展的重要主题。而随着城市交通量的日益增长，城市地下道路所承担的交通负担日益加重，进而促进了城市地下道路规模的不断扩大。

通过一些国家和地区（例如美国、西班牙、日本、中国香港）的实践表明，地下道路可以有效分流地面交通，成为城市交通快速通道，且在景观环境、环境保护等方面综合效益显著。

相对于地面道路工程，城市地下道路工程具有以下特点：工程规模及投资大、地质条件复杂、基坑设计与施工难度大、设计及施工限制因素较多、防灾减灾复杂、驾驶视野差以及后期安全运营复杂等特点，设计与后期实施中需要考虑的因素较多，是一项十分复杂的工作。

第2节
地下道路与城市开发的关系

2.1 地下道路与城市开发建设的现状

近年来，随着经济的高速发展，城市规模也在快速扩大，导致大城市面临日益严峻的城市综合症：城市人口超饱和、建筑空间拥挤、城市绿地减少；交通拥堵、行车缓慢；基础设施落后于城市扩展和城市人口增长，并造成城市环境恶化，城市总体抗灾抗毁能力下降严重。

针对上述问题，当今发达国家的城市已把对地下空间的开发利用作为解决城市人口、环境、资源三大危机的重要措施和医治"城市综合症"、实现城市可持续发展的重要途径。其中，城市地下空间开发的关键环节之一就是城市地下交通系统构建。

2.2 城市地下交通系统功能组成

所谓城市地下交通系统，是指在城市地下建设一系列交通设施所形成的地下交通网络

（图1-1）。按功能大致可划分为以下三种类型。

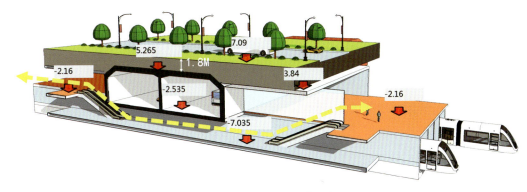

图1-1 城市地下交通网络示意图

1.地下机动车交通系统

它包括地下道路、地下停车场等。目前该类地下机动车交通空间正日益得到广泛的重视，尤其是地下道路系统，自20世纪末以来得到了较广泛的发展。主要原因在于，虽然轨道交通能满足大部分公共客运需求，可以吸引部分来自拥有私人汽车的客流，减少车流量，但是由于私人汽车的时间效率、灵活性与舒适程度都比轨道交通高得多，对个性化的机动车出行需求无法全部满足。同时，由于受城市地面资源约束，高架道路又会造成大量的环境问题，地下道路作为快捷的交通手段越发显现出优势，因此地下道路成为目前研究和实践的热点。

2.地下轨道交通系统

它包括地铁、城铁、轻轨等轨道交通设施。从19世纪60年代英国伦敦修建第一条地下铁道以来，地铁解决了大量人群的出行问题。地铁运送能力强，能适应的单向最大高峰小时客流量为3万～6万人次，就是轻轨单向最大高峰小时客流量也达到1万～3万人次。

3.地下步行交通系统

将建于地下供公共使用的多条地下步行道有序组织在一起，形成地下步行交通系统。主要包括两种形式：地下步行街和地下行人过街通道。地下步行街又可分为快速和慢速两种。快速地下步行街可借助于一些自动输送设备保证行人的快速、较长距离流动；慢速地下步行街主要满足近距离的步行交通，并常兼有购物商业功能。地下行人过街通道，主要是为解决行人过街而建造的单建式地下交通设施。

2.3 城市地下道路对城市开发的作用

1.改善城市中心区交通拥堵状况，提高城市中心区经济活力

地下快速路和主干路具有单向性和直达性（交通走廊）等流通特点，同时，在出入口处可以更好地利用有限的土地和地面附近设施，节省地面土地、分流车辆、减少地面交通压力。直接效益是降低货车、客车运输成本；减少市中心拥挤；节约货物在途时间，加快周转；减少市中心

车行时间，提高城市车辆和人群的出行效率，改善地面活动空间布局，扩大公共活动空间，促进城市土地增值和地区繁荣。

2. 改善城市环境

在地下道路这样相对封闭的环境下，车辆的噪声和尾气污染采用高技术手段可以集中控制和有效处理，特别适合当前城市可持续发展战略和环境保护政策。同时地下道路与高架路相比具有抵御外部灾害的积极特性，地下道路可以昼夜通行，不受雨雪、大雾天气影响。

3. 改善城市空间和城市格局

1）改善城市整体交通状况

地下道路建在地下，其运行是封闭式的，不受城市地面人、车和道路干扰、气候条件的影响，因而车辆可快速、畅通地行驶。与地面道路相比，它节省了城市建设用地，这非常符合我国城市地少人多的现状。修建地下快速路和主干路在提高车辆出行、改善地面空间布局和增加公共活动空间上表现尤佳，加强与外联系，带动商业等发展；改善投资环境，吸引投资；建设地下道路可以腾出更多的地面空间进行绿化或适度开发，实现了土地的多重使用。

2）保护城市内的自然景观和人文景观

地下道路也是解决道路改造与传统格局的矛盾、进行城市更新、古城保护等方面的重要途径。发展地下交通，减少地面上的车流和人流量。这样可以使城市人文景观、古城风貌不因解决交通问题而受到破坏。在保护城市原貌、充分利用土地资源的基础上，极大地缓解了市区道路交通的压力。

4. 提升城市宜居品质

城市化发展的目标是实现城市人口达到整个人口数量60％以上，在人口高度集中的空间里，实现城市可持续发展。可持续发展是城市的生存性，生存性不等于扩张，是要求在合理规划和建设的基础上，提高城市的容纳力。大量建造的高架路对城市绿地、景观产生破坏，对人的视觉造成影响，使城市的尺度失调、色彩单一，城市空间失去独特性和可识别性，同时破坏了城市景观，把城市分解得支离破碎。而城市地下道路的建设，将会有效地避免这种情况的发生，从而提升城市的宜居品质。

第3节
城市地下道路建设的综合效益

随着人口的增加，工业社会的发展，城市化的促进，使人类在地上的生活空间受到限制，很多不利因素逐渐暴露出来，如生活环境的恶化、能源的短缺、自然环境的破坏等。为了更好地解决这些问题，将城市地下空间作为一种重要的国土资源开发利用，关键环节之一就是城市地下交通系统的构建。实践证明，城市地下道路的开发建设，对城市在社会、经济、环境等方面所产生的综合效益日益明显。

3.1 社会效益

地下空间资源利用的社会效益十分明显，现代城市地下空间的开发利用已渗透到许多领域，其中对人类社会影响最大的工程项目有地铁、地下街、地下贮存库、地下道路、平战结合的两用民防工程等。随着城市化进程的加快，引起城市人口规模激增与城市基础设施相对落后的矛盾，这就要求城市不断更新改造基础设施，而地下空间往往是基础设施最好的收容空间，开发和利用地下空间资源，修建与城市发展相适应的地下道路等基础设施，对城市的建设与发展有重要意义，促进了城市的更新与改造。

20世纪50年代以来，随着城市地面交通的饱和，出现了拥挤、阻塞、汽车排气污染、噪声公害、单位运量耗能大等问题，而兴建地下道路等地下交通系统，不仅速度快、安全准时，而且占地面积少、污染少，减少了城市交通事故发生率。

地下道路的开发利用，打破了建设规划"一元化"的限制，开辟了"多元化"的市政规划体系，地面和地下合理地融合、密集发展、共同使用，可给居民的上下班、生活、娱乐带来诸多便利，减少了由于城市"一体化"造成的臃肿、活动效率低、市政工程管理系统复杂等弊端，大大缩短交通距离，从而大大节约城市能源。

人口的就业是一个严重的社会问题，随着地下道路的大量开发建设，可以使得更多的人得到就业。

地下道路的开发建设，一方面将地面交通转移到地下，释放出地面空间资源，可供其他功能的开发；另一方面，可改善沿线居住与办公环境条件。

3.2 经济效益

地下道路的开发建设，一般一次性投资为地面相同等级的市政道路的8～10倍，最高可达11～14倍。根据相关数据估计，国民人均年收入在200～500美元，城市地下空间的开发利用已成为经济发展的需要。国民人均年收入在500～2000美元，城市地下空间得到较为广泛地开发。人均年收入超过2000美元，城市地下空间开发利用向高水平发展。

地下道路的优点是运行速度快、安全，对地面交通影响小，没有复杂的交通组织问题，不存在人、车混流现象；噪声小、环境污染小；不妨碍城市景观、不侵占地面空间资源。

地下道路结合周边地块的开发，如与地块车库形成环路，将提升地块的开发价值，得到很好的经济效益。

3.3 环境效益

地下道路的开发利用可创造巨大的环境效益,对减少地面环境污染、美化城市环境有重要意义。在城市建设中,将地面交通产生的噪声、振动、尘埃转嫁到地下并通过降噪设备和空气净化站进行处理,可减少地面环境的污染,降低空气中二氧化碳、碳酸、硝酸含量。通过修建地下道路,可以释放地面空间资源,增加城市绿化面积或建筑生活服务设施,促进生态环境良性循环。不仅有益于美化城市环境,而且还可减少城市污染(图1-2)。

图1-2 前海合作区滨海大道地面环境改善实景图

3.4 防灾效益

地下道路一般比同类地上道路抵御自然灾害的能力强,风暴、暴雨、龙卷风、暴雪等对地下道路影响较小;地下道路如果设施可靠,发生火灾时蔓延的可能性很小,有利于防火防爆;在寒冷的天气条件下,地下空间不会有水管冻结或冻裂的问题;地下空间在地震条件下受地震的破坏作用要比地面建筑轻得多,还能部分防御现代战争的侵袭。为了国家生存和民族利益,开发利用地下空间,是十分重要的。

3.5 国土资源效益

在城市产生之初,其发展总是沿着两维延伸,现如今生产力和科学技术的发展使得人类有能力向高空和地下发展,城市才向着三维方向综合发展。城市地下道路是城市空间资源的一部分,它在城市中的作用和地位愈来愈被人们所重视,它的开发利用,使城市适度集聚,能够获得最佳效益。

综上所述，地下道路是我国城市市政建设工程的新型国土资源，开发利用地下空间具有显著的社会、经济、环境、防灾和国土效益，可在城市建设中发挥重大作用。

第4节 国内外城市地下道路发展概况

4.1 地下道路分布情况

地下道路在世界范围内的建设非常广泛，主要分布在美国、欧洲西部、亚洲东部以及澳大利亚。现在世界上发达城市，尤其是国际性大都市，基本都开展了地下道路的规划和建设。本节主要介绍了美国波士顿、西班牙马德里、日本东京，以及中国香港、上海、南京、苏州和北京的地下道路建设情况。

4.2 国外城市地下道路发展概况

1. 美国地下道路建设情况

美国是一个高度发达的超级大国，但建成的地下道路并不多，长度超过1km的地下道路有56条，其中有6条地下道路由于年代久远，已经不再使用。现在正在使用的50条地下道路累计长度83.723km。

纽约有6条长度超过1km的地下道路，合计14.57km，建设于1957年以前，功能主要是穿越河流，其中4条穿过哈德逊河，2条穿过东河。

波士顿有5条长度超过1km的地下道路，合计11.26km，大部分都是在中央干道/隧道项目（Central Artery/Tunnel，简称CA/T）中修建的。CA/T是世界城市改造史上的一个跨世纪神话，是美国历史上规模最大、耗资最多、工期最长、难度也较大的城市道路改造项目[1]，它向全世界传播了建设地下道路的理念，影响深远。

波士顿是马萨诸塞州首府，东北部新英格兰地区最大港口，美国的文化名城。波士顿的中央干道[2]原本是六车道的高架道路，始建于1959年，属于I-93州际高速公路的一部分。由于它穿越波士顿的市中心，阻碍了波士顿北部的滨水地区和市区的联系；并且建成后，其日交通量日益攀升，在20世纪90年代已接近设计日交通量的3倍，成为美国最拥堵的道路之一。拥堵还造成了其高达全美州际公路平均水平4倍的事故率，以及严重的环境问题。同时，受中央干道的影响，连接机场的两条跨海隧道也拥堵不堪（图1-3）。如果没有重大改进，预计到2010年，波士顿的交通每天将有三分之二的时间都在拥堵[2]。

图1-3 波士顿中央干道拥堵示意图

为了综合解决上述问题，马萨诸塞州收费公路局提出了中央干道/隧道项目（CA/T）的改造方案。该项目主要由两部分组成：在现有六车道中央干道的正下方修建的八至十车道地下高速路，取代原有高架系统，并在其北部终点修建两座连接跨越查尔斯河的新桥，车道数也达到顶峰，共有14条车道；将I-90州际高速公路向东延伸，以地下道路的形式下穿南波士顿，并再建一条穿越波士顿港连接洛根机场的地下道路——泰德·威廉斯隧道（图1-4）。

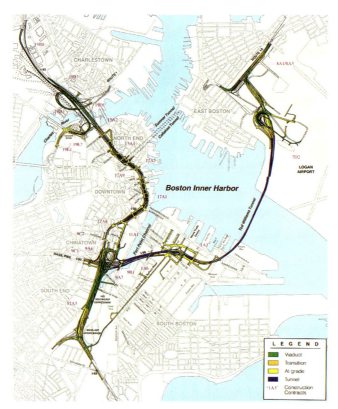

图1-4 波士顿中央干道地下道路工程平面示意图

在中央干道/隧道项目（CA/T）的改造方案实施之前，已有两条跨港口的地下道路连接波士顿中心区和东波士顿及洛根机场，此外，当时出于保护旧城的考虑，原中央干道高架系统在其南部也修建了地下道路，而在后续的改造中，原有地下道路（即杜威广场隧道）改为单向通行。在中央干道/隧道项目（CA/T）中，新改建的地下道路还包括中央干道隧道、I-90州际高速公路延伸隧道和泰德·威廉姆斯隧道（表1-1）。这些地下道路大部分是为了穿越障碍物，如老城区的建筑、广场、桥梁、港口等；同时，通过新建、扩建完善了路网结构，提高通行能力，缓解了拥堵；更重要的一点是，减少快速路系统对城市的割裂作用，增强了道路两边社区的联系，也为市民提供了更多的、环境友好的公共开放空间。

波士顿市区隧道情况统计表　　　　表1-1

序号	地下道路名称	长度（km）	车道数	限速（英里/时）	建成年	障碍物
1	萨默隧道	1.72	双二	40	1934	波士顿港
2	杜威广场隧道	0.72	单四	45	1956/2005	广场、建筑
3	卡里汗隧道	1.54	双二	40	1961	波士顿港
4	城市广场隧道	0.3	双六	40	1992	桥梁、广场
5	中央干道隧道	2.4	双八	45	2003	
6	I-90州际公路延伸隧道	3.0	双八	45	2003	铁路、运河、建筑
7	泰德·威廉姆斯隧道	2.6	双八	45	2003	波士顿港
	合计	12.28				

中央干道/隧道项目（CA/T）的改造方案效果显著。在1995年至2003年期间，由于交通改善和交通延误的大幅度减少，车辆在这一公路上的总行驶时间减少了62%，每年在时间和费用方面大约节约1.68亿美元。此外，波士顿南部和西部的居民在高峰时间从I-90/I-93州际高速公路立交桥转至洛根机场的平均时间减少42%～74%（取决于行车方向和时间）。高架路的拆除还使港区和波士顿市区连成一片，推动港区和北部滨水地区的发展。交通条件的改善也拉近了周边的城镇与洛根机场、商埠以及州际公路的距离，加强了它们与波士顿的联系[3]。

不仅如此，中央干道/隧道项目还建造了超过45个公园和大型公共广场，总面积超过150英亩。现今城市主干道建于城市的地下空间，使汽车尾气通过公路隧道通风系统过滤排放，避免直接污染空气，提高了空气质量，全市的一氧化碳水平降低了12%。同时，降低了城市噪声。城市环境的改善推动了经济的发展，高架拆除后的27英亩条形土地将作为城市公共空间（图1-5），这一计划吸引了更多投资和游客，提升了周边土地的价值，投资公司的收益上涨了10%～15%[3]。

2.西班牙地下道路建设情况

西班牙全国1km以上的隧道累计长度共242.57km，其中，马德里省有32.943km，大部分集中在首府马德里[4]。

马德里是马德里省首府，西班牙首都，西班牙的第一大城市。市区面积607km^2，人口约310万；全市面积包括郊区和卫星城镇1020km^2，人口452万人。

图1-5 波士顿中央干道地面环境改善示意图

马德里的快速路网呈"三环八射",其中的三环为:内环—M30,全长32.5km;中环—M40,全长63.3km;外环—M50,全长85km。

M-30环线出现在1929~1941年马德里城市规划中,它紧紧环绕马德里的市中心,直到1970年才开始建设,1990年它整体竣工时,已经远远不能满足所涉区域每天的车流量。大部分时间车流拥堵不堪,交通事故发生率也居高不下。曼萨纳雷斯河被包围在行人难以到达的道路中央,且饱受污染的困扰。此外,M30对城市的切割严重,过河通道有限,西侧居民过河进入东岸市中心困难,造成沿河拥堵不堪[5]。

为了解决拥堵问题,马德里政府开始了M-30环线的改造计划。主要是新建地下道路,提高M-30通行能力,将既有地面道路空间还原为公共空间,并重建曼萨纳雷斯河区域生态。涉及大型隧道的工程主要在M-30环线的南北两部分,而北部仍在规划之中,已建成的重点工程集中于南部,分别是沿曼萨纳雷斯河快速路改造为隧道,以及南部旁越段的修建。

马德里地下道路占马德里省的36%,是全欧洲最大的城市地下道路网络[6](表1-2)。

M-30改造工程中的地下道路工程情况　　　　表1-2

序号	地下道路名称	长度(km)	车道数	建成年
1	南部旁越段	4.3	双六	2007
2	大使大街和M-40的连接隧道	1.3	双四	2006
3	葡萄牙大街至Gta.圣维森特的挖掘段	2.0	双八	2007
4	马尔克斯德莫尼斯特罗尔大道和圣伊西德罗桥之间的M-30挖掘段	2.2	双八	2007
5	圣伊西德罗桥和公主桥之间的挖掘段	2.1	双六	2007
6	北旁越段		双八	规划
7	北支路与A-I的连接段		双八	规划
合计		11.9		

M-30环线改造计划在2008年金融危机后没有继续推进，还留有M30东北部北旁越段（4.2km）和北支路与A-I的连接段（1.9km）没有实施。

M-30南线改造项目每年节省440万h的行车时间，恢复了曼萨纳雷斯河岸地区，为靠近河流修建公园空出了一块100hm² 的土地，地下道路的尾气净化设备使每年排放到大气中的污染物减少1750t，事故发生率降低了15%[7]，居于地下道路附近的居民受到的噪声污染更是减少了75%[6]。

可见，马德里地下道路的建设解决了交通拥堵，重建了曼萨纳雷斯河区域生态，减少了汽车尾气的污染，从而改善了城市环境。

3. 日本地下道路建设情况

日本是世界上地下道路条数最多和总里程最长的国家。截至2012年，日本2km以上的地下道路共有437条，其中已建成365条，在建8条，规划64条。累计长度1240.818km，其中累计建成长度1003.594km，累计在建长度55.957km，累计规划长度181.267km。日本2km以上地下道路里程前四位分别是北海道、岐阜县、东京都和新潟县。

东京是日本发展地下道路的重点区域，虽然从累计长度上看东京排在第三位，但是东京的地下道路密度远远大于其他县（表1-3）。因此，东京的地下道路在日本最具代表性，其建成及在建城市地下道路共70.015km（表1-4）。

北海道、岐阜县、东京都和新潟县2km以上地下道路密度比较表　　　　　表1-3

区划	总里程（km）	行政区划面积（km²）	地下道路密度（km/km²）
北海道	142.581	83000	0.002
岐阜县	67.260	12582	0.005
东京都	67.215	2188	0.031
新潟县	66.350	10621	0.006

东京地下道路统计表　　　　　表1-4

序号	地下道路名称	长度（km）	车道数	限速（km/h）	建成年	尾气净化
1	小佛隧道	2.002	双四	80	1968	无
2	空港北隧道	1.48	双六	80	1993	无
3	多摩川隧道	2.2	双六	80	1994	无
4	东京港隧道	1.32	双六	80	1976	无
5	菅生隧道	2.362	双四	80	2002	无
6	青梅隧道	2.094	双四	80	2002	无
7	平成新岛隧道	2.878	双四	60	2004	无
8	八王子城跡隧道	2.402	双四	80	2007	无
9	山手隧道	18.2	双四	60	2015	有
10	城山八王子隧道	3.577	双四	80	2014	无
11	东京外环—三乡南到高谷	15.5	双六	80	2017	有

续表

序号	地下道路名称	长度（km）	车道数	限速（km/h）	建成年	尾气净化
12	东京外环—东名至大泉	16.0	双六	80	2020	有
	合计	70.015				

东京大部分的地下道路集中在中央环状线和东京外环线上。

东京中央环状线西侧的山手隧道是日本已建成的最长的地下道路[8]。山手隧道分二期建成，分别是新宿线的山手隧道和品川线的山手隧道延长线，建成后合称山手隧道。

在新宿线修建之前，首都高速路基本都是采用高架道路的设计，因此首都高速道路株式会社当时在设计新宿线时，最初也是希望采用全高架的设计，但是由于地面障碍物太多，在规划过程中遇到了很多困难，最终新宿线改走地下，主要有四个方面的原因：

1）新宿线通过的区域中，包含了多个高级居住区，以及新宿、池袋、涩谷三个商业中心，如果修建高架道路，拆迁成本将非常惊人（图1-6）；

图1-6 东京新宿商业区现状示意图

2）首都高速道路株式会社当时也意识到，相比于高架道路，地下道路在噪声和空气污染、抗震等方面具有一定的优势；

3）在新宿线设计建造之前，日本的东京湾隧道已经建成通车，东京湾隧道是日本首次采用盾构掘进技术修建的隧道，这为新宿线的修建奠定了技术基础；

4）最初的新宿线高架方案通过之后，道路沿线的居民进行了多次抗议，也是新宿线转地下的原因之一。

新宿线开通后，从东名高速公路用贺出口至东北道川口出口间的行驶时间由原来的58分钟，缩短至40分钟。另一方面，新宿线的尾气净化设备每年大约可减少CO_2排放量3.4万t，相当于60个东京代代木公园的绿化效果，环境效益明显。

在东京外环线上，东侧是三乡南到高谷，西侧是东名至大泉，于2018年建成。

其他地下道路主要是穿山以及下穿港口，都位于骨干路网上。可见，东京的地下道路主要作用是穿越障碍，完善骨干路网，部分地下道路由于有尾气净化设备，还具有改善环境的作用。

4.3 国内城市地下道路发展概况

我国从20世纪60年代就已经开始建设城市地下道路，但发展比较缓慢，建成条数比较少。进入21世纪后，地下道路开始迅速发展。据不完全统计，截至2020年，全国已建和在建城市地下道路约230km，主要分布在上海、香港、南京、北京、苏州和重庆等大型城市。

1. 上海地下道路建设情况

上海在1970年建成了第一条隧道——打浦路隧道，至今为止中心城区先后建成了穿越黄浦江的13条隧道，穿越长江的1条隧道，以及中环线等道路节点隧道11条，共建成地下道路25条，累计47.19km，大部分都是进入21世纪以后建成的（表1-5）。

上海城市地下道路情况　　　　　　表1-5

序号	隧道名称	长度（km）	限高（m）	限速（km/h）	车道数	障碍物	建成年
1	打浦路隧道	2.6	4.2	40	双四	黄浦江	1970
2	延安东路隧道	1.8	4	40	双四	黄浦江	1988
3	外环隧道	1.6	4.8	50	双六	黄浦江	2003
4	大连路隧道	1.8	4.2	60	双四	黄浦江	2003
5	复兴东路隧道	2.4	2.6(4)	40	双六	黄浦江	2004
6	翔殷路隧道	2.0	4.3	80	双四	黄浦江	2005
7	上中路隧道	1.9	4.3	60	双八	黄浦江	2009
8	新建路隧道	2.0	4.3	40	双四	黄浦江	2009
9	人民路隧道	2.4	4.3	40	双四	黄浦江	2009
10	龙耀路隧道	2.1	4.3	50	双四	黄浦江	2010
11	西藏南路隧道	2.0	4.2	40	双四	黄浦江	2011
12	军工路隧道	2.4	4.3	60	双八	黄浦江	2011
13	长江路隧道	2.8	4.8	60	双六	黄浦江	2016
14	上海长江隧道	8.2	5	80	双六	长江	2009
15	西藏北路地道	0.27	4	无	双四	道路	1999
16	漕宝路地道	0.27		80	双八	道路	2006
17	宜山路地道	0.36		80	双八	道路	2006
18	吴中路地道	0.48		80	双八	道路	2006
19	邯郸路地道	0.87	4.3	80	双八	道路	2006
20	北虹路地道	1.2		80	双八	道路	2006
21	银城中路地道	0.21	4.3	无	双四	道路	2009
22	仙霞西路地道	1.4	4.5	40	双四	虹桥机场	2010
23	外滩隧道	3.0	3	40	双四/双六	保护景观	2010

续表

序号	隧道名称	长度（km）	限高（m）	限速（km/h）	车道数	障碍物	建成年
24	迎宾三路地道	2.5	4.3	40	双四	虹桥机场	2011
25	广中路地道	0.63	4	50	双四	道路	2014
	合计	47.19					

2.香港地下道路建设情况

在香港的道路网络中，已经建成19条地下道路，总长度45.68km，1条已规划设计完成并准备开工（表1-6）。

香港地下道路建设情况　　　　　　　表1-6

序号	项目名称	长度（km）	限速（km/h）	车道数	建成年
1	狮子山隧道	1.42	50～80	双四	1967
2	海底隧道	1.86	70	双四	1972
3	启德隧道	1.26	70	双四	1982
4	香港仔隧道	1.99	70	双四	1982
5	东区海底隧道	2.2	70	双四	1989
6	将军澳隧道	0.9	70	双四	1990
7	城门隧道	2.6	70	双四	1990
8	大老山隧道	3.95	70	双四	1991
9	长青隧道	1.6	80	双六	1997
10	西区海底隧道	2.0	80	双六	1997
11	大榄隧道	3.8	80	双六	1998
12	南湾隧道	1.2	—	双六	2005
13	尖山隧道	2.1	80	双六	2008
14	沙田岭隧道	0.9	70	双六	2008
15	愉景湾隧道	0.7	—	双二	2008
16	中环湾仔绕道和东区走廊连接路	4.5	80	双六	2017
17	港珠澳大桥海底隧道	6.7	80～100	双六	2017
18	观景山隧道（港珠澳大桥香港连接线）	1.0	80	双六	2017
19	屯门至赤鱲角连接路	5.0	80	双四	2017
20	中九龙干线	4.7	—	双六	规划
	合计	50.38			

香港地下道路主要作用是穿山、过海，完善骨干道路网。如2017年建成的中环湾仔绕道和规划中的中九龙干线，都是为东西向交通提供快速通道，另外这两条地下道路由于有尾气净化设备，还具有改善环境的作用。

3. 南京地下道路建设情况

南京在1990年建成富贵山隧道，至今为止先后建成了15条隧道，其中9条隧道位于内环线上。南京共建成地下道路18.27km，大部分都是进入21世纪以后建成的（表1-7）。

南京地下道路建设情况　　　　　　　　　表1-7

序号	隧道名称	长度（km）	限高（m）	限速（km/h）	车道数	建成年
1	富贵山隧道	0.54	4.5	50	双四	1990
2	鼓楼隧道	0.76		50	双四	1994
3	玄武湖隧道	2.3	4.2	60	双六	2003
4	九华山隧道	2.4	4.2	60	双六	2005
5	通济门隧道	1.0	4.2	60	双六	2007
6	西安门隧道	1.4	4.2	60	双六	2007
7	模范马路隧道	1.2	4.2	60	双六	2008
8	南京长江隧道	3.7		80	双六	2009
9	凤台南路隧道	0.54	4.2	60	双六	2011
10	双龙路立交隧道	0.49		60	双六	2012
11	五塘广场隧道	1.3	4.2	80	双六	2014
12	草场门隧道	0.19	4.2	60	双六	2014
13	集庆门隧道	0.2	4.2	60	双六	2014
14	清凉门隧道	1.3	4.2	60	双六	2014
15	水西门隧道	0.95	4.2	60	双六	2014
	合计	18.27				

4. 北京地下道路建设情况

北京具有城市市政道路功能的地下道路较少，只有大屯路隧道、慧忠路隧道和东关大道隧道、广渠路东延四条，东六环地下道路正在建设（表1-8）。

北京地下道路建设情况　　　　　　　　　表1-8

序号	隧道名称	长度（km）	限速（km/h）	车道数	建成年	功能
1	大屯路隧道	1.3	60	双六	2008	下穿奥体公园龙形水系
2	慧忠路隧道	1.8	50	双六	2008	下穿奥体公园龙形水系
3	东关大道隧道	0.905	50	双四	2015	下穿温榆河支流
4	广渠路东延	6.5	80	双六	2020	下穿北运河
	合计	10.505				

北京市建设了较多的地下车库联络道，已建成的有中关村西区、金融街中心区、奥林匹克公园中心区、商务中心区核心区、通州商务中心区、奥体文化商务园区，在建的有丽泽商务区（表1-9）。

北京地下车库联络道情况　　　　　　　　　表1-9

序号	隧道名称	长度（km）	限高（m）	限速（km/h）	车道数	进出口数	建成年
1	中关村西区地下环廊	1.9	2.1	15	双二	6进4出	2007
2	金融街地下机动车通道工程	1.6	3.5	40	双二	1进1出	2007
3	奥林匹克公园中心区地下交通联系通道工程	4.46	3.5	30	双三	13进12出	2008
4	北京商务中心区核心区地下输配环工程	1.45	3.5	20	双三	2进2出	2015
5	北京市通州运河核心区北环环隧工程	1.5	2.8	30	双三	4进4出	2015
6	奥体文化商务园区地下交通联系通道	1.72	3	30	双二	3进3出	2016
7	丽泽金融商务区地下交通环廊工程	2.09	2.8	30	双三	4进4出	
	合计	14.72					

5. 苏州地下道路建设情况

苏州已建地下道路较少，目前规模较大的是苏州中心星港街地下道路。苏州中心星港街地下道路工程位于苏州工业园区金鸡湖西岸，工程由三部分组成，星港街地下道路、现代大道下立交及苏州中心地下车库通道，主要功能是分离湖西CBD开发区的过境交通，服务对象为中小客车。同时承担部分远距离到发园区交通，改善区域环境和交通，提升区域环境品质（图1-7）。

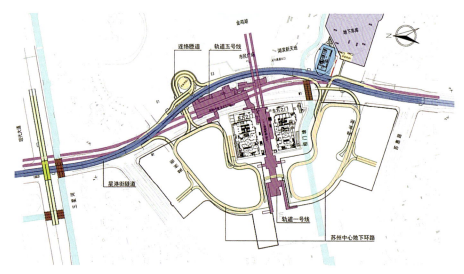

图1-7　苏州中心星港街地下道路平面布置示意图

星港街隧道位于湖西CBD核心区，北起苏慕路南侧，向南下穿现代大道、三星河、苏绣路、上跨轨道1号线、下穿相门塘、苏惠路后接地，项目全长约1560m，其中暗埋段1330m；同步实施的现代大道下穿立交工程，全长420m，其中暗埋段141m，沿现代大道中心线布置。于2014年6月开工建设，历时三年，于2017年7月中旬基本完成各项施工任务。

星港街隧道及现代大道下穿立交工程为双向四车道，设计时速为50km。其中，星港街隧道通行限高为3.0m，现代大道下立交通行限高为4.3m。隧道内部设有共设有7条地下联络道，与苏州中心地下车库进行连接。联络道全长1207m，采用单车道设计，设计时速为20km/h，通行限高为2.2m。

苏州中心地下环路分南北两环，共设17个出入口，6个联系地下道路，11个联系地面，其中位于星港街上出入口8个（6个联系地下道路，2个联系地面道路），合计长度1306m。

6.重庆地下道路建设情况

重庆解放碑地下环道工程位于解放碑核心区，系市级重点建设项目之一，全部建成后总长度约6.3km，由"一环、七联络、N连通"组成。其中，"一环"是指在地下20~60m的空间，开通一条单向双行循环道，具体为"临江门—校场口转盘—新华路—中华路—五一路—临江路—临江门"；"七联络"包括三进三出和一条双向进出道，分别连接北区路、嘉滨路、解放东路和长滨路；"N连通"即通过多条地下连接支洞将解放碑核心区域26个地下车库连成一体，串联车位达2.1万个。

截至2021年3月，解放碑地下环道连接并投入使用9个车库，停车位近6000个。据解放碑地下环道综合管理处介绍，解放碑地下环道具有停车、交通、疏散三大功能：

1）停车功能。地下环道全部建成投用后，将解放碑核心区域26个地下车库整合成一个大型地下停车库，实现高效共享。

2）交通功能。地下环道全部建成投用后，来自江北、南岸、沙坪坝、九龙坡等方向的车辆，均可经环道到达解放碑核心区域，能充分发挥常滨路、嘉宾路和两江大桥的交通功能，缓解路面交通压力。

3）疏散功能。环道工程将部分老旧人防工程进行了充分利用，较好地发挥了人防工程平战结合的作用。

地下停车路网不同于普通公路隧道，其构造复杂，包含人行疏散通道、机电设备、消防设备、通风照明等多种服役安全基础设施。相比一般市政隧道，其路线规划也有特殊性，主要服务对象是小型私家车以及有通行需求的非机动车及行人，路线主要为连接市政主干道与地下停车位服务，对设计质量要求高。

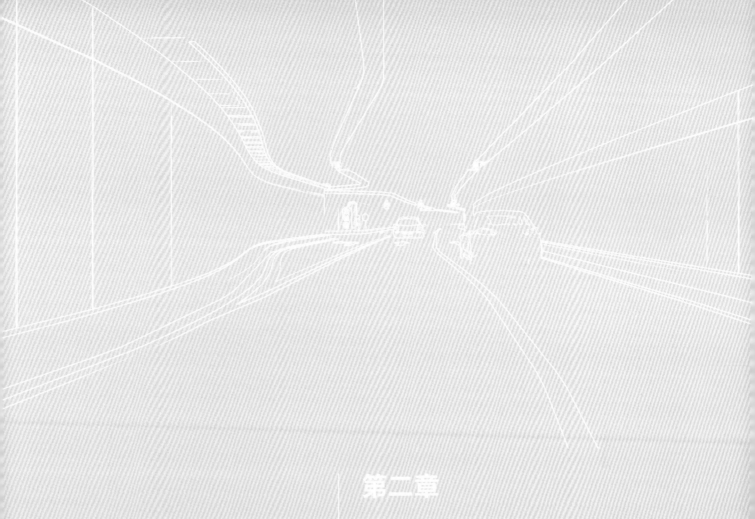

第二章
前海深港现代服务业合作区规划

◎ 前海深港现代服务业合作区简介
◎ 前海合作区地下空间规划及其发展

第1节
前海深港现代服务业合作区简介

1.1 前海深港现代服务业合作区区域概况

前海深港现代服务业合作区（以下简称为"前海合作区"）位于珠江三角洲湾区东岸、深圳蛇口半岛西侧，紧邻香港。前海合作区居于珠三角区域发展主轴与沿海功能拓展带的十字交汇节点，是典型的湾区"门户型"重点开发地区，在珠三角区域功能结构布局中具有极为重要的战略地位。前海合作区拥有突出的区域交通优势，邻近香港、深圳国际机场，汇聚深圳西部港群、港深西部快轨等12条轨道、沿江高速公路等海、陆、空、铁综合性基础设施，将成为珠江三角洲都市区吸引区域人才、资源、投资的前沿要地。

2010年8月26日，国务院批复《前海深港现代服务业合作区总体发展规划》[9]，将前海合作区的定位进一步提升为"粤港现代服务业创新合作示范区"。要求高水平建设前海合作区，培育全球竞争新优势，探索转变经济方式新模式，建设粤港澳合作新载体，践行深港合作新途径，积累科学发展新经验，打造引领深圳及珠三角未来三十年发展的增长极。图2-1给出了深圳前海合作区区位图。

图2-1　深圳前海合作区区位图

1.2 前海深港现代服务业合作区发展目标与定位

1. 发展目标

到2025年，建立健全更高层次的开放型经济新体制，初步形成具有全球竞争力的营商环境，高端要素集聚、辐射作用突出的现代服务业蓬勃发展，多轮驱动的创新体系成效突出，对粤港澳大湾区发展的引擎作用日益彰显。到2035年，高水平对外开放体制机制更加完善，营商环境达到世界一流水平，建立健全与港澳产业协同联动、市场互联互通、创新驱动支撑的发展模式，建成全球资源配置能力强、创新策源能力强、协同发展带动能力强的高质量发展引擎，改革创新经验得到广泛推广。

2. 战略定位

前海合作区发展现代服务业的指导思想和战略定位：高举中国特色社会主义伟大旗帜，以邓小平理论和"三个代表"重要思想为指导，深入贯彻科学发展观，坚持开放合作、互利共赢、体制创新、科学高效、高端引领、集约发展、统筹规划、辐射示范的原则，在"一国两制"框架下，深化与香港合作，构建更具活力的体制机制，以生产性服务业为重点，推动现代服务业集聚发展，促进珠三角地区产业结构优化升级，提升粤港澳合作水平，努力打造粤港现代服务业创新合作示范区。

现代服务业体制机制创新区。积极探索促进现代服务业发展的体制机制，营造符合国际惯例的产业发展环境，为全国现代服务业的创新发展探索新路径，为建立开放型经济体系创造新经验。

现代服务业发展集聚区。集中优势资源，汇聚高端要素，发展总部经济，促进现代服务业的集聚发展，增强资源配置和集约利用能力，建成全国现代服务业的重要基地和具有强大辐射能力的生产性服务业中心，引领带动我国现代服务业的发展升级。

香港与内地紧密合作的先导区。积极落实《关于建立更紧密经贸关系的安排》（英文简称CEPA）有关安排，先行先试，不断探索香港服务业与内地合作的新模式，不断拓展合作领域，联手开拓国际市场，在全面推进香港与内地服务业合作中发挥先导作用。

珠三角地区产业升级的引领区。深港联手打造现代服务业高地，不断提升服务水平，完善服务功能，增强辐射能力，引领带动珠三角地区产业结构优化升级，加快构建现代产业体系。

1.3 前海深港现代服务业合作区综合规划[10]

2018年11月29日，深圳市政府批复实施《中国（广东）自由贸易试验区深圳前海蛇口片区及大小南山周边地区综合规划》（以下简称《前海蛇口自贸综合规划》），研究范围37.9km²，包括国家批复的自由贸易试验区深圳前海蛇口片区28.2km²及大小南山周边地区9.72km²。

1. 目标定位

《前海蛇口自贸综合规划》深入贯彻党的"十九大"及广东省第十二次党代会精神、紧扣粤港澳大湾区创新发展、落实深圳市对前海发展新要求，坚持"世界眼光、国际标准、中国特色、高点定位"，提出"依托港澳、服务内地、面向世界的'一带一路'倡议支点，粤港澳深度合作示范区和城市新中心"的发展定位，以及"示范世界先进城市文明、彰显国际化半岛特色的自由便利的繁荣开放之城、深港共建的国际创新之城、宜业宜居的绿色人文之城"的规划目标。

2. 规划亮点

1）聚湾营城，特色资源禀赋导向，建设生态型湾区城市客厅

基于前海蛇口片区的半岛地形特征，依托前海湾、深圳湾、大南山、小南山等生态核心空间，规划营造山海城共荣的总体生态格局，构建连绵16km的前海湾滨海生态公园带，并以水廊道公园与大南山相连，形成规模化山水森林穿城的独特城市中心区风貌。

以生态骨架为底，规划引导市级和区域级的公共设施向湾集聚、适度集中，在沿滨海一线地区布局公共设施，全面提升滨海岸线的公共功能与活力，打造与自然相得益彰的世界级湾区客厅。

2）减量提质，适度降低总量，加强职住平衡

为营造前海片区舒展紧凑的滨海城区风貌，总开发规模为2380万m^2，并对各片区的开发规模进行合理调配，塑造高低错落、层次鲜明、疏密有致的现代湾区海城形象。

为构建前海宜居宜业环境、营造片区持续活力和缓解区域交通压力，规划重点优化前海片区的职住比例。调整后就业人口规模为52万、居住人口规模增加至23万，职住比优化为2.3∶1，职住平衡大幅优化。

3）提升服务，全面升级新中心公共服务职能

在延续区域现代服务业中心职能基础上，按照城市新中心的要求，进一步完善前海湾区级和市级公共设施布局，构建高标准、多层次、全覆盖的公共服务体系。

4）塑造特色，保护和营造山海人文特色风貌

在前海片区，规划在安排水廊道公园、城市中轴线等山海景观廊道的同时，对滨海一线地区的建筑高度进行控制引导，倡导高建筑覆盖率的街区式布局，彰显山海城一体、舒展紧凑的景观风貌。注重强化前海水城个性特色，引导水廊道和滨海岸线的自然岸线化处理，营造亲水体验；在临海地区进一步引导增加细密水网，组织丰富的亲水活动。

5）快速到达、慢速体验，构建近远结合的综合交通系统

依托高轨道，强公交的发展理念，规划构建"对外高可达、内部高品质，设施高容量，政策高标准"的综合交通系统，支撑提升自贸区战略地位。通过对接引入区域重大战略交通设施，构建高密度、多模式、一体化的轨道交通系统，构建层次明晰、高效畅达的骨干道路系统，以及构建"公交+慢行"高品质、一体化内部交通系统等多种途径，实现快速到达、慢速体验的总体要求。

6）丰富产业，满足粤港澳大湾区建设和自贸区建设双要求

粤港澳大湾区建设和自贸区建设双导向下，产业发展方面进一步拓展至"金融服务、商务服

务、科技服务、信息服务、国际商贸及现代物流、文化及旅游服务"等六大产业功能,并建议远期拓展离岸免税、离岸贸易、离岸金融等新产业。未来前海产业园区城市意象,见图2-2。

图2-2 《前海蛇口自贸综合规划》中的未来前海产业园区

第2节
前海合作区地下空间规划及其发展

2.1 前海合作区地下空间开发及开发理念

1. 目标策略

1)目标1:根据地质情况合理利用地下资源,切实保护适应未来发展的战略性资源。

对策1:掌握地质详细数据为地下建设提供科学依据。

对策2:地下空间开发首先利用浅层、次浅层用途,深层作为保护性资源,为以后重大基础设施地下化留有余地。

对策3:依据公共都市战略,合理选择机动车停车配建比例,尽量避免对地下空间进行大规模破坏性开发。

2)目标2:促进地下空间资源合理使用,提出先进的地下空间布局要求。

对策1:根据地质勘探的情况,结合地下空间开发规模预测结果,合理使用填海工程用土,就地平衡,进一步建构立体城市地形、丰富城市空间形态。

对策2：建立分层开发的立体地下空间开发模式，以地下轨道站点为核心，建立完善、高效、人性化的地下空间网络系统。

对策3：依据单元开发模式，提出适应单元开发的地下静态交通整体布局模式。

2. 地下空间布局

1）地下空间评估

通过对前海合作区填海区的地勘资料分析后得知，合作区内土层主要分为人工填土层、海积层、冲洪积层、第四系残积层和岩石层；一般来说，硬塑、可塑状态的土壤相对比较好用，流塑、软塑状态的土壤不好利用，淤泥主要为流塑或软塑状态；前海合作区的淤泥层主要分布于高程为-10~+3.5m的范围内。-10m以下和+3.5m以上为可直接填海或软基处理用的优质土。因此，前海合作区内未来填海工程所需要的填料将由轨道等重大基建所产生的土方，而地下停车场等产生的土方不能直接用于填海工程。

2）地下空间开发潜力分析

根据规划的土地使用集约利用情况、公共服务职能布局及空间布局结构，地下空间最有价值的区域主要分布在地铁站500m范围内的用地；地下空间强调综合功能开发。价值评估是指导地下空间规划设计的最主要参考依据，包括开发地块位置，地下功能利用与开发规模（表2-1和图2-3）。

地下空间评估状况　　　　　　　　　　　　　　　　　　　　　　　　　　　表2-1

价值等级	所在区位	地面土地利用方式	地下利用方式意向
一类	地铁站点周边500m范围内、现代服务业产业用地、公共服务主导用地	办公为主，复合商业、公寓、酒店等	大型商业、交通设施、人防设施等
二类	地铁站点周边500m范围内、现代服务业产业拓展用地及综合配套用地	公寓、办公、商业等	商业、交通设施、人防设施等
三类	外围区公共建筑、外围区高层住宅区、核心区边缘区	公寓、商业等	交通设施
四类	地铁车辆段上盖物业、污水处理厂、港口		

2.2 前海合作区轨道与道路交通详细规划

为进一步落实综合规划的意图，保障交通基础设施的规划和建设，并协调交通与城市规划、市政、竖向等其他专项之间的关系，增进规划的可实施性和可行性，前海开展了轨道与道路交通详细规划。

根据深圳市轨道交通线网规划（2016—2030）[11]和前海合作区轨道和道路交通详细规划[12]，前海合作区范围的轨道交通线路共有12条（8条城市轨道线和4条城际轨道线），车站数21座。8条城市轨道线中，4条线路（分别为1号线、5号线、9号线、11号线）已开通，4条线路（分别为

图2-3 地下空间评估分析图

15号线、21号线、27号线、28号线）处于前期规划阶段；规划4条城际轨道线，分别为穗莞深城际线、深惠城际线、深珠城际线和港深西部铁路（图2-4），其中深惠城际线和穗莞深城际线已开工，其他2条暂未实施。

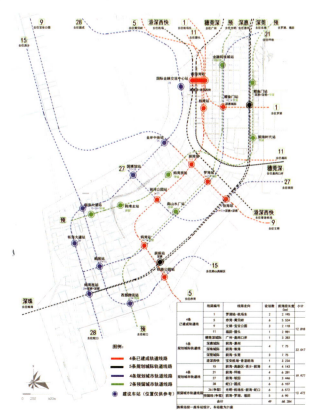

图2-4 前海合作区轨道线网规划图

在道路交通方面，前海规划形成"一高、三快、八主、十一次"及地下道路的骨干路网体系（图2-5）。其中，"一高"为沿江高速；"三快"为滨海大道、月亮湾大道与妈湾大道三条快速路；"八主"为临海大道、梦海大道、桂湾一路、桂湾四路、前海大道、前湾三路、妈湾二路和妈湾四路八条主干路；"十一次"为听海大道、怡海大道、桂湾二路、桂湾三路、桂湾五路、前湾二路、妈湾一路、妈湾三路、妈湾五路、妈湾六路和通港街十一条次干路。

图2-5 前海合作区道路网规划图

2.3 前海合作区地下空间规划

地下空间系统作为城市发展最重要的子系统之一，对支撑前海未来高密度高强度开发、促进城市集约高效可持续发展具有重要作用。为深化落实总体规划理念和要求，统筹整合各单元详细规划和各专项规划，指导协调地下空间工程项目设计和建设。前海管理局于2014年8月启动开展地下空间详细规划,该规划是前海合作区地下空间开发利用的总体蓝图,也是各公共地下空间工程建设和各地块地下开发利用的规划依据。

1.规划愿景和目标

规划提出"映像前海"的地下空间开发愿景(图2-6)。在前海打造深港地区具有示范意义的商务中心区地下城市,规划另一个维度的城市空间,构建地平线以下的前海,使地上与地下空间协调并行发展,从而使地下空间成为支撑前海发展的重要空间载体。

图2-6 前海地下空间规划愿景

以"网络化的形态布局、立体分流的建设模式、多元复合的城市功能、高效集约的资源使用"等规划手法,使前海地下城市具有网络化、立体化、复合化和集约化的四大特色。

规划提出四大发展目标:

1)互联互通的地下步行网络系统;

2)立体高效的地下车行组织系统;

3)多元复合的地下公共服务设施;

4)绿色低碳的地下市政基础设施。

2.总体布局和规模

如图2-7所示,前海地下空间总体结构规划是以地铁5号、9号线为发展轴,沿轴向滚动发展,形成"珠链式"发展模式,构建"十"字形的地下空间主轴线,通过轨道交通激发地下空间开发。

以TOD开发模式,并结合开发绿地向腹地发展,形成以站点为中心的地下空间网络。分别依托前海湾综合枢纽和听海大道前湾站形成城市级和片区级的地下空间核心。

根据规划,前海地下空间开发总规模达576万~629万 m^2,其中公共服务业设施约86万 m^2,停车设施约395万 m^2,轨道交通站体设施约43万 m^2,其他必要设施如地下车行道路、地下步行通道空间及设备空间约52万~105万 m^2。

图2-7 前海地下空间总体结构规划

3. 地下步行系统

图2-8给出了地下步行系统规划图。规划借鉴中国香港、日本等国家和地区站城一体化的先进理念，依托高密度轨道交通站点的优势，适应高强度人行需求特点，规划构建四通八达的地下空间步行系统网络，一方面加强轨道站点之间的步行换乘，另一方面可加强地铁站点与周边地块的地下人行连通，大大提升轨道站点可达性水平和服务范围，为通勤人流提供全天候的便捷接驳通道，也使得地下公共空间系统的整体性更强，通过地下人行系统将站点周边的地下商业、地下停车场和下沉广场都连为一体。

地下步行系统以行人交通功能为主导，引导人流快速抵离。桂湾片区地下步行网络衔接1个综合枢纽、4个轨道站点，前湾片区地下步行系统衔接6个轨道站点，妈湾片区地下步行系统衔接6个轨道站点，大大扩展轨道步行辐射范围，串联主要商业廊道，提高步行可达性。

前海合作区共规划地下公共步行网络总长度约24.3km，其中主要步行通道长度约6.2km，次要步行通道长度约18.1km。服务地块面积达到4.78km²，占前海地块总面积的64%；可服务约58.4万～70.8万人，占规划总人口的73%。

图2-8 地下步行系统规划图

4. 地下车行系统

地下车行系统规划见图2-9。规划按照"地下道路—车库联络道—停车库"三级体系组织地下车行系统。滨海大道、妈湾跨海通道地下道路以分离过境交通为主，临海大道地下道路主要服务于片区的到发交通。规划在桂湾、前湾片区构建两处车库联络道系统，服务地下道路与车库间的集散交通。

在桂湾片区规划形成完善的、作为车库集散重要选择的联络道系统。依托临海大道地下道路构建双向联络道，叠层布置。联络道主线北起桂湾一路，接地下道路匝道，沿金岸北街、桂湾四路等市政道路地下布置，上跨地下道路主线后最终接回东侧地下辅道。全长约1.5km，共设置23处地块接口，联系沿线地块车库。

在前湾片区形成作为车库集散适当补充的联络道系统，结合临海大道地下道路下方预留通道布置。利用地下道路北侧进出口匝道构建北进北出联络道，全长760m；利用其南侧进出口匝道构建南进南出联络道，全长900m。沿线2处地块车库内部需形成公共通道，16处地块通过直接接口与联络道联系，另有4处地块通过间接接口联系。

图2-9 地下车行系统规划图

5. 地下公共服务设施系统

以TOD的开发模式，在轨道站点核心腹地集中布局地下公共服务设施，通过地下步行网络与站点紧密衔接；鼓励站点200～300m核心范围内的混合功能地块开发，形成地上、地下一体化的商业综合体；站点核心范围之外，鼓励沿地下步行通道两侧布局适量公共服务设施，形成地下商业街。

三大片区公共绿地及道路下方结合公共通道的布置，可开发适量的商业服务设施，形成条式地下商业街。轨道站点核心腹地用地功能以综合发展用地为主，为商业、商办混合用地，形成块式地下商场及商业综合体。其余开发地块的地下一层以配建停车功能为主。

6. 地下市政设施系统

将市政设施结合用地规划，采用半地下或全地下建设形式，创造安全可靠的地下运行环境，降低对地面环境的影响。前海具备地下化可行性的市政设施包括：变电站、垃圾中转站及供冷站。

前海合作区规划于公共绿地下建设的垃圾中转站共13处；规划结合建筑地下室空间建设的变电站共7处，规划于公共绿地下建设的变电站设施共4处；规划结合建筑地下室空间建设的供冷站共4处，另规划4处供冷站有条件于绿地下建设。规划地下市政场站设施的总体规模将达到13.2万m^2。

第三章

前海合作区地下道路工程概况

- 工程概述
- 功能定位
- 建设必要性
- 建设意义及经济、社会效益

第1节
工程概述

深圳市前海合作区地下道路贯穿前海桂湾、前湾、妈湾三个片区,北接南坪快速路,南接兴海高架,沿桂湾一路、临海大道、妈湾二路布置。其中,桂湾一路段为双向8车道,临海大道段为双向6车道,妈湾二路段为双向4车道。全线设置4对半上下匝道分布与桂湾、前湾片区联系,设置7条匝道与前海湾交通枢纽衔接,并与滨海大道地下道路设置部分互通立交衔接。图3-1给出了地下道路位置图。

图3-1 地下道路位置图

前海范围内已建成地下道路总长约4.31km,包括滨海大道(长1.28km)、桂湾一路地下道路(长0.97km)和临海地下道路一期工程(长2.06km),正在机电装修的桂湾、前湾地下车行联络道总长约3.1km。沿江高速以南的临海大道地下道路(长约4.2km)正开展前期立项工作。

工程主要建设内容包括道路与交通工程、基坑支护与地基处理工程、主体结构及防水工程、通风与防排烟工程、给水排水与消防工程、强电与弱电工程、智慧化管理系统、建筑与装饰装修工程及其他附属工程。

第 2 节
功能定位

2.1 滨海大道地下道路

滨海大道地下道路属于规划滨海大道的一部分，项目建成后将与桂庙路一期工程相连，形成前海深港现代服务业合作区与南山、福田、罗湖及深圳东部地区的快速联系通道。

项目功能定位如下：

1. 承担前海深港现代服务业合作区与南山、福田、罗湖组团间的交通；
2. 承担前海深港现代服务业合作区通过月亮湾大道至深圳中心区及东部交通；
3. 承担前海深港现代服务业合作区内部交通。

2.2 桂湾一路、临海大道地下道路

通过规划建设前海地下道路，可以释放出地面空间，缓解地面交通压力，使得地面道路更多地为常规公交、自行车与步行交通服务，从而整体提升前海合作区的道路交通环境。借鉴国内外地下道路规划建设的成功经验，综合考虑前海及周边区域道路网结构、高强度对外交通需求的特点，以及为保障前海湾综合交通枢纽的接驳交通快速集散需要，前海桂湾一路、临海大道地下道路作为连续流的城市主干路，主要承担以下两部分功能。

1. 承担前海合作区的快速到发交通，与月亮湾大道共同构成了前海快速对外交通的双通道

根据前海综合规划，原规划南坪快速路将调整至前海外围，将过境交通分离至前海的外围，避免对前海内部路网造成较大的影响。但在前海内部，则缺少一条服务于到发交通的快速通道，这与前海高端、快捷的定位不相匹配。地下道路建成后，可为前海北向（主要流向）到发交通提供快速便捷的服务。同时，从路网格局来看，地下道路位于前海西侧，与前海东侧的月亮湾大道共同构成了前海快速对外交通的双通道，进一步完善了前海的路网结构。

为实现对前海的高效服务，地下道路应与沿线地块及重要节点保持紧密的联系，在满足规范及通行秩序的情况下，设置尽可能多的出入口，为各大片区的快速到发交通提供便捷的服务。

2. 承担前海湾综合交通枢纽及周边地块快速集散交通

前海湾枢纽定位为市级枢纽中心，5条轨道在此交汇，连接深、港两地机场，并设有口岸设施。前海作为深港合作创新示范区，对外交通尤其是与香港间的沟通联系必将非常频繁，在轨道交通为主导的发展模式下，前海湾枢纽将成为对外交通客流的主要转换点。根据预测，枢纽高峰

小时接驳的道路交通量单向将达到1458pcu，仅通过地面道路的疏解将无法满足交通需求。而在前海高端的定位下，枢纽大部分客流对于时间的要求将比较高，需要一条快捷的通道直接服务于前海湾枢纽的进出交通。地下道路建成后，可作为前海湾综合交通枢纽的主要接驳通道，大大地提升前海湾枢纽的集疏运水平，促进前海的发展。

2.3 地下车行联络道

从外围高快速路经由地下道路去往桂湾和前湾核心区地块的车辆，若需要从地下道路出来绕行地面道路再寻找地块车库入口，会受地面灯控路口影响，通行时间长，出行体验不佳，且加重地面道路交通压力，恶化地面交通环境。为了方便核心区的到发交通快速疏散至外围高快速路，充分发挥临海大道地下道路对桂湾和前湾核心区到发交通的支撑作用，规划构建地下车行联络道串联地下道路和地下车库，形成地下三级车行系统（图3-2）。地下车行联络道的功能主要是服务片区中长距离对外快速到发交通，使得这部分交通能够迅速地在外围高快速路网和地下车库之间转换，同时释放地面道路空间，形成良好公共交通及慢行交通环境，打造高品质的城市环境。

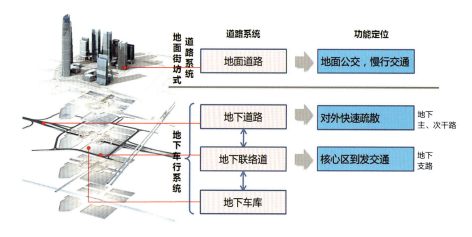

图3-2　地下三级车行系统示意图

第3节
建设必要性

3.1 构建立体化道路交通系统

前海合作区未来交通系统建设规模将达到2600万～3000万 m^2，由于前海人才政策及人才住房的推广，吸引了大量人才在前海合作区工作和居住，将会导致高峰小时客流量近50万人次。

为了达到建设高密度城市的同时营造高品质环境的目标，应建立以轨道交通为主体、各类交通方式协调发展的一体化综合交通系统，营造低碳绿色、安全舒适的人性化交通环境。即通过打造立体化的道路交通系统，将社会车辆尽可能多地引入地下，释放出地面空间给公共交通和慢行，除公共交通外，地面道路主要承担合作区内部及临近片区之间的短距离交通功能，而通过性及中长距离快速到发交通功能主要由地下道路、快速路和轨道交通承担。

桂湾核心区建筑面积约276万m^2，容积率高达5.2，是深圳市福田区CBD开发强度的2.5倍。图3-3给出了规划核心区示意图。

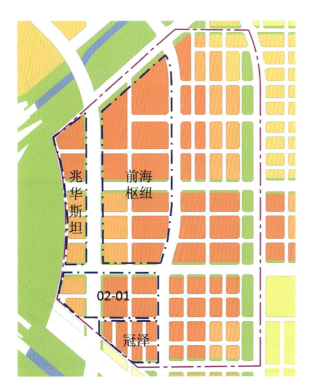

图3-3　规划核心区示意图

核心区高强度开发，也带来了大量的交通需求（高峰小时社会车辆需求达7900～8400pcu），由于用地功能以商业、商务办公为主，内部交通平衡率较低，以中长距离、对外通勤交通为主，短距离、区内出行为辅。

3.2 构建地下道路快速、高效的交通系统

临海大道地下道路规划承担前海枢纽集散交通、通过性交通、桂湾片区到发交通等功能。地下道路设置了7个匝道联系枢纽，主线为双6/双8车道，能够很好地满足前海枢纽集散交通和通过性交通需求。图3-4给出了临海大道地下道路（前湾片区段和桂湾片区段）及滨海大道地下道路交通组织示意图。

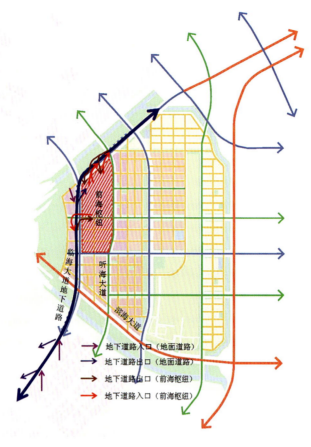

图 3-4　临海大道地下道路交通组织示意图

图 3-5 和图 3-6 分别给出了离开、到达桂湾片区交通流线示意图。从图中可以看出，现状地下道路在桂湾三路附近设置南北向出口和北南向入口与地面道路衔接，主要承担宝安与前海南部联系功能；在前湾二路附近设置了南北向入口和北南向出口与地面道路衔接，主要承担前湾片区进出地下道路功能。

1. 片区内部：地面出入口→地面支路→临海大道、听海大道、桂湾三路、桂湾四路等道路；
2. 相邻片区：地面出入口→地面支路→临海大道→宝安大道、深南大道、滨海大道等道路；
3. 外围片区：地面出入口→地面支路→临海大道→南坪快速、G107、沿江高速等道路。

3.3　核心区小尺度路网无法独立承担区域集散交通

前海桂湾片区地面路网采用小尺度街坊设计，可实现较高建筑贴线率（60%～70%），构建良好的行人与商业环境，有助于打造一个功能完善、全天候的高端商务区，避免夜间空城现象。上海虹桥商务区、世博地区再开发等目前国内主流商务区均是按此理念规划。

在小尺度街坊模式下，桂湾片区支路网密度高，支路中心线平均间距仅 80m；道路尺度小，支路红线宽度 16～18m，仅能满足 2 条车行道布置；路口转弯半径小。

图 3-5　离开桂湾片区交通流线示意图

图 3-6　到达桂湾片区交通流线示意图

地面小尺度街坊路网体系适合营造区域商业氛围，但难以独立承担高强度开发区域的交通压力。且小尺度路网对于区域内人、车出入口布局均较困难。

图 3-7 给出了区域路网晚高峰运行情况。从图中可以看出，在无地下车行联络道情况下，区域路段及节点饱和度较高，存在不同程度的拥堵，对于区域品质影响大。建设地下车行联络道后，地面交通情况有显著改善，形成地面轻交通的良好商业格局。因此，迫切需要采用立体化交通模式，共同分担区域到发交通压力。

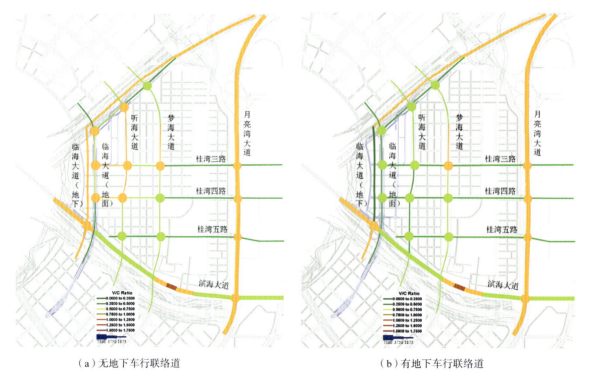

（a）无地下车行联络道　　　　　　　　　　　　　　（b）有地下车行联络道

图3-7　区域路网晚高峰运行情况

3.4 构建地下车行系统，为沿线片区提供对外交通出行条件

如果地块的车库（除枢纽外）没有能够与地下道路直接衔接，沿线地块快速到发交通需通过地面路网转换实现，大量的车辆需要从地下道路（车库）驶入地面，经过若干信号灯路口，再出入地下车库（图3-8）。最后1km到发交通仍集中在地面，地面路网压力大，人车影响严重，无法释放地面空间，出行品质较低，没有充分发挥地下道路的功能。

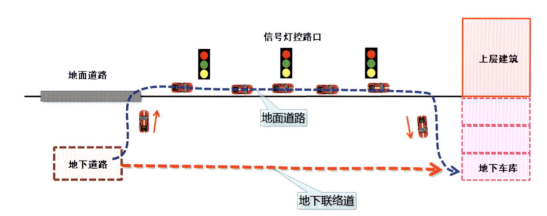

图3-8　临近地块进出地下车库车辆绕行示意图

通过地下车行联络道的建设，实现了核心区地块、枢纽的快速到发，为区域提供了便捷的出行条件。同时，通过到发交通地下化，减少了无谓的地面迂回，充分发挥地下道路的功能，提高了出行效率；释放了地面空间，大大提升出行品质。

第4节
建设意义及经济、社会效益

4.1 经济效益

1. 有效开发地下空间

前海规划另一个维度的城市空间，构建地平线以下的前海。使地上与地下空间协调并行发展，让地下空间成为支撑前海发展的重要空间载体，成为与地上空间相得益彰的城市倒影。前海通过建立三级地下车行系统，引导车流有序、高效流动。地下快速道路系统引导车流快速抵离、过境，大大提高区域交通服务水平；地下环路系统服务快速到发交通，准确驶离地下车库，集约利用停车泊位，保证地下空间的持续活力。

通过地下空间的统一规划、综合开发、分步实施和规范管理，以"网络化的形态布局、立体分流的建设模式、多元复合的城市功能、高效集约的资源使用"的规划手法，使前海地下空间资源利用的经济效益最大化。

2. 与周边地块一体化开发

前海是高密度开发片区，尤其地下空间开发体量巨大。地上地下工程纵深推进，地下道路与周边地块红线叠加，地下道路与地块的建设同步推进，如何在有限的空间内，有序开发地下道路及地块是面临的难题，为此在土地出让、前期设计、施工组织等多个环节，参建各方精心策划，采用了地块代建局部地下道路基坑及主体结构、地下道路与地块基坑共用围护墙等多种创新思路，通过精细策划建设时序铺排及紧密协调，科学有序组织各建设主体开展施工，确保地下道路与地块实现一体化开发。

为节约用地，并合理减少地下道路附属设备用房的地面设施，地下道路的部分设备用房设置在周边地块中，地下道路部分设备用房由地块统一代为实施，地块可将设备用房的空间纳入地块内统一设计，有利于地下空间的集约化利用。

3. 提升土地使用价值

前海高强度的开发建设必然导致高强度的交通需求，高强度的交通需求必须依靠高密度的地下交通网络来支撑，前海地下道路的建成可以较大程度地提高前海合作区的通行条件，提高道路服务水平，并在一定程度上减轻附近路网的压力，大大节约了车辆通行时间，从而获得车辆运输成本节约效益和时间节约效益，高效缓解核心范围内人车矛盾。

同时提前统筹地下道路系统的所有附属设施，考虑出地面附属设施与周边建筑、公共空间及地面景观的整合，减少地面部分的开发，释放地面空间，致力打造高标准、高品质的景观愿景，将城市地下空间与地上空间有机统一，提升土地使用价值。

4.2 社会效益

1. 规划的落实保障

前海在综合规划的基础上，进行了多项专项规划及单元规划，其中专项规划信息量极大，而且前海总体上采取了规划、设计与施工叠加推进的运作模式，各项工作相互交错，给项目管理带来了较大的难度。

运用综合高效的接口管理手段，全面分析并梳理各项目设计与实施中可能遇到的问题，比如项目实施场地土地整备情况、项目与项目之间的节点问题、项目本身实施过程中可能遇到的技术难题及风险，针对各种可能遇到的问题提出可行的处理方案，并预留了足够的技术储备。

针对不同专业之间的衔接以及各项目之间的交叉节点，在规划设计过程中，协调各相关专业的意见，并考虑项目自身及项目与项目之间可能遇到的技术问题，以评估规划落地实施难度，调整规划方案，提高规划工作的可实施性，进一步保障规划的落地。

2. 项目的快速推进

前海作为一个国家级的新城建设区以及深港现代服务业合作区，建设形象及进度受社会、国家高度重视，需要尽早给市民、企业带来"看得见、摸得着"的实惠和便利，实现"一年一个样"的庄严承诺。地下功能设施种类繁多，地下人行及车行道路与轨道交通网络、市政管线等系统错综复杂，同时地下工程作为前海开发进程的先行建设项目，其实施进度对整体建设进程影响较大。

通过项目群的接口管理，精准定位地下道路系统的接口问题并随着项目推进实时更新，明确接口责任主体单位，针对接口问题的类型，提出高效的协调路径和切实可行的技术方案，确保项目能够按照规划设计有序进行，减少由于接口问题而出现返工的现象。

3. 管理效率的多维度提高

投资维度：通过有效的接口管理，大大避免了由于项目与项目之间的接口问题而导致的工程费用大幅度调整的问题，有效控制总体的投资成本。

建设维度：接口管理中，考虑项目之间的影响关系、具备的现场实施条件以及整体实施方案，对地下工程各接口项目的实施界面进行切分，并提出合理的建设模式，保障项目的高效实施。

产权维度：接口管理中提前考虑运营阶段相关问题，从安全性及合理性角度出发，进行接口各主体之间的产权划分，保障项目的高品质营运。

4. 未来的弹性考虑

由于地下工程项目开发的不可逆性及复杂性，后期改造难度大，在规划设计阶段，统筹整体的地下空间，重点关注各项目间的接口管理，充分考虑了未来的各种需求：

功能预留：考虑未来新技术的运用及其他系统的接入，提前预留了所需空间及接入条件，为后续的开发提供实施条件；

品质统一：由于地下道路工程涉及与多个建设主体的接口管理问题，为避免后续交界面位置不同主体负责项目存在品质不统一而影响使用体验，提前对统一建设品质提出规划设计要求，并落实到接口管理中；

营运模式：从项目全过程角度出发，提前考虑不同建设主体负责项目在后期的营运模式，深入研究、比选分开管理与统一管理，明确营运方式并提出相应接口管理要求。

5. 改善城市环境，建设生态型滨海城区

汽车在地下道路行驶时，行车产生的噪声主要集中在地下，这就大大减少了地面以上的噪声污染，同时地下道路建于城市的地下空间，汽车尾气通过隧道通风系统过滤排放，避免直接污染空气，提高了空气质量，在地下道路的上方地面种植花草，进而利用山、海资源，建设和谐、宜居、优美的山海城相融合的生态型滨海城区。

第四章

前海合作区地下道路工程建设管理实践与创新

○ 项目群组织模式
○ 建设单位设计管理
○ 建设单位施工管理
○ 工程档案管理
○ 项目管理创新

第1节
项目群组织模式

1.1 项目群组织实施特点与难点

前海合作区作为粤港现代服务业创新合作示范区、"一带一路"的桥头堡、粤港澳大湾区的城市新中心，其开发建设受到党和国家的高度重视。自2012年前海在一片滩涂上开始建设，区域内基础设施呈集群高强度开发态势。区内单元地块开发、轨道交通、地下空间、地面道路项目叠加推进，规模不一，实施难度各异，工程接口复杂，建设时序搭接，施工场地交叉，项目内及项目间组织协调、进度控制和信息沟通极为复杂。前海项目群的主要特点表现为项目类型多元，内在联系紧密，规划、设计、施工叠加推进，建设实施与运营并进。

项目类型多元，内在联系紧密。区内项目众多，主要包括地块建筑、轨道、道路桥梁、地下空间、涉水工程、景观环境、市政及公共配套工程等，同步推进项目最高达150个。由于地下道路纵贯前海南北，与沿线各地块交互性、互通性强。由于地上地下工程同步建设带来的工程接口、场地占用、工程变更、安全质量等风险导致项目管理难度激增，对各方的统筹管理提出更高的要求。

前海规划要求不断提升，期望不断提高。2012年12月7日，习近平总书记在党的"十八大"后首站调研前海，勉励前海人精耕细作、精雕细琢，一张白纸上画出最美最好的图画；2017年5月，广东省第十二次党代会赋予前海新战略定位，提出要高标准建设广东自贸试验区，把前海建成"粤港澳深度合作示范区和城市新中心"；2017年11月，广东省委书记李希，提出要把前海打造成彰显中国特色社会主义巨大优越性的新平台、新标高，以前海改革发展的丰硕成果展示习近平新时代中国特色社会主义思想的磅礴力量，党中央及各级政府对前海建设期望不断提高。

建设与运营同时存在。前海地下道路和地下车行联络道施工时，影响区域内的轨道1号、5号和11号线、部分地块楼宇已投入运营，同步好工程建设与产业运营，保障周边地块生产生活的正常运转，出入交通的安全便捷是区内项目群建设开发主体的重点与难点问题。

由此，把大量工程项目集中起来进行建设和管理是前海城市新中心发展的需要。不同类型的项目复杂性不同，再加上投资主体不同、建设主体不同、进度要求不同等进一步放大了项目的复杂性。项目维度的复杂导致工程管理难点主要体现在保障重大工程关键节点、协同基础设施与相邻地块、衔接周边大市政工程、解除重大制约影响因素等方面。

保障重大工程关键节点进度。地下道路工程在新城建设中具有重大的政治、社会意义和突出使用价值。在进度控制方面由于项目群的复杂性，在实施过程中不论是前期工作，还是施工方案和重大工艺的确定都可能会出现多次调整和优化，这将导致进度控制的困难。

协同基础设施与相邻地块同步建设。协同地下道路与相邻地块同步建设是统筹协调工作的重要组成部分，不同项目之间的建设时序变化性、实施过程的并行性会产生各类干扰，这些都需要协调解决。

1.2 项目群组织形式

为应对前海城市新中心复杂基础设施开发的种种挑战，前海合作区探索采用项目集群管理方法，对片区基础设施项目群建设起到了极大的推进作用。

前海的城市新中心项目群组织模式本质是我国城市级大型群体复杂工程的政府推进机制。对于如此庞大的项目群，传统单个项目的组织体系难以匹配支撑建设的总体要求，包括人力储备、类似工程管理经验、复杂工程管理机制、相应组织管理构架、群体工程建设单位管理能力等。前海建设指挥机构经过系统分析研究，结合自身实际从顶层设计和组织体系上建立了比较完整的项目群管理体系。

1）在顶层设计上，对前海大系统组织结构进行梳理，成立了以市领导牵头的前海蛇口开发建设领导小组，以前海管理局及新城建设指挥部为主体的决策层，以深圳市前海建设投资控股集团有限公司（以下简称"前海投控"）、深圳市建筑工务署（以下简称"市工务署"）、深圳市地铁集团有限公司（以下简称"地铁集团"）、深圳市前海蛇口自贸投资发展有限公司（以下简称"前海自贸"）等各政府开发平台及各地块单元开发商的统筹实施层，以设计院为主体的设计层及以建设承包商为主体的操作层的五层工作体系。提高统筹协调的决策能力和执行力，将工作重心放在项目科学推进与统筹协调，构建政府、市场的二元建设推进系统，以此调和各层次和利益相关方的利益诉求。

2）在组织体系上，前海蛇口自贸新城建设指挥部及前海管理局作为决策主体，是重大工程的决策组织核心，统筹项目相关方共同推进整个系统前行。其中前海管理局依法负责前海合作区的开发建设、运营管理、招商引资、制度创新、综合协调等日常工作，在建设管理方面设立规划建设处、土地和房地产管理处、发展财务处和自贸新城建设指挥部办公室（以下简称"新城办"）。

前海投控、市工务署、地铁集团、前海自贸等建设单位作是实施主体，是组织系统的重要参与方，各建设单位一方面通过提前研究、主动谋划的方式配合支撑指挥部的总体建设计划，另一方面通过集中优势资源，优化项目管理组织机构，以加强项目集群管理。项目群管理组织构架图详见图4-1。

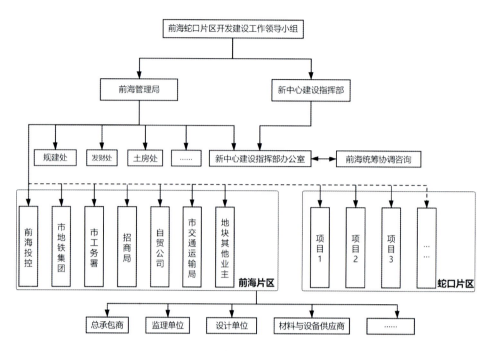

图 4-1　前海项目群管理组织构架

第2节
建设单位设计管理

2.1　设计管理策划

2.1.1　多主体设计管理思路

前海地下道路系统复杂，与周边地块接口众多，涉及多家建设主体，设计管理协调难度大。

1. 合理划分工程设计界面

科学划分工程设计界面，合理规划设计协同内容，及时梳理和完善已有设计界面划分，避免设计真空地带。

2. 平衡各项目诉求，实现综合效益最大化

准确把握各主体的设计诉求，进行合理排序。

3. 加大复杂接口管理力度

对复杂设计接口进行主动协调，提前对复杂接口技术问题进行综合分析，全过程跟踪接口处理情况，确保接口处理满足既定要求。

4. 建立畅通沟通渠道

建立工程设计协调例会、信息沟通与传递和协调成果落实制度，确保协调沟通及时、信息传

递畅通、协调意见落实到位。

2.1.2 针对性的团队搭建

为匹配前海高标准建设要求，高质量开展复杂项目群的设计管理工作，在前海投控现有设计管理团队的基础上，引入国际知名顾问团队，由国内一流设计咨询团队承担工程设计工作，各团队密切配合，保证设计工作的高质量完成。

1. 建设单位设计管理团队

前海投控基建设计管理部（以下简称"设计管理部"）牵头对设计进度和质量进行跟踪监督管理，包括设计任务的提出、设计输入管控、设计质量标准的制定、设计进度管理、设计接口管理、重大技术方案专家论证、设计成果验收、设计文件报批、成果移交与设计交底、施工指导等。

2. 国际顾问团队

国际顾问团队主要负责规划设计研究落地的咨询、项目全周期设计成果的技术咨询（含前期策划、各阶段设计文件的技术咨询、其他专项咨询工作）、内外部接口统筹的技术管理、建设时序及建设计划建议。

3. 专业设计团队

聘请国内具有综合甲级资质的一流设计单位开展工程设计工作，确保设计成果满足前海高品质和精细化设计要求。

2.1.3 精细化过程管理

1. 过程质量管理

为了加强对设计工作"全过程"管理力度，保证"质量、进度、投资、安全、节能、环保"六大目标的顺利实现，使设计文件符合实际情况，满足合同规定的深度与质量要求以及前海精细化设计要求，根据国家相关法律法规，并结合前海基础设施建设的实际情况，制定设计管理办法，明确从方案设计阶段到施工图设计阶段的质量管理流程与要求。

2. BIM建管平台的设计管理

利用BIM建管平台设计管理模块，实现设计图纸和模型的报审流程，包含统计分析、交付计划管理、设计成果报审流程和进度提醒四类模块。

1）统计分析

统计分析主要实现各单位工程设计管理的统计和展示功能，包括设计成果交付进度统计、成果审查进度统计、设计成果统计等（图4-2）。

2）交付计划

建设单位对各设计单位提交设计成果的交付计划进行审查，填报完成后，以横道图的形式对各单位工程的设计成果交付计划进行展示，全面了解设计工作的进展情况（图4-3）。

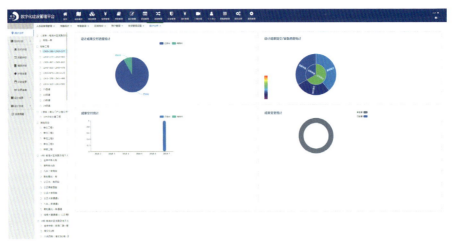

图4-2 统计分析界面示意图

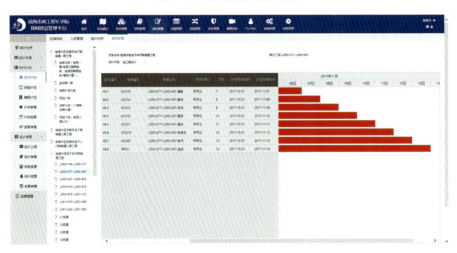

图4-3 交付计划界面示意图

3）设计成果

设计上报模块主要功能为上传、审查、变更图纸及模型，设计上报由设计单位完成，对已完成交付计划流程后生成的设计报审流程进行设计成果上报处理。设计成果报审流程详见图4-4。

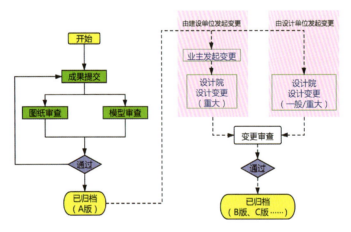

图4-4 设计成果报审流程图

4）进度提醒

进度提醒主要实现各单位工程设计管理的任务统计和展示功能，包括近期待交付、逾期交付、近期待审查和逾期待审查等，可分别查看剩余时间、逾期时间等内容（图4-5）。

图4-5　进度提醒界面示意图

2.2 设计边界条件管理

2.2.1 时间维度的设计条件

与一般工程项目运作按照先规划、再设计、最后施工的过程不同，前海地下道路所在项目群总体上采取了规划、设计与施工重叠推进的运作模式，一定程度上加快了前海的建设，但也会导致设计条件的动态变化调整。

1. 规划条件

为指导地下道路系统的设计、建设与开发，前海已编制《轨道和道路交通详细规划》[12]《地下快速道路系统详细规划》[13]《前海合作区地下空间规划及重要节点周边地下空间概念方案设计》[14]及《前海地下车行联络道及行人联络通道设计标准》[15]等文件，这些规划为项目开发建设的基本条件。

2. 设计边界

地下道路系统的设计应充分考虑周边关联项目的建设情况，提出相应的设计与建设边界条件，并进行动态的跟进调整。对规划阶段项目，应预留相应的设计接口条件，保证后续项目具有合理的实施条件；对设计阶段项目，应相互对接协调，形成接口的技术方案；对施工中和已竣工项目，应将预留的接口作为设计的前置条件。

2.2.2 空间维度的设计条件

1. 一二级同步开发

前海不同于常规的片区开发项目，是基础设施与单元地块协同建设的开发过程。基础设施应满足地块市政配套需求协同建设要求，同时避免出现重复建设和相互影响对方施工的情况出现，从而达到节约工程造价的目的。

1）前期设计工作协同，为协同建设工作提供技术支持

基础设施建设与周边地块开发在设计阶段进行协同，各项目设计时不能只考虑自身红线范围内的工作，而是要综合考虑周边项目设计情况，做到"你中有我，我中有你"。

2）建设时序协同，基础设施可及时满足地块市政配套要求

基础设施建设和周边地块开发在时序进度上协同，以满足地块营运所需市政配套为前提，各自制定时序计划时，综合考虑周边项目的时序计划。

3）施工过程协同，避免基础设施与周边地块施工相互影响

施工过程协同是施工过程中相互配合、相互协同，施工过程中的临时道路、临时排水、临时用电等能够做到共同利用、互利互惠。

2. 三维立体开发

前海开发建设项目不仅有地上工程，还有复杂的地下工程，竖向立体交叉复杂，接口类型繁多，工程界面复杂，为保障地下工程的有序进行，需对接口设计条件进行主动协调，提前对技术问题进行综合分析并提出合理的解决方案。

2.3 设计进度与质量管理

2.3.1 总体统筹研究

前海地下道路系统前期设计进度、施工进度各不相同，且地下道路系统与周边地块同步建设，地块市政配套需求在时间上各有不同，同时前海不断提高的规划定位也对项目建设提出了更高的要求，因此，为科学、合理有序推进建设，应基于规划的目标理念与要求，结合前海整体建设情况，统筹地下道路系统的建设时序、关键节点等，动态监控各个项目的进展情况，结合影响因素的变化，及时评估并动态调整建设时序，作为设计进度及质量管理工作的基础及灵魂。

在城市新中心基础设施建设时序总体指导思想的指导下，各项目建设时序分析需遵循图4-6所示的工作流程：

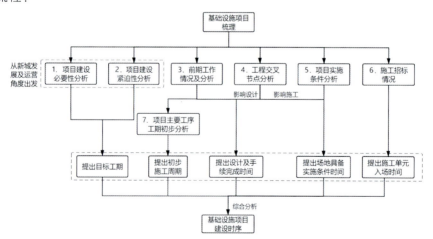

图4-6 建设时序分析流程图

具体基础设施工程建设时序分析主要内容及步骤如下：

1）项目建设必要性分析：前海基础设施与单元地块开发、城市分期营运同步推进，为确保基础设施的建设可满足城市营运的分阶段目标要求，梳理相关基础设施，并对基础设施提出建设需求。

2）项目建设紧迫性分析：前海各片区开发建设存在一定的不平衡性，前海城市新中心的分阶段运营目标亦有缓有急，对相关的基础设施提出了不同的紧迫性的需求。

3）前期工作情况及分析：前期工作完成是项目开工的必要条件。前期工作一般包含技术与报建两部分，按照前海管理局的行政审批要求，工程开工建设均需满足两项条件。其中，技术部分需完成施工图并通过施工图强审；报建需取得施工许可证。建设时序的编制需了解项目设计工作及报批报建两方面工作的推进情况。

4）工程交叉节点分析：前海基础设施项目之间存在复杂的工程交叉，各项目的建设计划不尽相同，需综合分析各项目的建设计划及工程交叉关系，提出交叉工作面的移交时间节点。

5）项目实施条件分析：需综合考虑项目目前的现场情况、周边项目施工计划及安排、是否有土地整备以及是否有其他条件制约等因素，提出工程场地具备施工条件的时间，或分期提供施工作业面的时间。

6）项目主要工序工期初步分析：适度分解项目的主要工序，初步预估各主要工序施工周期，合理编排各工序的搭接顺序，估算项目的总体建设周期。

2.3.2 重大节点的技术方案控制

1.前海项目群节点特点

1）节点众多：地下道路系统与周边地块和其他基础设施项目纵横交错，立体交叉节点众多；

2）节点复杂：地下道路系统涉及节点复杂，节点涉及协调部门较多，协调和解决难度大；

3）关键节点或关键节点组合成的关键线路影响整体基础设施推进：工程节点问题影响相关项目的工程进度，若处理不当将影响前海基础设施项目的有序推进，并可能造成点、线、面的影响。

2.重大节点梳理

基于项目的总体建设时序，通过相关收集的资料，梳理并找出影响整体实施的重大节点，主要采用以下两种方法：

1）平面分析法：通过平面分析和剖面分析，初步判断各工程节点的位置关系；

2）GIS三维模型法：三维建模可以直观清楚地看清各项目之间的空间关系，便于与各相关单位沟通并形成解决方案，同时也有利于项目审批。

3.重大节点分析

在分析过程中主要分为两个层级的节点：

1）第一层级节点：项目与项目之间的制约，这类节点是其中一个项目直接影响相关联项目

开展施工;

2)第二层级节点:工程与工程之间的交叉节点,这类节点主要是项目实施过程中的工程问题,例如接口问题、施工交叉问题、施工时序问题和相互保护问题等。

4.重大节点控制

工程节点的实施控制重点关注以下方面:

1)任务分解:将解决问题的方案分为各项工作,包括协调工作、设计工作、施工工作等;

2)责任主体:明确各项任务的责任主体单位,例如协调工作由谁组织,需要有哪些单位参加等;

3)时间节点:明确完成各项任务的时间节点要求。

重大节点实施策划流程详见图4-7。

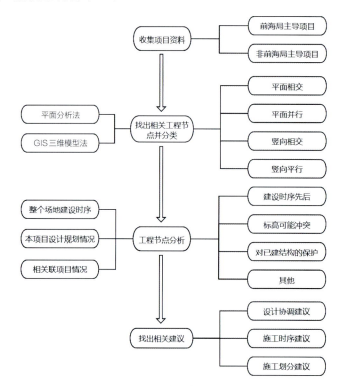

图4-7 重大节点实施策划流程示意图

2.3.3 标准制定和对标

为指导地下道路系统的设计与建设,前海管理局已编制《轨道和道路交通详细规划》[12]《地下快速道路系统详细规划》[13]及《前海合作区地下空间规划及重要节点周边地下空间概念方案设计》[14]等文件。

在已有规划标准文件的基础上,为推进建设高质量、精细化,符合前海国际化水平的定位,针对前海复合集约开发以及地下空间特殊复杂等建设发展特点,从相关国际高品质案例中总结提炼关键性标准与控制点,提出《地下联络通道高品质标准》,主要内容有:

（1）通道刚性控制要求；

（2）无商业及有商业地下人行联络道装修标准；

（3）装修与机电设备的接口；

（4）地面风井；

（5）无障碍设计；

（6）设备设施隐蔽、变形缝处理；

（7）给水排水及消防；

（8）暖通；

（9）电气。

2.3.4 重大设计变更管理

凡涉及重大结构变化、改变某些重大功能特性等的设计变更，需要重新按施工图审查程序进行审查（必要时组织专家论证），并经相应审批单位同意后才能实施变更。

对于涉及重大方案调整需进行方案评审的，则由前海投控项目管理部（以下简称"项目部"）与设计管理部负责组织方案评审，项目部呈报前海投控技术委员会评审通过后，承包商方可组织实施。

设计管理部是变更图纸的归口管理部门，项目部是设计变更呈批的发起部门。在设计变更报批程序完成后，由设计管理部负责变更图纸的签发、发放和归档。

2.4 设计接口管理

2.4.1 接口管理的挑战

前海基础设施项目数量众多，超过100个项目在同步推进，在开发建设过程中，大体量、不同类型和不同投资主体的工程建设项目在时间和空间上交叉实施，将产生许多的复杂项目群接口问题。

前海地下道路系统的接口管理尤为复杂，据统计，地下道路系统与周边地块和其他基础设施之间存在多达382个地下实体接口，而且由于地下工程的隐蔽性、不可逆和复杂的环境条件，在基坑和主体结构的设计与施工中接口处理难度和风险性较高，若处理不当，会对安全、进度和投资造成巨大不利影响。

2.4.2 接口管理组织与运作

1. 接口管理的组织架构

地下道路系统与单元地块以及其他类型基础设施均存在接口关系，涉及不同项目、不同建设主体、不同参建单位之间的接口问题。为确保接口管理的权威性和有效性，针对性地搭建了由工作小组及实施小组组成的管理组织架构（图4-8），高效而有力地推动各阶段、各层级的接口问题。

1）工作小组：由前海投控决策层、基建事业部管理层、设计与工程管理负责人和其他参与单位接口负责人组成，主持项目群的设计和施工接口管理，对接新城办并促进与其他建设主体的接口协调，从上层次推动地下道路系统的接口管理问题；

2）实施小组：由前海投控各部门以及设计与施工阶段各参与方的接口管理人员组成，参与日常的接口管理活动，协调解决具体接口问题，并跟进接口问题的落实情况。

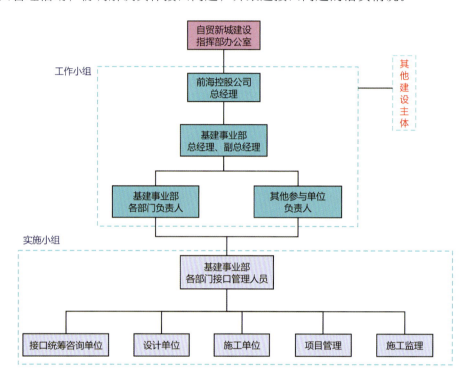

图4-8　设计接口管理组织架构图

2.各单位职责分工

参与接口管理的各单位职责划分如下：

1）前海投控：主持项目之间的设计和施工接口管理，与新城办对接，促进与外部单位（如地块开发商、其他建设主体）的接口协调；

2）接口统筹咨询单位：梳理项目接口并编制接口矩阵总表，作为接口管理的基础，在接口管理过程中，协助建设单位进行接口协调，并对接口问题进行相关的技术咨询；

3）设计单位：接口管理工作的主体单位，完善并实时更新自身与其他项目的设计接口矩阵表，编制设计阶段接口工作计划，协调并解决设计方面工程接口的技术问题；

4）施工单位：完善并实时更新自身与其他项目的施工接口矩阵表，解决施工过程中遇到的接口技术问题并实施施工接口；

5）项目管理单位：编制施工接口矩阵表，编制施工阶段的接口工作计划，协助建设单位进行施工接口协调，并跟进施工接口的落实；

6）施工监理单位：施工接口实施过程开展监督、检查，并组织必要的试验、测试和调试。

2.4.3 接口管理技术路线

项目启动前期，接口统筹咨询单位将根据片区的规划资料、与其相关的外部项目资料，以及项目启动阶段获取的项目信息等，对项目的外部接口进行初步梳理。接口初步梳理成果以接口矩阵表的形式汇总，在项目正式启动后移交给设计单位。

设计单位根据接口统筹咨询单位提供的接口初步梳理成果，以及项目相关资料，应对本工程的各个设计接口进行识别和登记；并详细分析项目进展过程中可能出现的其他各类接口问题，对接口信息汇总表进行补充和完善。

设计单位在接口过程管理中，逐一对外部项目接口进行识别与描述；在设计过程中有接口思维，及时解决工程接口的技术问题，将外部项目各个接口以适当的形式体现在设计文件中。设计单位应及时更新接口信息，记录接口的对接及协调过程，跟踪接口闭合情况，完整填写接口信息登记表，确保接口问题闭合、接口信息完善。

接口管理流程如图4-9所示：

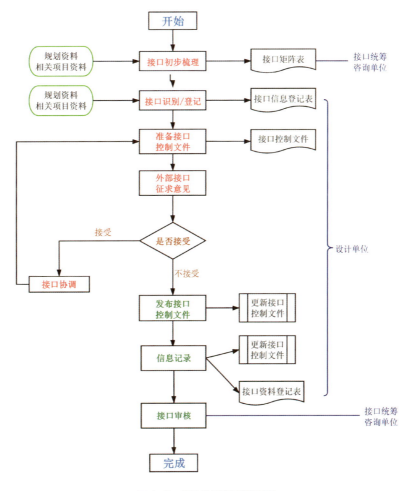

图4-9　设计接口管理流程图

2.4.4 接口管理办法

1.接口协调机制

接口问题的协调和落实通常涉及两个或多个项目，接口协调参与方通常包括行政审批部门、协调决策机构、基础设施建设单位、设计管理之接口统筹咨询单位、前海基础设施项目各设计单位以及其他项目的各建设单位和设计单位。根据接口需协调问题不同，分为三个层级（图4-10）：

1）第一层级：技术对接层级。涉及技术方面的接口统筹和协调，通常由前海投控来组织相关单位进行对接，主要工作为该接口的项目双方设计单位进行沟通、讨论，并协调解决接口相关事宜。接口统筹咨询单位提供接口技术咨询意见。

2）第二层级：行政审批层级。部分项目的实施将影响到其他项目，或先实施项目侵入未出让项目或地块，此类涉及用地和规划等的实施接口，需双方在技术协调统一接口意见的基础上，获得行政部门的审批。行政部门将接口审批意见落入规划文件，或作为地块出让条件落入相关文件。

3）第三层级：协调决策层级。经多次技术对接层级的沟通协调，接口双方意见仍未能达成一致，在本层级无法解决的重大接口问题，涉及规划层面、建设实施层面、运营层面等，交由协调决策机构进行协调决策。项目双方应按协调决策机构的决策成果，落实接口问题。

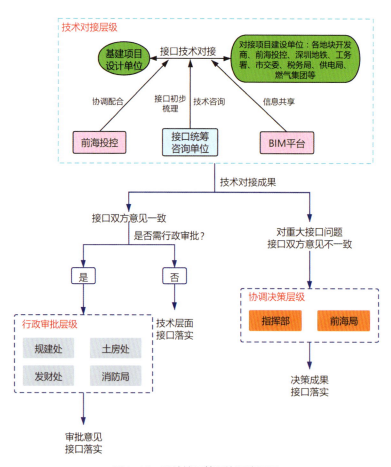

图4-10　设计接口管理协调流程图

2.接口会议制度

1）接口管理例会

前海投控基建事业部管理层每两周召开一次接口管理例会，听取接口管理工作小组成员、相关单位代表的接口协调及落实情况汇报，及时协调解决接口问题，无法解决的接口问题上报前海投控决策层解决。

前海投控决策层每两个月召开接口管理工作汇报会，听取接口管理工作小组成员、相关单位代表的接口协调及落实情况汇报，及时解决基建事业部无法解决的接口问题，对于公司仍无法解决的接口问题，前海投控将接口问题上报协调决策机构新城办，尽早协调解决滞后的接口问题。

2）接口协调会

新城办不定期举行协调会，各相关单位代表参会，协调解决项目接口中的难点问题，并作出相应的决策。

2.4.5 接口管理的数字化运用

为科学有序地开展所有项目间的接口工作，基于以上接口管理组织架构和接口管理流程，明确并规范各工程接口和各参建单位的工作职责、任务和流程，编制了接口矩阵表系统，用于地下道路系统项目接口信息的识别和地下道路系统项目的接口系统化管理，并将接口管理系统接入Project Wise接口管理平台，便于各单位信息共享，协同工作。

Project Wise接口管理平台为集接口资料存储查询、接口协同落实记录及接口管理各方协同操作为一体的高效数字平台，能够实现接口管理各方在一个集中统一的环境下工作，熟悉接口管理流程及各自的职责分工，随时获取接口管理所需信息（如接口信息表、接口项目设计图纸及接口模型等），掌握接口问题协调进展情况（接口汇报材料、过程沟通会议纪要以及双方达成的接口协议等），开展具体接口问题的落实工作，大大提升了接口管理的效率。

图4-11和图4-12分别给出了Project Wise接口管理平台资料架构图、协同工作示意图。

图4-11　Project Wise接口管理平台资料架构图

图4-12 Project Wise接口管理平台协同工作示意图

第3节
建设单位施工管理

3.1 工程实施策划

工程实施策划是为使构思策划成为现实可能性和可操作性而提出的带有策略性和指导性的设想。本项目实施策划主要包括下面四个方面：

1. 项目的组织策划

根据国家规定，对大中型工程项目应实行项目法人责任制，按要求设置组织机构。这既是总体构思策划的内容，也是对项目实施过程产生重要影响的实施策划的内容。本项目任命了建设单位项目负责人并组建了项目管理团队，通过公开招标选择了勘察设计、施工、监理以及项管等参建单位。

2. 项目资金策划

资金是实现投资项目的重要物质基础。工程项目投资大，建设周期长，不确定因素多，因此资金的筹措和运用对项目的成败关系重大。本项目资金为财政性资金，已按要求落实。

3. 项目控制策划

项目控制策划是指对项目实施系统及项目全过程的控制策划，包括项目目标体系的确定、控制系统的建立和运行策划。为确保项目顺利推进，结合项目实际情况，设置了工期目标、质量管理目标、安全管理目标、职业健康目标、环境保护目标等建设目标。

4.项目管理策划

项目管理策划是指对项目实施方案的分解和分项任务组织工作的策划。它主要包括合同结构策划、项目招标策划、项目管理机构设置和运行机制策划、项目组织协调策划、信息管理策划等。管理策划应根据项目规模及复杂程度，分阶段分层次展开，从总体的概略性策划到局部实施性详细策划。项目管理策划的重点在于提出行动方案和管理界面设计。

3.2 施工进度管理

为保证各项目前期设计、报批报建、施工进场等各环节有序搭接，实现片区内各类项目的有序开发、施工及运营，保证项目按预定工期完工，需明确进度管理流程和各方职责，规范各级进度计划的编制、审批、执行、更新、检查、变更等管理过程，实施有效的进度计划控制。参建各方需共同遵守，并根据需要编制相应的作业文件及内部管理规定。

3.2.1 进度计划的编制

1.工程工期计划：

1）根据项目特征、工程量、重难点、实施条件等，按照同类项目经验及资源投入计划，初步确定建设工期计划，各分部分项工程需设里程碑节点；

2）施工承包商上报的工期计划，由总工审核、调整，完工日期依据施工承包合同；

3）监理工程师审核后，报建设单位。

2.工程总进度计划：

工程工期计划通过监理审核后，项管单位将项目前期设计、报批报建计划纳入总进度计划中，以此指导项目实施。

3.2.2 进度计划的执行与监督

1）单项工程进度计划通过建设单位审核后，纳入施工组织设计中，开工后严格按照进度计划的各工序时间及搭接关系实施。

2）每周由项管单位对建设单位内控计划施工节点完成情况进行反馈更新，汇总至建设单位。

3）每周监理例会上，由施工单位向各方汇报本周施工进展情况，并提出下周施工计划。施工单位需对未完成情况做出相应的说明，在进度出现延迟的初期便告知与会各方，敦促责任方人员尽快解决。

4）每月月底，施工单位编制进度报表，内容包含计划完成情况、形象进度、产值完成情况、施工图片。进度报表经监理审核盖章后，提交建设单位汇总，作为认定项目进展的依据和考核的凭证。

5）每月月初，项管单位根据施工单位上报的产值及形象进度报表，编制施工进度月报，上报建设单位。月报中，将实际完成情况与计划做出比较，总结本月工作进展情况，找出制约进度的重要因素，分析原因，评估进度延迟将引发的各类风险，并提出建议及补救措施。此外，项管单位还需根据实际情况对后期进展做出预判，提前对可能出现的进度风险提出预警，提醒各方尽快决策。

6）当总体施工进度出现重大偏差及滞后时，项管单位需组织召开进度会议，召集参建方相关人员共同解决计划执行中的场地、技术、资源等问题，明确责任主体，并积极督促，避免各方对未解决问题的拖延。

3.2.3 进度计划的变更与调整

1）当外部条件发生变化（规划调整、地质条件变化等）、不可抗力等原因导致项目未能按照原定计划实施时，需对工期计划进行调整，计划的变更需征得建设单位同意并经监理审核，重大项目的计划变更需由建设单位上报前海管理局批准。

2）变更后的计划，下发各参建方。施工单位按照变更后的计划指导现场施工，各方根据更新后的计划上报、评估进度。

3.3 工程成本管理

3.3.1 成本管理目的

在项目推进过程中，对施工总承包单位的合同管理与成本管控是全过程造价控制的核心与重点；利用成本管理的原则与方法做好全过程造价控制，有效控制项目投资，确保投资收益最大化。

3.3.2 成本管理的基本原则

成本管理的基本原则包括：最优化原则、全面管理原则、责任制原则、有效化原则、科学化原则以及主动控制原则，详述如下：

成本最优化原则：成本管理的根本目的在于通过成本管理的各种手段，促进不断降低项目成本，以达到可能实现最优的目标成本的要求。但项目管理的实施者应正确处理质量、工期、成本三大指标之间的关系，把握三者之间的度，以求达到和谐统一。

全面成本管理原则：全面成本管理是项目、全员和全过程的管理，要想降低项目成本，达到成本最优化目的，首先组织以项目经理为核心的项目成本控制决策层，对该工程项目成本管理全面负责，其次是项目成本控制的管理层。更重要的是成本管理的全员性，只有全员主动参与，形成"全员经营""群智经营"的工作气氛，这样才能够有效地降低成本。最后，在项目运行过程中，采用成本动态管理和分析能对全面成本管理形成正面、直接、有效的影响。

成本责任制原则：落实成本责任制是项目成本进行有效管理的关键。设定成本目标，明确目标成本责任，落实责、权、利，而项目经理作为项目成本控制的第一责任人，在充分考虑内部挖潜的措施下，确定项目内部目标成本，并把成本指标层层分解，分解落实到各部门进行层层控制，分级负责，形成一个成本控制网络。

成本管理有效化原则：所谓成本管理的有效化，主要有两层意思：一是促使以最小的投入获得最大的产出；二是以最少的人力和财力完成较多的管理工作，提高工作效率。

成本管理科学化原则：适当运用科学的方法促进与深化成本管理的各个环节，如预测与决策的方法、目标管理方法等。

成本管理主动控制原则：主动控制是前馈式控制、事前控制。项目前期过程中应立足于事先主动地采取决策措施，以尽可能地减少甚至避免目标偏离。预先分析目标偏离的可能性，并拟定和采取各项预防性措施，如询价、指标对比前馈到设计阶段、制定必要的备用方案、计划应有适当的松弛度、加强信息工作等，使计划目标得以实现。另外，通过设计阶段的成本计划与控制能充分体现成本管理的主动性。

3.4 工程质量管理

施工质量管理是在明确的质量方针指导下，通过对施工方案和资源配置的计划、实施、检查和处置，为了实现施工质量目标而进行的事前控制、事中控制和事后控制的系统过程。通过施工的质量管理使工程施工活动及其产品质量符合国家法律、行政法规和技术标准、规范的要求，包括在安全、使用功能、耐久性、环境保护等方面满足所有明示和隐含的需要和期望的能力的特性总和。

3.4.1 施工质量管理目标

工程质量总目标：落实质量方针，构建精品工程、安全工程，主体工程质量零缺陷。工程质量符合国家、广东省、深圳市有关标准、规范和设计文件要求，具体指标为：

1）确保工程质量符合国家、广东省、深圳市有关规范及设计文件要求；

2）检验批、分部、分项、单位工程质量达到施工质量验收统一标准，合格率100%；

3）杜绝一般及以上工程质量事故，主体工程质量零缺陷；

4）确保省级优质奖，争创国家级优质工程奖。

3.4.2 质量管理措施

1）事前控制，即在正式施工前进行事前主动质量控制，进行必要的技术交底与培训，编制施工质量计划，明确质量目标，制定施工方案，设置质量管理点，落实质量责任，分析可能导致质量目标偏离的各种影响因素，针对这些影响因素制定有效的预防措施，防患于未然。

2）事中控制，在施工质量形成过程中，对影响施工质量的各种因素进行全面的动态控制。关键是坚持质量标准，重点控制工序质量、工作质量和质量控制点的控制，实行样板制和首件

（段）验收制，对于未经验收或已经检验定为不合格的，严禁转入下道工序施工。

3）事后控制，也称事后质量把关，以使不合格的工序或最终产品（包括单位工程或整个工程项目）不流入下道工序、不投入市场使用。事后控制包括对质量活动结果的评价、认定和对质量偏差的纠正。控制的重点是发现施工质量方面的缺陷，并通过分析提出施工质量改进的措施，保持质量处于受控状态。

4）质量认证与监督，由第三方检测机构，依据质量的要求标准，审核施工质量管控过程和工作成果的符合性和实施的有效性，进行独立、客观、科学、公正地评价，得出结论。

5）现场质量检查，开工前检查是否具备开工条件，是否能保证工程质量；工序交接检查重要的工序或对工程质量有重大影响的工序，应严格执行"三检"制度，即自检、互检、专检。未经监理工程师检查认可，不得进入下道工序施工；隐蔽工程必须检查认证后方可进行隐蔽掩盖；因客观因素停工或处理质量事故等停工复工时，经检查认可后方能复工；对于分项、分部工程完成后要检查认可，并签署验收记录后，才能进行下一工程项目的施工；对于成品检查有无保护措施以及保护措施是否有效可靠；通过现场质量检查目测法（看、摸、敲、照）、实测法（靠、量、吊、套）和试验法等，以检查是否符合要求标准。

6）现场施工准备的质量控制，施工单位必须对建设单位提供的原始坐标点、基准线和水准点等测量控制点进行复核，并将复测结果上报监理工程师审核、批准后据此建立施工测量控制网，进行工程定位和标高基准的控制；施工单位要合理科学地规划使用好施工场地，保证施工现场道路通畅、材料合理堆放、良好的防洪排水能力、充分的给水和供电设施以及正确的机械设备的安装布置，制定施工场地质量管理制度，并做好施工现场的质量检查记录。

7）材料的质量控制，材料的质量控制主要通过采购订货关、进场检验关及存储使用关。凡工程采用的主要材料、半成品、成品、建筑构配件等（统称"材料"）均要进行现场验收。对于涉及工程安全及使用功能的有关材料，按各专业工程质量验收规范规定进行复验，并经监理工程师检查认可。

8）施工机械设备的质量控制，对于使用的施工机械设备的类型、性能、参数等，与施工现场的实际条件、施工工艺、技术要求等因素相匹配，满足施工生产的实际要求。主要性能参数是选择机械设备的依据，其参数指标必须满足施工的需要和保证质量的要求。应贯彻"持证上岗"和"人机固定"原则，实行定机、定人、定岗位职责的管理制度，做好机械设备的例行保养，使机械保持良好的技术状态，防止出现安全质量事故，确保工程施工质量。

3.5 工程实施接口管理

项目接口梳理工作分两个方面开展，一是梳理各独立的基础设施系统如道路交通、桥梁、轨道交通、地下道路/空间、地下步行系统、给水排水、电力、通信、集中制冷等系统之间接口；二是梳理各开发单元与市政基础设施的接口。接口主要包括：承包范围内工程项目（以下简称

"本项目"或"本工程")实施与该项目前期工作接口、本项目与外部环境接口、本项目内部接口三大类。按照工作内容性质,包括但不限于:

1)本项目实施与前期工作(土地整备、规划、设计、勘察)的接口;
2)本项目与系统设备供货商的接口;
3)本项目与系统专业设备供货安装承包商的接口;
4)本项目与周边出让单元地块开发建设工程的接口;
5)本项目与周边出让地块基础设施工程(轨道交通、市政道路、桥梁、地下车行及人行联络道、地下空间、空中步道、人行天桥、跨街公园、供冷管网、水务、公共绿地及公共空间、公共配套设施)的接口;
6)本项目内部各专业间的接口;
7)本项目与其他单独发包专业工程的接口;
8)本项目与标段范围内地铁的接口;
9)本项目与标段外的市政工程的接口。

3.5.1 接口管理程序

前海各片区各项工程建设进度不一,按照项目不同建设阶段,统筹基础设施间接口、基础设施与相邻地块间接口的技术要求。接口管理工作紧密结合项目建设与土地开发利用,对前海基础设施项目接口进行梳理。

市政基础设施接口梳理工作分两个方面开展,一是梳理各独立的基础设施系统如道路、桥梁、轨道、地下道路/空间、地下步行系统、给水排水、电力、通信、集中供冷等系统之间接口;二是梳理各开发单元与市政基础设施的接口。在前期规划和设计文件的基础上,结合相关实际工程进行调查分析,研究、制定前海基础设施接口管理程序,逐一梳理各专业外部接口、土建工程接口及其他接口,编制各专业接口明细,并统筹实施。

3.5.2 接口管理流程

根据项目管理模式,制定相应的接口管理流程,通过对现有工作流程的梳理和工作流程网络信息化,实现工作条理的规范性及增加现有相关工作流程的透明度,提高工作效率,完善管理体制。从接口的管理上分为设计阶段和施工阶段两个部分,由于现阶段采用的是CM管理模式,对于每个单位工程项目都应该结合实际情况。设计环节让工程管理部门和施工单位提前介入,分析协调各方对于接口问题的意见与建议,逐步完善设计方案以满足建设需要;施工阶段就接口问题进行实地考察分析,结合设计意见提供解决措施,做出相应的有利于工程实施的调整。具体流程见图4-13。

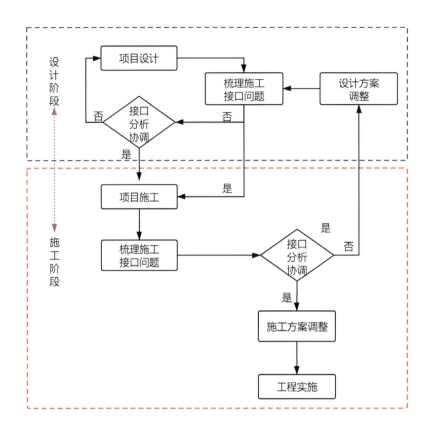

图4-13 接口管理工作流程图

3.5.3 信息管理制度

建立健全工作机制和信息管理制度,加强协调沟通,建立联络机制,明确各专业接口之间的对接单位和部门,并落实到相关责任人。

1)建设单位、设计单位、施工单位、监理单位须根据要求安排专人或专组进行相关信息的记录、收集、保存与流转等工作,并及时向建设单位提交;根据接口项目的情况,各单位/部门每周五将各自接口问题、上周跟进情况、需要协调的事情统一汇总,并以正式的报告形式提交建设单位项目管理部。

2)建立完善的接口协调会议制度,从召集、筹备、召开、形成纪要、落实跟踪等环节形成高效的执行网络。

3)涉及接口协调的会议通知、会议纪要、周报、月报等进行登记、编号、归档,设专人负责。对于需要传递的信息,施工单位、监理单位必须及时、畅通地传递至相关单位,及时进行信息的交互与反馈,对工程信息进行顺畅、动态的管理。

3.5.4 接口管理会议制度

1.会议基本要求

1)项目所涉及的接口管理类会议分为定期会议和专题会议两种。定期会议要有固定的议题、时间、参加人员和会议地点。专题会议一般是指针对专题事项的会议。

2）各种会议要明确主办部门，同时指定召集人和筹备人员，并准备参加人员会议签到表。

3）各单位需要上会讨论汇报的议题，事先必须做好调查研究和充分准备，提出处理建议和意见，并准备好各种提交会议的书面材料。

4）会议决定的事项由会议主办部门负责逐项落实，并将执行情况及时向前海建设单位汇报。

5）对已经由会议决定的事项，各部门要坚决执行、抓紧办理。在执行过程中如有问题，应及时反馈。对各自职责范围内的问题，要积极协调解决；对涉及其他部门经协商仍解决不了的，要如实向前海建设单位反映并提出解决建议。

6）每次会议均形成会议纪要，对会议工程中讨论的问题进行归纳，会议纪要抄送参会各方。

2.接口管理会议主要分为：接口管理例会、重点接口项目的专题会。

第4节
工程档案管理

根据前海地下道路工程建设的特点和难点，结合国家及地方档案管理相关法律法规的要求，利用现有管理资源有序推进档案管理，保证档案管理工作的系统性、科学性和有效性。

4.1 工程档案管理重点

4.1.1 管理体系搭建

项目档案管理工作是由建设单位主导，勘察设计单位、施工单位、监理单位、项管单位等各参建单位协助完成，根据工程项目的OBS组织体系划分和WBS工作分解，形成统一分级的档案管理原则，致力于"源头位置注重收集，过程方面注重指导，尾端方面注重验收"，构建档案管理工作体系，并组织项目干系人学习相关政策制度及法律法规，全面提升档案专业人员的业务能力，确保档案管理工作分工明确、责任到人、齐抓共管，实现工作的有效闭环，构建系统化、全流程的管理模式。

1.组织领导

项目档案管理工作主要涉及前海控股档案中心、成本中心、设计管理部以及工程管理部等相关人员。这些人员大多参与多个项目，每个项目的性质不同对档案工作的内容要求也不同。因此，在项目实施过程中充分重视档案管理工作，成立档案工作领导小组，建立以档案为中心链接各项目的档案工作网络。根据每一个成员工作内容的不同特点，对其进行合理的分工，明确各个网络成员的职责，以此构建一个完整的项目档案工作管理模式。

在项目立项之后，档案管理人员对项目形成的档案资料进行收集与管理，并且将项目负责人的工作绩效与年终考核相挂钩。档案管理人员对在建的项目进行全过程的监管，了解项目状态，解决项目档案管理工作存在的具体问题，阶段性通报在建项目档案管理工作情况。

2.项目资料的形成

工程项目档案包括工程规划设计文件、报批报建文件、监理文件、施工文件、竣工图和竣工验收文件中形成的具有保存价值的文字、图纸、图表、声像等各种载体的文件材料。由于工程项目是一个动态化的过程，从项目立项至竣工验收，档案一直都处于一个动态状况，档案管理人员熟悉掌握每一个项目的进度实施情况，并针对每个节点清晰了解资料产生情况，做到阶段性电子及纸质资料及时归档，杜绝项目在完成验收之后，忙于应对移交的资料造假行为，保证资料的完整及真实有效。

3.建章立制

根据地下道路工程项目管理技术要求，结合国家、地方档案管理规范及前海控股工程档案管理要求，制定《基建事业部工程档案管理工作指引》，通过制度固化流程、细化指标，明确各部门各单位责任，对各项目前期、建设管理、评价验收等各阶段档案工作提出明确的要求，对档案分类归集等做出详细说明。在具体工作实践中，结合工程实质进展和遇到的实际情况，及时对编制管理办法进行调整补充和完善，使编制办法在实际工作中的操作性与指导性更强。

4.1.2 考核评价实施

按照项目档案工作实际，强化顶层设计，建立工程项目文件归档和档案管理考核制度，其中包括档案工作考核办法、档案管理考核体系、参建单位履约评价指标等，对档案形成与完成情况定期进行综合检查评估，从而实现精细化管理及工程项目全过程资料有效管理目标。

1.考核设置

根据"SMART"目标设置原则，结合国家相关标准、规范和档案工作实际，考核指标体系按考核内容将评议指标量化为考核指标，考核内容包括组织管理、设施设备、文件的收集与整理、项目档案移交、档案信息化建设5个方面20项考核指标，每个考核指标下设3～5个子指标。按照工程项目文件归档和档案管理各项工作的重要性程度，每个子指标设置相应权重分，总分为100分。指标体系全面覆盖项目文件归档和档案管理各项工作。

2.考核实施

根据工程项目的建设进度，分类、分阶段进行年度考核、综合考核和综合评价，对项目建设初期、项目建设中、项目竣工前、项目竣工后的文件归档及档案管理情况实现分类监督指导，一是项目建设初期，实施年度考核，重点考核项目档案管理组织机构、人员配备、设备设施、工作制度、工作流程；二是项目建设中，实施年度考核，重点考核项目文件归档工作和档案管理的规范性与及时性，确保档案安全，及时提供利用；三是项目竣工前，实施年度考核，重点考核文件归档和档案管理的总体情况，根据问题提出合理化建议；四是项目竣工后，实施综合考核和综合评价。综合考核是在项目完工年度，对工程项目实施全过程中项目文件归档工作完成情况的综合评审。综合评价是按年度考核内容进行考核的同时对项目档案的移交情况、建设单位接收档案情况、项目交工验收文件、项目总结移交工作等进行评议。

4.2 工程档案管理难点把控

4.2.1 管理模式

前海地下道路项目具有工程接口多、建设周期长等特点。为更好地保障项目质量，整合优质资源和技术，部分管理模式采用代建方式，那么档案就会存在组卷单位多、数量多、载体多、保存价值高、收集时间长、整理归档时间晚等特点。

为有效解决上述问题，一方面，在项目前期策划中明确各项目档案过程管理要求；另一方面，建立档案代建管理办法，约定实体及档案信息化的移交方式。按职责划分立项阶段的档案归集由建设主体单位完成；施工阶段的档案由承建单位负责归集，最后，移交竣工档案，承建方按要求将前期立项资料与监理、施工资料进行整合，移交深圳市档案馆和建设主体单位后方可办理结算工作。

4.2.2 管理时序

地下道路的建设模式是统一规划、统一设计、统一建设，并依照"先深后浅"的原则进行建设施工，然而，这种模式具体操作时会遇到很大困难，在施工过程中产生和其他地块或项目衔接的情况，但同时又是地下道路项目的组成部分。档案管理人员开展工程现场的定期检查工作，对不同开工时间、不同单位工程的项目有一个全面的掌握，在移交时序上进行排列组合规划，以项目立项为依据，结合实际情况考虑分阶段、分区域移交，并对建设项目中的重点文件和关键资料进行跟踪检查，防止出现纰漏影响工程建设项目档案整体管理，保证其管理质量。最后，在工程建设项目实际施工过程中存在一些特殊事项，在这些特殊事项的档案记录中，档案管理人员与工程项目参建单位一起到施工现场进行实地勘察。最后根据实际情况做好档案记录，以此保证工程建设项目档案的准确性。

4.3 档案管理工作亮点

4.3.1 信息化技术应用

建设单位主导，各参建单位积极参与并配合对各项目档案信息进行数字化处理、加工与管理，将所有信息资源进行有效整合，通过BIM建设管理平台系统，展现项目全过程管理资料的实时记录功能，见图4-14。

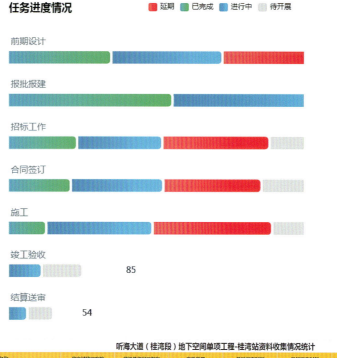

图4-14　BIM建管平台档案管理系统

1.信息化推进思路

结合国家关于档案数字化的相关政策和法律法规要求，深圳市于2019年5月16日颁布了《深圳市城建档案馆接收建设工程电子档案规范（试行）》的通知，对于新政要求，档案管理工作积极响应，充分利用现有BIM建管平台系统协同管理优势，实时了解每个项目进度及各环节的整体情况，结合实施情况，利用信息化技术保障工程项目全过程管理，完成项目档案在平台的自动归档和管理利用，并有效形成项目档案数据库，加速推进由"双套制"过渡为"单套制"的数字化转型，提升项目档案管理的科学性和规范性。

2.信息化管理成效

率先引进BIM建管平台，并在短期内搭建计划、进度、质量、安全、档案、合同支付等项目全流程管理模块，各项工作信息内容相互关联，形成系统化管理。平台搭建的完成，一方面，可在平台中结合项目的进度和计划要求，实时跟进过程中产生的资料；另一方面，通过信息穿透的功能，查找和对比，发现偏差及时纠正，确保归档质量和效率，很大程度解决因项目投资大、周期长所产生的档案收集难的困扰；最后，项目管理人员也可以通过在线查询的功能，随时了解项目的阶段性成果，为建设后期的变更和工程结算提供依据支撑（图4-15）。

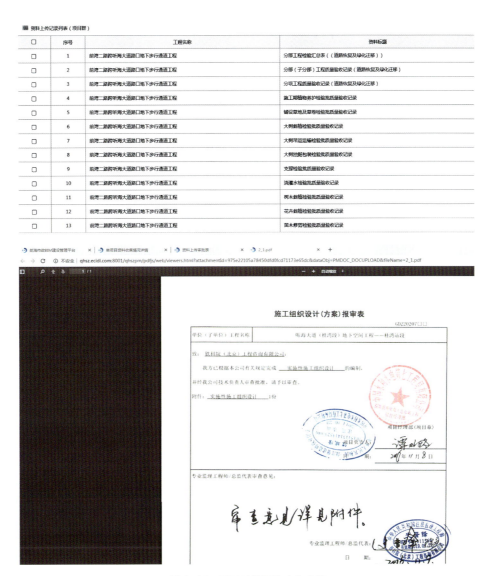

图4-15 BIM建管平台查询审核

4.3.2 全过程把控

档案管理贯穿工程建设全过程，因此在具体操作需考虑以下几个方面：第一，项目前期，将档案工作纳入项目重要管理要素之一，档案人员在项目前期第一次工地例会时积极参与，了解项目特性，并提出相关要求；第二，建设初期，需要档案管理人员了解技术交底情况，通过培训和培养等方式统一工作标准，实现档案规范化管理；第三，建设中期，档案管理人员进行现场定期检查工作，参与并掌握施工情况，一旦发现问题，需要及时整改，并做好相关记录，保证最终形成档案的准确性；第四，建设后期，明确项目完工及竣工验收时间，提前对形成的项目档案实行预组卷，统一归档范围及排序，并根据职责分工做好后序竣工验收的资料准备工作，确保工程建设项目能够顺利地实施及投入运营。

第5节
项目管理创新

5.1 设计与项目管理领域深化"深港合作"

为借鉴香港精细化项目群管理的理念，前海特引入国际工程顾问，协助建设单位分析基础设施项目群建设时序、开展设计总体管理以及接口管理等工作。在2016年至2019年期间先后提出桂湾金融先导区、基础设施建设计划、公共空间环境提升方案、精细化设计标准、项目群接口管理模式等工作成果，推动了部分项目的精细化设计和实施，同时提高了项目群设计管理和统筹协调的效率。另外，为借鉴国际轨道交通建设先进经验，聘请前海轨道交通建设顾问，协助开展前海轨道交通线网规划统筹及优化、轨道交通技术、轨道交通与基础设施及地块接口管理等方面的管理工作，助力前海推进轨道交通站城一体化，保障轨道交通、基础设施及地块开发的协同建设，并通过制定轨道交通设计技术标准，指导前海轨道交通建设。同时，为进一步提升前海地下道路装饰装修工程品质，特引入专业机电、装修顾问对前海地下道路及出地面构筑物装饰装修设计进行优化。对地下道路机电设备系统安装提出包括深化设计、设备采购、标段规模优化、品质管控、接口协调、系统功能及运营需求方面的咨询意见。结合国际顾问先进的项目经验，策略性地制定了完善的机电专业功能需求、安装工艺要求，弥补了因前期设计不足可能导致功能需求达不到项目需求等一系列工程"后遗症"，以确保本项目在产品性能、安装工艺和项目管理等方面达到国际一流标准。

5.2 招标模式创新与选择

根据前海总体开发建设安排，2016—2020年期间包括地下道路在内，有约200余个基础设施项目需进行建设。短时间内建设任务数量众多，分布零散，类型繁多，项目与项目之间空间关系和专业种类复杂。若采用传统的单个项目逐一发包将面临诸多难题。一是部分项目标的额过小，难以吸引优质施工企业；二是招标项目多，招标次数多，增加总体招标时间及管理难度；三是前海紧张的临建场地无法满足众多承包商的生产生活需求；四是单个项目建设，自组织效应明显，难以进行有力的建设统筹、施工组织和资源调配。

为满足前海单元地块开发运营和前海开发建设尽快"见成效"的需求，2016年11月1日，由前海管理局多次研究，前海投控基于发包规模基本均衡、项目相对集中的原则，对片区内地下车行联络道等基础设施建设项目进行了集群打包招标，确定了工程总承包单位，工作内容涵盖工程总承包、项目集群管理、BIM管理平台建设及BIM设计施工一体化应用工作等，这极大地节约了工程招标时间及成本，吸引了国内优质建造企业的加入并配备了综合管理能力强的施工管理团队，有效推进了地下道路建设。

5.3 创新"监理+项目管理"模式

前海片区内项目规划、设计、施工叠加推进，工程统筹协调接口众多，建设标准高、建设周期紧，面临着复杂项目群开发建设整体策划实施和总体统筹管控的巨大挑战，存在着工程设计管理与施工衔接、施工质量、工程安全、总体投资控制等风险。常规的监理仅在施工及保修阶段提供传统的"三控三管一协调"服务，难以提供更优质和全方位的安全、质量、进度、投资、招标、采购及合约管理服务。

为强化项目整体统筹策划管理能力、工程质量和品质管控能力及工程信息化管控能力，前海提出工程"监理+项目管理"模式。监理和项管对管理范围内的所有项目进行全过程统筹、策划、组织及协调，参照国际先进标准，对项目投资、进度、质量和安全开展监理工作，整合出所涉及各专业施工监管规程，建立前海标准，并建立以建设单位为核心的信息管理制度及系统，服务于质量、安全、进度与现场管理工作。"监理+项目管理"模式在项目的推进、工程质量安全管控等方面取得了不俗的成绩。

5.4 BIM技术应用

新兴信息技术在大型复杂工程项目群的组织沟通管理的研究中能发挥更大的优势。前海具有开发建设强度高、地质条件和边界条件复杂、空间关系和专业种类复杂、建设标准要求高等特点；具有地上、地下市政基础设施、公共设施、楼宇等立体式同步开发的难点；面临工程技术统筹协调接口众多，施工组织、资源调配难度极大的诸多挑战。为此，前海通过引入先进的建筑信息模型技术（BIM），创新前海规划、设计、施工等建设管理模式，全面提升工程建设全生命周期智慧化管理水平。

第五章

项目建设时序安排与工程接口管理

◎ 项目总体建设时序与接口管理
◎ 规划设计阶段建设时序分析与接口处理设计
◎ 施工阶段工程接口管理及工程措施

第1节
项目总体建设时序与接口管理

1.1 工程建设时序分析及建议

1.1.1 建设时序分析的必要性

1.地下道路实施难度大，需制定科学合理的实施路径

地下道路属于地下空间开发，地下空间的一个重要特征是施工完成后调整、改造难度较大。前海地下道路规模大、实施难度大，为确保项目的顺利实施，需通过全面、精细的实施策划，进行严密的项目实施推演，梳理项目在前期工作组织、施工组织、竣工验收等阶段的工作特点，识别出项目重点、难点、风险点，制定科学合理的实施路径。

2.引导制定项目前期工作、施工招标组织方案

结合片区整体开发需求，基于项目实施路径，尤其是项目重、难点的实施特点，引导本项目前期工作组织方案、施工招标组织方案的制定。

3.为工程设计反馈实施动态边界条件，完善设计成果

前海地下道路的建设周边环境较为复杂。从项目建设主体看，包括由政府投资建设的基础设施边界条件、由开发商建设的商业地块边界条件等；从边界条件的变化情况看，不仅有静态的边界条件，也有动态的边界条件，而且以动态边界条件为主。因此，可通过实时分析，为地下道路工程设计反馈实时动态边界条件，及时调整设计方案。

1.1.2 地下道路建设时序分析及策略

前海城市新中心内项目的总体建设时序要符合前海发展的总体规划要求，由于前海基础设施项目种类繁多、工程节点复杂、协调部门众多，同时建设标准需要和国际接轨，达到国际先进水平，对地下道路建设时序的把控极具挑战。

1.项目复杂程度高，需要对项目群节点的工期进行细致的策划

前海合作区基础设施建设项目众多、工程节点多、统筹难度大、影响范围广，工程建设相当复杂，任何一个条件的改变，都可能会影响到地下道路项目或其他项目开发建设的成本和效率，每个工程的交叉节点都需要系统进行分析与跟踪。

2.高强度的地下空间开发，因制约条件限制，工期具有不确定性

前海的地下功能设施种类繁多，包括轨道交通、市政管线、地下道路、地下空间等，不同地下工程的竖向立体交叉，工程接口繁多，工程界面复杂。相邻地下工程实施相互影响较大，项目

间实施时序的协调困难，往往实施中或者已完成的地下工程会成为后续相邻工程的制约，增加工程实施难度，对工期、质量、安全影响重大。如：桂湾一路、临海大道地下道路2014年已开始施工，而桂湾与前湾地下车行联络道2015年才开始设计，两者由于开发建设时序的不一致，导致地下道路结构预留未充分考虑地下车行联络道衔接、接口预留不足的情况。为减小地下车行联络道接口施工对桂湾一路、临海大道地面道路和市政管线的影响，需采取工程措施。

3.部分项目短期内集中开发，受外部条件制约，增加建设时序预判难度

前海开发建设相关的制约因素多，能否及时发现和解决这些制约因素对前海基础设施建设有重大影响，否则可能导致相关工程设计、施工反复，给工期带来巨大挑战和投资浪费。为有效推进前海城市新中心建设，对项目建设时序进行有效管理，提出如下的解决策略：

1）前海基础设施建设计划以地块开发为需求主导，基础设施建设为支撑的原则

在此思路下，统筹考虑基础设施建设目标以及单元地块开发情况，合理安排基础设施建设时序。通过对时序的调整，确保基础设施的建设与地块开发不会相互之间形成大的制约，且地块开发完成时，基础设施可以为地块提供较完善的市政配套服务。

2）基础设施建设计划要具有可实施性和时效性

以新城建设总体目标为基础制定前海基础设施建设计划，并按照宏观、中观及微观分为三个级别。

宏观时序——前海新城总体建设计划，为年度建设计划及具体项目计划提供编制依据。

中观时序——年度建设计划，其目的是满足单元地块及基础设施协同推进需求，确定年度推进目标。

微观时序——项目计划，为各项目建设进度安排提供指导依据，按项目计划推进工程建设。

3）制定建设时序的定期回顾及动态调整机制

总体建设计划每年度进行一次回顾，且根据片区基建实际建设情况按年度动态调整。年度建设计划每季度回顾一次，根据项目及地块单元开发情况进行调整。项目实施计划每月回顾一次，根据项目推进情况按月度调整计划或追加资源分配。

4）采用大型项目进度管理软件进行总控进度计划管理

鉴于前海建设多任务关系复杂、多变，采用专业进度管理软件Primavera P6编制建设总控计划并进行管理。使用优先图表方案（PDM）开发所有程序逻辑。项目计划以条形图或时间链呈现。

1.2 工程接口管理

1.2.1 接口管理与协调措施

前海基础设施按类型划分主要有地面车行道路、地下车行道路、轨道交通、水廊道系统、综合管廊、区域供冷、慢行交通等。国内外工程经验表明，接口协调与管理是项目的重点与难点，接口问题是制约项目顺利推进的主要因素，前海此问题尤为突出。

为更好地进行接口管理与协调，主要采取了如下措施：

1. 接口梳理

前海依据基础设施分类，采用矩阵法从两个方面展开接口梳理。一是梳理各独立的基础设施系统；二是梳理各开发单元与市政基础设施的接口。

2. 搭建项目接口实施统筹平台

前海地下道路相关项目多，通过将项目涉及的建设主体、承包商纳入建设统筹平台，共同拟定工作机制、流程，研究项目方案及实施计划，实现对项目各相关方的有效协调及管理。

接口协调管理：组织接口协调会议，与相关方进行协调并达成协议。

接口要求跟进：结合接口技术与时序要求，跟踪接口实施各个阶段，核查前述相关标准及协议执行情况并形成后续工作意见。

1.2.2 具体接口管理情况

桂湾地下车行联络道主线全长约1.5km，与地下道路有6处接口需要统筹处理。前湾地下车行联络道分成南、北联络道，总长约1.6km，与地下道路有8处接口需要统筹处理。具体情况如下：

1）桂湾车行联络道与地下道路接口包括4个匝道接口（①～③，⑥）、2个上跨节点接口（④、⑤），见图5-1及表5-1。由于先建段地下道路结构与围护结构间空隙大，回填土范围大、覆土浅，且存在临时挡墙、围檩等障碍物，采用暗挖施工风险大、对已建结构影响大、周期长，造价高，故采用明挖方案。

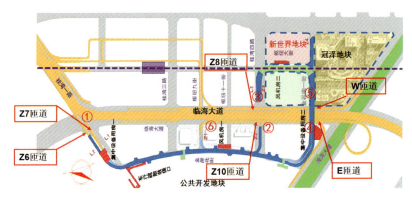

图5-1 桂湾车行联络道与地下道路接口分布图

桂湾车行联络道与地下道路接口信息　　　　表5-1

接口序号	接口信息
①	联络道L1线、L2线分别接地下道路7号匝道、6号匝道，匝道顶板覆土分别为12.5m、7.2m
②、③	②号：联络道Z2匝道接临海大道地下道路Z10匝道 ③号：联络道L2线和Z3匝道接临海大道地下道路Z8匝道
④	联络道L1、L2线接临海大道地下道路预留上跨通道
⑤	联络道L1、L2线接临海大道地下道路预留上跨通道
⑥	衔接临海大道与兆华斯坦地下室内Z1匝道

2）前湾南、北车行联络道与临海大道地下道路接口包含4个匝道接口（①、②、⑦、⑧）、2处下穿节点（③、④）和2处上跨节点（⑤、⑥），以上接口均由临海大道地下道路项目预留。前湾南、北联络道与临海大道地下道路接口位置和接口信息分别见图5-2和表5-2。

图5-2　前湾车行联络道与临海大道地下道路接口位置图

前湾车行联络道与临海大道地下道路接口信息　　　　表5-2

接口序号	接口名称	预留结构内净尺寸（m）	衔接方案	结构埋深（m）
①	北联络道接入匝道	7.0×5.5	平面对接 底面平接	14.8
②	北联络道流出匝道	7.0×5.5	平面对接 底面平接	13.5
③、④	临海大道预留下穿通道一（两端）	8.5×5.5	平面顺接 底面顺接	22.1
⑤、⑥	临海大道预留下穿通道二（两端）	8.5×5.5	平面顺接 底面顺接	21.0
⑦	南联络道接入匝道	7.0×5.5	平面对接 底面平接	12.1
⑧	南联络道接入匝道	7.0×5.5	平面对接 底面平接	12.1

第2节
规划设计阶段建设时序分析与接口处理设计

2.1 规划设计阶段建设时序分析与对策研究

2.1.1 建设时序分析的基本原则

1.以建设需求为导向原则

前海地下道路是前海合作区内的重要基础设施项目，其建设时序需满足前海整体城市发展的需求。同时，前海在开发建设的初期，土地一级开发与二级开发是基本同步启动的，二级开发也是分片区、分单元逐步推进的，二级开发地块对周边基础设施的建设需求也是有先有后的。因此，需结合前海整体城市发展需求及单元地块的运营需求合理提出地下道路的建设时序要求。

2. 与周边项目协同建设原则

地下道路在推进过程中，周边基础设施及单元地块项目也在同步推进。前海是高密度开发区，基础设施与基础设施之间、基础设施与周边地块之间均存在复杂而紧密的工程关系，地下道路的建设时序路径的制定需与周边项目建设时序统筹考虑，与周边项目协同推进。

3. 尊重实施条件原则

前海并非一块白地，地下道路所在的用地区域有高压线铁塔、水廊道、地铁线、高架桥等，其建设时序的编排需充分考虑现场实施条件。

2.1.2 建设时序策划技术路线

以建设需求为导向，综合考虑实施条件及与周边地块、周边基础设施的协同建设要求，科学制定地下道路的建设时序（图5-3）。

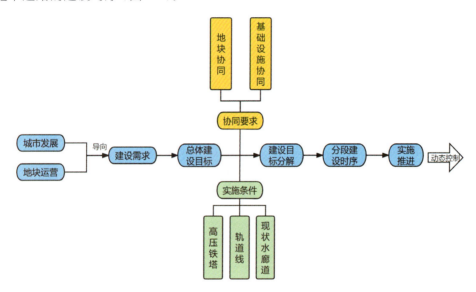

图5-3 建设时序策划技术路线图

2.1.3 项目实施重难点分析

1. 现状制约条件

1）高压线铁塔：现状高压线有2个铁塔进入桂湾一路地下道路的施工范围，其中1个铁塔与地下道路水池结构位置重合（图5-4）。

2）地铁保护：图5-5给出了地下道路一期工程与地铁位置关系图，从图中可以看出，桂湾一路地下道路上跨现状的地铁1号、5号、11号线，前海地下水位较高，在轨道线上方进行明挖施工时，容易造成地铁隧道结构上浮，影响地块的正常运营，须采取合理的地铁保护措施。

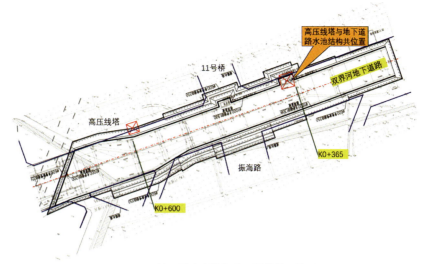

图 5-4　地下道路水池与高压铁塔位置关系图

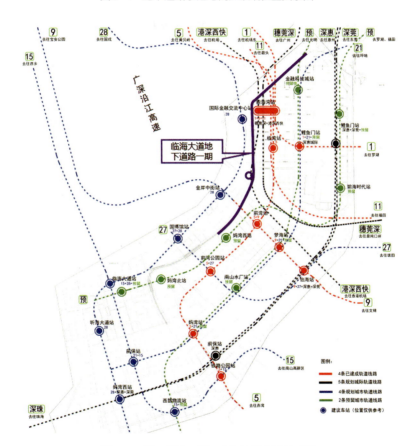

图 5-5　地下道路一期工程与地铁位置关系图

3）兴海高架：规划的地下道路与兴海高架位置关系如图 5-6 所示，现状的兴海高架桥与规划的临海大道地下道路线位重合，在兴海高架桥拆除前，临海大道地下道路（前湾三路以南段）不具备实施条件。

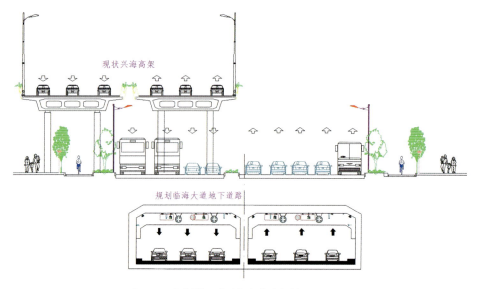

图5-6 规划地下道路与兴海高架位置关系图

2.周边地块开发影响

地下车行联络道等级为支路，宽度仅为16～18m，地块的地下室退线为3m。前湾地下车行联络道与周边地块位置关系如图5-7所示，如地下联络道与地块同步启动施工，施工协调难度极大，需考虑协同建设。

图5-7 前湾地下车行联络道与周边地块位置关系图

3.与周边基础设施工程关系

与桂湾河工程节点:地下道路的建设需结合桂湾河的施工采用分段施工方式,图5-8给出了临海大道地下道路与桂湾河位置关系图。

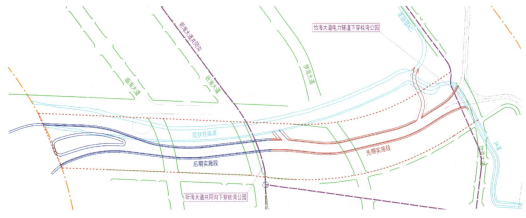

图5-8 临海大道地下道路与桂湾河位置关系图

4.妈湾片区开发情况

在地下道路建设之初,妈湾片区土地整备工作刚刚启动,各地块的业态以传统物流、货柜堆场为主(图5-9),妈湾片区原有的道路网络可满足交通需求,对地下道路的建设需求并不紧迫,因此地下道路采取分期建设的模式。

图5-9 妈湾片区图

2.1.4 建设时序策略

1.临海大道地下道路分期实施安排

地下道路在沿江高速以南段因为受土地整备、兴海高架桥等的影响,暂无明确建设需求,同时也无实施条件,因此前海地下道路分两期实施,先期建设桂湾一路、临海大道(桂湾一路一沿江高速),待条件成熟后,再行建设临海大道(沿江高速至妈湾二路段)地下道路和妈湾二路段地下道路(图5-10)。

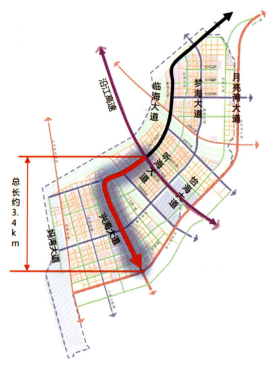

图5-10 地下道路分期建设示意图

2.桂湾、前湾车行联络道与周边地块协同建设

以前湾车行联络道为例,结合车行联络道各段的不同建设特点,将车行联络道按照不同的投资主体及建设主体推进建设(图5-11)。

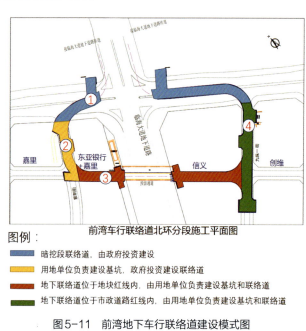

图5-11 前湾地下车行联络道建设模式图

3.临海大道地下道路与桂湾河统筹建设

在地下道路下穿桂湾河节点，将地下道路分为三段建设，配合桂湾河的导流，与桂湾河分先后协同建设（图5-12）。

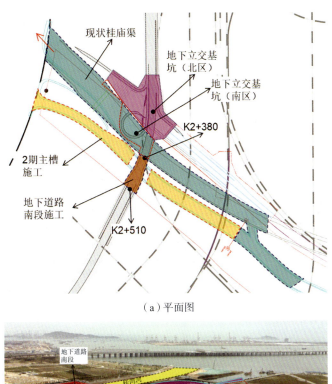

（a）平面图

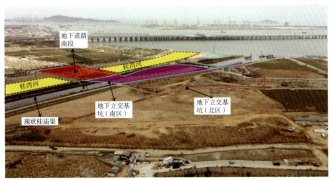

（b）立体图

图5-12　地下道路与桂湾河协同建设和示意图

4.桂湾一路地下道路采用代建模式

桂湾一路地下道路与地铁1号、5号、11号线相交，部分区段地下道路距离地铁结构顶部的距离不足3m，影响地铁安全运营，施工风险较大，另外桂湾一路地下道路需预留匝道连接综合交通枢纽。因此，由地铁集团代建桂湾一路地下道路可以更好地解决地铁保护和地铁交通枢纽匝道预留的问题。地下道路与前海综合交通枢纽位置关系见图5-13。

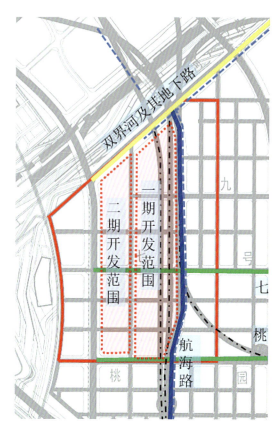

图5-13 地下道路与前海综合交通枢纽位置关系图

2.2 工程接口处理设计

2.2.1 前海地下道路工程接口的特点和重难点

前海地下道路的工程接口具有以下特点：

1）相关外部项目多，涉及多个不同建设主体，接口协调工作繁重、管理难度大；

2）前海正处于快速建设期，在同一阶段进行规划、设计和施工的工程项目非常多，接口条件的动态变化增加了工程接口处理设计的难度；

3）由于地下工程的隐蔽性、不可逆和复杂的环境条件，工程接口处理的难度和风险性高，如果处理不当，会对安全、进度和成本造成巨大影响；

4）前海地下道路采用多种建设模式，增加了工程接口的复杂性。以前湾地下车行联络道为例，主要采用独立建设模式（与周边地块先后建设），局部段采取与地块共基坑或共主体结构的建设模式，如图5-14所示。

前海地下道路与外部项目的接口数量多、协调难度大，工程接口处理的重难点是与外部项目接口位置设计条件的稳定；前海地下道路工程接口处理涉及专业较多，其中基坑支护与主体结构的设计是工程接口处理设计的重点。

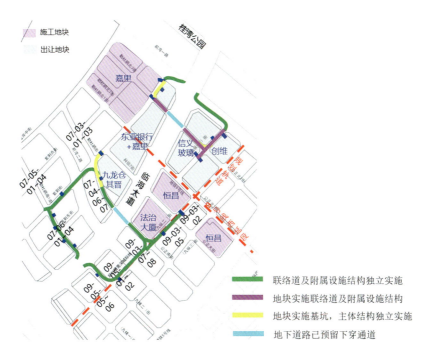

图5-14 前湾地下车行联络道分段建设模式

2.2.2 前海地下道路工程接口的类别

1. 地下道路系统之间接口

包括地下道路与地下车行联络道的工程接口,具体的接口位置和典型接口的三维模型见图5-15。

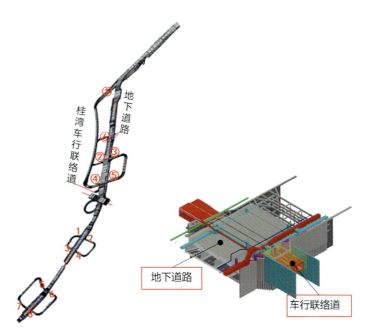

图5-15 地下道路与车行联络道的接口位置及接口⑤的三维模型

2.地下道路系统与地块的接口

包括地下道路与枢纽地块的工程接口、桂湾地下车行联络道和前湾地下车行联络道与周边地块的工程接口，接口信息见表5-3。

地下道路系统与地块的接口信息　　　　　　　　　　　　　　　表5-3

地块	地下道路	桂湾车行联络道	前湾车行联络道
枢纽地块	4条连接匝道	1个人行通道	—
其他开发地块	—	23处地块出入口	21处地块接口

3.地下道路系统与其他基础设施接口

地下道路与规划轨道线、相邻地下设施和道路管线的工程接口信息见表5-4。

地下道路系统与其他基础设施接口信息　　　　　　　　　　　　表5-4

其他基础设施	地下道路	桂湾车行联络道	前湾车行联络道
规划轨道交通	港深西部快轨	穗莞深城际线，港深西部快轨，地铁28号线	—
相邻地下设施	—	滨海大道C匝道	—
道路管线	桂湾一路、临海大道	金岸北景、桂湾四路、枢纽大街、金谷南一街	前湾一路、紫荆街、勒杜鹃北3街、九纵一街、勒杜鹃街、九纵二街

2.2.3 前海地下道路工程接口的具体实施

1.预留接口设计

地下道路主线先于地下车行联络道实施，地下道路沿线设置了8处连接车行联络道的预留接口，接口宽度均为9m，接口高度和与之相连处的隧道匝道或主线同高，接口位置详见图5-16。

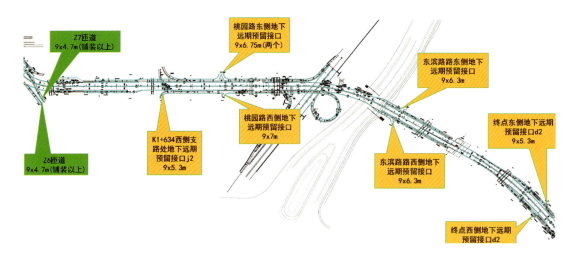

图5-16　先实施地下道路对后实施车行联络道的预留接口位置

为减小后期地下车行联络道结构施工时对地面道路的不利影响,在预留接口端部设计了与主体结构连接、方便后续地下联络道开挖支护的挡土墙。同时,为满足市政管线埋设的要求,挡土墙顶低于设计地面线2m(图5-17)。

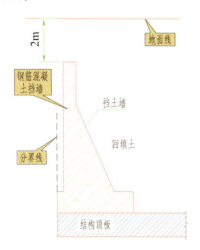

图5-17　地下道路对车行联络道的预留接口的挡土墙设计

基于地下道路预留接口条件,车行联络道项目进行与地下道路的连通设计,实现地下道路和车行联络道的贯通。如图5-18所示,在地下道路预留匝道接口处,前湾地下车行联络道基坑支护设计采用预留咬合桩围护结构与地下道路预留匝道上方挡土墙围合,在确保地下道路和车行联络道的贯通的同时,减小施工对已建地面道路和管线的影响。

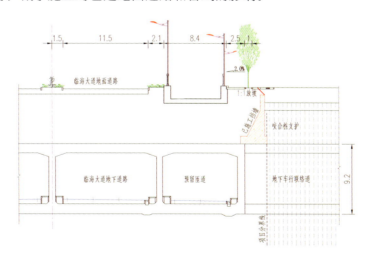

图5-18　车行联络道在地下道路预留接口的连通设计

2.地下结构整合设计

桂湾车行联络道和前湾车行联络道上方有多条规划的地下步行通道。通过设计整合,在节点上车行联络道与上跨地下通道共用结构,实现地下空间总体及竖向的优化,并减少不同项目之间的工程接口,如紫荆街地下步行通道、勒杜鹃南一街地下步行通道2、九纵二街地下步行通道3与前湾车行联络道共构关系见图5-19。

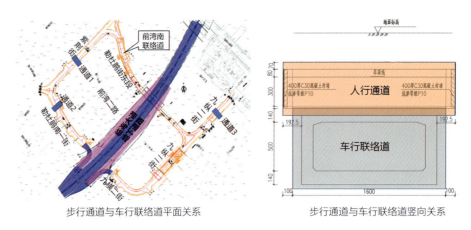

图 5-19 前湾车行联络道与地下步行通道的平面及竖向关系

3. 共用基坑围护结构

桂湾车行联络道紧邻滨海大道 C 匝道，无两个项目独立实施临时围护结构所需空间。通过项目之间工程接口对接协调，最终形成共用地下连续墙的接口设计方案（图 5-20），先实施车行联络道后实施滨海大道 C 匝道，确保在有限空间内两个紧邻近地下基础设施项目的实施推进。

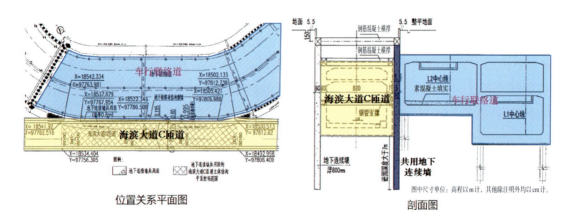

图 5-20 桂湾车行联络道与滨海大道 C 匝道的工程接口设计

4. 规划轨道实施条件预留

枢纽大街下方规划的穗莞深城际线与桂湾车行联络道平行布置，车行联络道位于轨道规划线上方。为确保未来穗莞深城际线盾构隧道顺利实施，在轨道规划控制区内车行联络道设计采取以下预留措施：车行联络道基底采用高压旋喷桩满堂加固，控制联络道工后沉降；联络道设计采用自重抗浮，并适当加强结构刚度，在底板预埋注浆管，城际线盾构隧道施工期间进行跟踪注浆（图 5-21）。

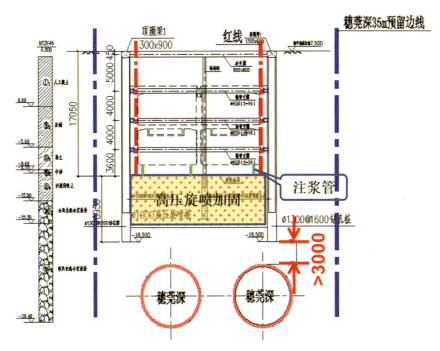

图5-21 桂湾地下车行联络道预留穗莞深城际线实施条件

第3节
施工阶段工程接口管理及工程措施

3.1 工程接口分析与管理

接口界面主要包括相邻标段的施工接口、土建工程与后续工程的施工接口，如测量控制网互用、预留洞口（预埋件）位置和尺寸的控制、施工信息互通等。控制桩点贯通测定、水准点互相闭合等在施工中作为重点进行管理。

以桂湾地下车行联络道为例，本工程除与桂湾一路及临海大道连接的匝道外，同时也与周边多项基础设施工程和地块毗邻，包括兆华斯坦地块、新世界地块、冠泽地块、临海大道、前海枢纽工程等。进行接口施工及接口预留时，与这些地块及其施工单位存在施工场地协调、工作接口界面衔接等复杂关系，因此消除外界对项目的干扰，保证顺利按照施工图纸对接或者预留是接口管理的主要工作（图5-22）。

1）监理单位的主要作用是在施工过程中，协助施工单位对本工程工期、安全、质量的监督管理，共同完成施工进度、安全、质量目标；

2）设计单位的主要作用是结合现场实际，根据提供的现状接口数据，复核设计文件，如发现接口条件与原设计不符，及时进行优化、修改或补充设计；

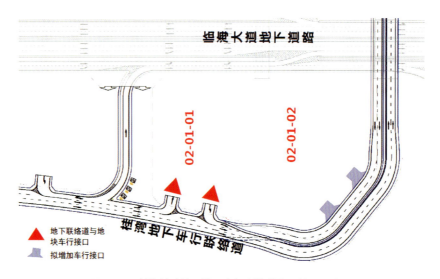

图5-22 前海桂湾片区地下车行联络道接口位置示意图

3）施工单位的主要作用是及时复核当前接口条件是否与设计文件吻合和分析现场的实施条件，向建设单位和参建各方及时反映、通报工程进展状况及需要解决的接口问题，同各方一起及时解决工程接口问题。

3.2 接口处理工程措施

1）施工单位在施工前应核查接口预留单位提供接口预留实际位置、标高、尺寸等关键数据，以保证本工程施工的准确性。

2）建设单位组织监理、设计、施工单位进行接口施工技术研讨，提出重难点节点解决措施，根据各方意见形成会议纪要，施工单位根据设计图纸及会议意见编制接口工程施工方案，以指导施工。

3）施工单位在施工中发现现场情况与设计图纸不符的情况，应做好与设计单位协调工作，及时组织设计单位进行研究并出具设计变更方案，避免出现接口缺陷、工程安全和工期延误等问题。

4）施工单位需编制接口位置成品保护方案，做好对既有接口和后续预留接口的保护。

第六章

前海合作区地下道路工程设计

◎ 工程建设条件分析

◎ 地下道路总体设计

◎ 结构工程设计

◎ 岩土工程设计

◎ 消防工程设计

◎ 附属工程设计

◎ 景观与装饰设计

◎ 与相关工程的衔接

◎ 设计重难点分析及应对措施

第1节
工程建设条件分析

1.1 工程地质条件分析

1. 地层结构

前海地区原始地貌为滨海相潮间带（滩涂），2004年以前为小范围填海，地面高程-0.34～4.50m，填筑后地形包括河域和陆域，河域主要为潮汐河，由东向西流向前海湾；陆域普遍分布淤泥及淤泥包。2011～2013年，深圳市对前海深港合作区进行了软基处理，线址范围内主要采用真空预压、堆载预压等方法进行了处理。

场地内地层主要有人工填土（石）层（Q^{ml}），第四系全新统海积层（Q^{4m}），冲洪积层（Q^{4al+pl}），晚更新统湖沼沉积层（Q^{3h}）、冲洪积（Q^{3al+pl}）层，第四系中更新统残积层（Q^{2el}）。下伏基岩为蓟县系—青白口系银湖群片麻状混合花岗岩（Jx-QbY）。

2. 地下水

1）地下水类型与分布

地下水主要为赋存于第四系松散地层中的孔隙潜水，水位因季节、降雨情况而异，一般年变化幅度为1.0～2.0m，混合稳定水位埋深为1.10～5.40m，混合稳定水位高程为-2.49～5.21m。地下水主要补给来源为大气降水，与海水有一定的水力联系，地下水的排泄以径流为主，该区域临海，场地水位受季节、降雨以及潮位等因素影响较大。

第四系人工填土中的含水性和透水性相对较弱，属弱含水、弱透水性地层，水量较小，水质易被污染；人工填石、第四系全新统中砂及上更新统细砂（含淤泥）含水性和透水性较好，具有中等—强透水性及中等—强富水性，属富含水、中—强透水地层。

2）水、土的腐蚀性分析

根据国家标准《岩土工程勘察规范》GB 50021—2001（2009年版）中相关规定综合判定：拟建场地地下水环境按Ⅱ类环境考虑，含水层主要为人工填土（石），属强透水层（A）。拟建场地地下水对混凝土结构具弱腐蚀性；在长期浸水条件下对钢筋混凝土结构中的钢筋具弱腐蚀性，在干湿交替条件下对钢筋混凝土结构中的钢筋具强腐蚀性。地下水位以上的地基土对混凝土结构具弱腐蚀性；对钢筋混凝土结构中的钢筋具中等腐蚀性；对钢结构具微腐蚀性。

1.2 周边土地开发及工程建设情况

1. 地下道路主路建设条件

地层多样，不良地质主要有杂填土（石）、淤泥等；埋深变化大，基坑标高介于-18.0～+3.0m，局部线路段深度甚至超过20.0m；所处地区为新近填海而成，基本无现状市政管线；周边用地大部分尚未开发，具备放坡开挖的条件。

2. 桂湾地下车行联络道

1）设计阶段周边土地开发情况

桂湾地下车行联络道沿线地块开发地块6处、公共地块1处（图6-1），其中开发地块包括兆华斯坦、冠泽、新世界、国际金融交流中心、大剧院和02-01-04&05&06地块（未出让）。

图6-1 桂湾地下车行联络道沿线地块

2）设计阶段周边工程建设情况

桂湾地下车行联络道与地下道路交叉节点见图6-2，与临海大道接口共6处，其中4处接口（图中2、3、5、6号）已预留，2处进出口（图中1、4号）为新增接口；上跨临海大道地下道路节点（位于联络道南侧），已在临海大道地下道路工程中预留。

图6-2 桂湾地下车行联络道与地下道路交叉节点图

3. 前湾地下车行联络道

1）前湾北联络道与沿线7个地块地下车库均设有接口，包括：07-02-01地块、07-01-04&05嘉里地块、09-01-07地块、09-01-08地块、09-01-01地块、09-01-02地块。除嘉里地块外，其他地块暂未出让。表6-1和图6-3分别给出了前湾北联络道与地块接口信息、平面图。

前湾北联络道与地块接口信息　　　　　　　表6-1

地块编号（名称）	接口数量	层位	标高（m）
07-02-01地块	1	B3	−7.5m
07-01-04&05嘉里地块	2	B2、B3	−6.2m、−10.2m
09-01-07、08地块	2	B3	−7.5m
09-01-01、02地块	2	B3	−7.5m

2）前湾南联络道与沿线14个地块地下车库设有接口，包括：09-05-01地块、09-03-01、恒昌地块、07-04-02地块、07-03-02地块、07-05-03地块、07-06-01地块、07-06-02地块、07-06-03地块、07-06-04地块、09-05-06地块、09-03-02、09-05-02地块、09-03-05地块。除嘉里地

图6-3　前湾北联络道与地块接口平面图

块、法治大厦地块以外，其他地块暂未出让；法治大厦车库无接入需求，因此不考虑预留出入口。表6-2和图6-4分别给出了前湾南联络道与地块接口信息、平面图。

前湾南联络道与地块接口信息　　　　　　　表6-2

地块编号（名称）	接口数量	层位	标高（m）
09-05-06地块北侧	1	B2	-3.0m
09-05-01地块、09-05-06地块北侧	2	B3	-4.0m、-5.5m
09-03-05地块	1	B3	-5.0m
恒昌、09-03-02地块西侧	2	B3	-6.2m
07-04-02地块	1	B3	-6.0m
07-03-02地块	1	B3	-7.5m
07-05-03地块	1	B3	-7.0m
07-05-04地块	1	B3	-6.0m
07-06-01～02地块	2	B3	-4.5m、-4.0m
07-06-03～04地块	2	B2	-0.5m、0.0m

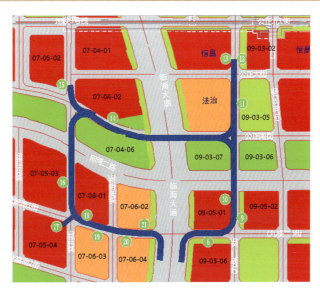

图6-4　前湾南联络道与地块接口平面图

第2节
地下道路总体设计

2.1 设计原则

根据前海合作区发展定位及要求，前海合作区应大力构筑多模式一体化综合交通体系，营造低碳绿色、安全舒适的人性化交通环境，以支撑前海合作区的高标准规划建设。构建地下三级车行系统，直接与外围高快速路衔接，将核心区产生的交通需求通过地下快速疏散至外围高快速路。

设计原则如下：

1. 功能先导

总体布局、交通组织与需求特征相适应。

2. 高效便捷

快速到发：与快速路网衔接顺畅；快速集散：与地块衔接顺畅，减少绕行。

3. 安全可靠

系统整体安全可靠（消防、应急）；监控系统确保隧道正常运营、行车安全、人身安全以及提高车辆通过能力为目的，实现疏导交通、防灾和救灾的功能；基于综合监控理念，对隧道机电设备实行统一监控、集中管理；监控系统按中央管理层和现场检测控制层建立两层网络结构，并充分考虑系统容错、降级处理要求。

4. 经济可行

减少工程废弃，节省投资；规模适当，方案集约，与交通需求匹配。设计体现"以人为本、安全第一"和"可持续发展"的设计理念，使设计具有前瞻性、系统性、先进性、安全性和经济性。设计中积极采用现代交通设计理念和新技术、新材料和新工艺，提高项目的科技含量，降低工程造价，减少综合运营成本，使项目的经济效益最大化。

2.2 交通需求及预测

2.2.1 桂湾一路及临海大道地下道路

1. 路段交通量预测结果

采用用户平衡模型进行交通分配，预测得到前海路网的交通流量。预测结果见表6-3至表6-6。

晚高峰地下道路交通量预测结果（单向：pcu/h）　　　　　表6-3

方向	2021年		2031年		2041年	
	南向北	北向南	南向北	北向南	南向北	北向南
起点—枢纽北匝道	1495	620	3878	1607	4284	1775
枢纽北匝道—枢纽西匝道	689	208	2141	645	2365	713
枢纽西匝道—枢纽南匝道	843	321	2617	998	2891	1102
枢纽南匝道—桃园路南匝道	900	523	2796	1625	3089	1795
桃园路南匝道—滨海大道匝道	927	653	2880	2028	3181	2240
滨海大道匝道—前湾一路南匝道	725	371	2253	1152	2489	1273
前湾一路南匝道—沿江高速南匝道	375	243	1518	985	1677	1088

早高峰地下道路交通量预测结果（单向：pcu/h）　　　　　表6-4

方向	2021年		2031年		2041年	
	南向北	北向南	南向北	北向南	南向北	北向南
起点—枢纽北匝道	541	1470	1403	3813	1550	4212
枢纽北匝道—枢纽西匝道	147	609	457	1893	505	2091
枢纽西匝道—枢纽南匝道	272	759	844	2357	932	2604
枢纽南匝道—桃园路南匝道	401	846	1247	2626	1377	2901
桃园路南匝道—滨海大道匝道	465	870	1443	2703	1594	2986
滨海大道匝道—前湾一路南匝道	301	785	935	2438	1033	2693
前湾一路南匝道—沿江高速南匝道	195	434	790	1755	873	1939

晚高峰桂湾一路交通量预测结果（单向：pcu/h）　　　　　表6-5

方向	2021年		2031年		2041年	
	东向西	西向东	东向西	西向东	东向西	西向东
宝安大道—振海路	388	572	1008	1483	1113	1638
振海路—听海大道	301	571	779	1480	861	1635
听海大道—临海大道	225	414	583	1073	644	1185

晚高峰临海大道交通量预测结果（单向：pcu/h）　　　　　表6-6

方向	2021年		2031年		2041年	
	东向西	西向东	东向西	西向东	东向西	西向东
桂湾一路—七号路	643	215	1998	666	2207	736
七号路—桃园路	602	151	1869	468	2065	517
桃园路—滨海大道辅道	523	299	1625	928	1795	1025
滨海大道辅道—前湾一路	626	134	1945	416	2148	460
前湾一路—五号路	578	176	1796	547	1984	604
五号路—沿江高速地面道路	403	254	1250	789	1381	872

2. 地下道路进出匝道交通量预测结果

地下道路进出匝道交通量预测结果（2041年）见图6-5、图6-6。

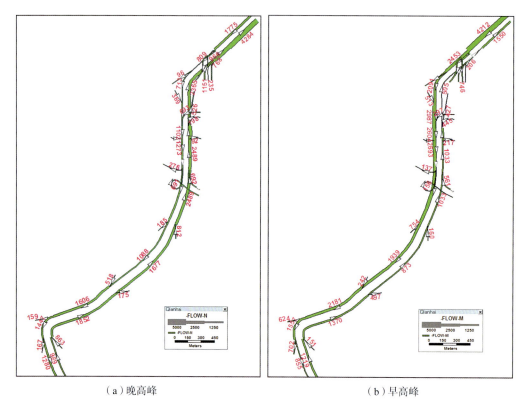

（a）晚高峰　　　　　　　　　　　　（b）早高峰

图6-5　地下道路远期交通量预测图（单位：pcu/h）

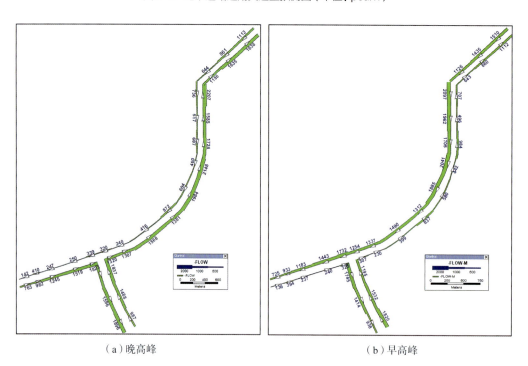

（a）晚高峰　　　　　　　　　　　　（b）早高峰

图6-6　地面道路远期交通量预测结果（单位：pcu/h）

3. 新城立交

从需求预测来看，晚高峰时段离开前海方向（东行）为主流向，在各出入口交通流中，桂湾一路在地下道路出口以东段交通量最大，达到2324pcu/h，交通压力较大（图6-7）。

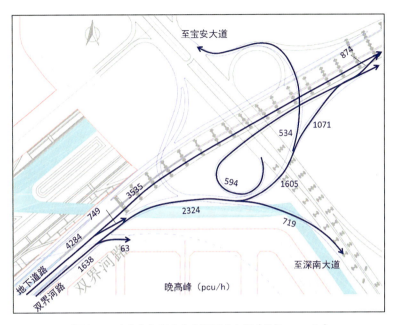

图6-7 晚高峰东行方向交通量分布图（单位：pcu/h）

早高峰时段，进入前海车流为主流向，其中宝安大道右转南坪快速路匝道的交通量达到625pcu/h，桂湾一路进地下道路交通量为708pcu/h，该段交织距离稍短，运行状况一般（图6-8）。

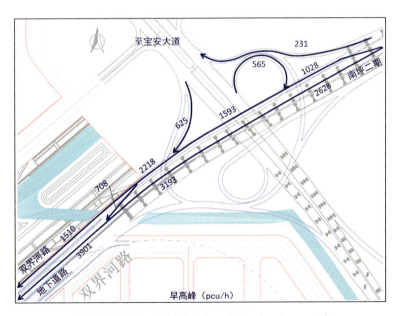

图6-8 早高峰西行方向交通量分布图（单位：pcu/h）

4. 地面道路主要交叉口转向交通量预测结果

桂湾一路的主要交叉口转向交通量预测结果（2041年）见图6-9。

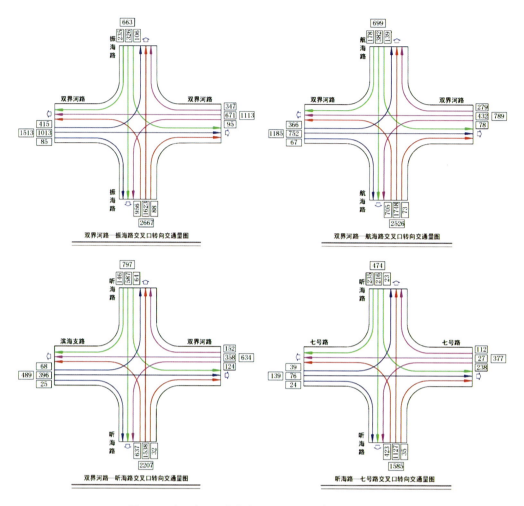

图6-9　主要交叉口转向交通量预测结果（单位：pcu/h）

2.2.2 桂湾地下车行联络道

1. 交通体系

本次交通需求预测以2031年为预测年限。由于目前前海合作区处于开发初期，所以不进行基础年的校核分析。主要参数结合深圳市2031年综合交通模型（CTS-1）中所标定的参数确定。交通模型体系结构见图6-10。

2. 预测结果

表6-7给出了内部各小区早、晚高峰出行需求表。从表中结果可以看出，前海核心区（不含前海枢纽）未来早高峰小时出行量约4.5万人次，其中发生量约1.5万人次，吸引量约3.0万人次；晚高峰小时出行量约5.1万人次，其中发生量约3.2万人次，吸引量约1.9万人次。图6-11给出了桂湾核心区高峰小时交通生成量示意图。

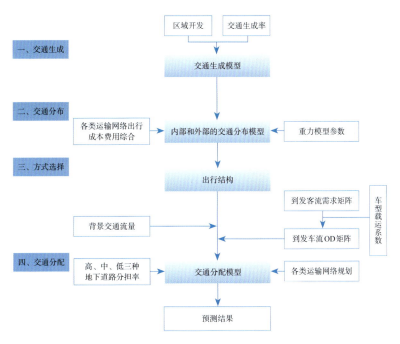

图6-10 交通模型体系结构

内部各小区早、晚高峰出行需求表　　　　　　　　　表6-7

交通小区	业态	面积（m²）	早高峰（人次/h）			晚高峰（人次/h）		
			出行量	发生量	吸引量	出行量	发生量	吸引量
兆华斯坦	办公	303310	10616	2017	8599	10009	8007	2002
	商业	58000	2900	1276	1624	4640	2552	2088
	商务公寓	60000	720	461	259	600	210	390
	酒店	50000	2000	1280	720	1900	665	1235
	地下商业	25000	1250	550	700	2000	1100	900
	小计		17486	5584	11902	19149	12534	6615
02-01地块	办公	234470	8206	1559	6647	7738	6190	1548
	商务公寓	20900	251	161	90	209	73	136
	商业	47080	2354	1036	1318	3766	2071	1695
	酒店	60000	2400	1536	864	2280	798	1482
	地下商业	33400	1670	735	935	2672	1470	1202
	小计		14881	5027	9854	16665	10602	6063
冠泽	办公	172300	6031	1146	4885	5686	4549	1137
	地上商业	49000	2450	1078	1372	3920	2156	1764
	公寓	52600	631	404	227	526	184	342
	酒店	42000	1680	1075	605	1596	559	1037
	地下商业	40000	2000	880	1120	3200	1760	1440
	小计		12792	4583	8209	14928	9208	5720
总计			45159	15194	29965	50742	32344	18398

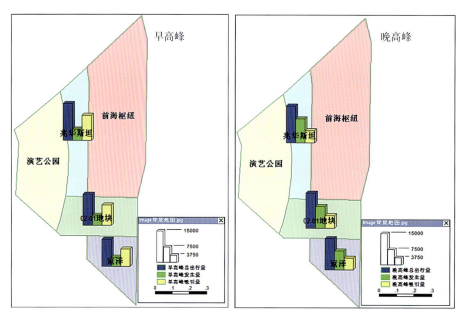

图6-11 桂湾核心区高峰小时交通生成量（人次/h）

3.桂湾地下车行联络道的交通分配

1）地下、地面道路出行比例

由于存在地面、地下路网系统，考虑到地下联络道承担的总出行流量的比例不同，制定高、中、低三种方案进行测算（表6-8）。

地下、地面道路出行比例　　　　　　　　　　　　表6-8

方案	地下出行比例	地面出行比例
高	55%	45%
中	45%	55%
低	35%	65%

2）分配结果

采用用户平衡模型进行交通分配，预测得到各方案下的路网交通流量，结果见表6-9。

不同方案下的路网交通流量　　　　　　　　　　　　表6-9

地下道路分担比例		35%			45%			55%		
	类型	发生	吸引	总需求	发生	吸引	总需求	发生	吸引	总需求
早高峰 （pcu/h）	枢纽车站	831	1278	2109	831	1278	2109	831	1278	2109
	兆华斯坦	177	378	555	228	484	712	277	588	865
	冠泽地块	145	260	405	186	334	520	227	405	632
	02-01地块	159	313	472	204	401	605	248	487	735
	公园	74	124	198	96	159	255	118	192	310
	总计	1386	2353	3739	1545	2656	4201	1701	2950	4651

续表

地下道路分担比例		35%			45%			55%		
	类型	发生	吸引	总需求	发生	吸引	总需求	发生	吸引	总需求
晚高峰（pcu/h）	枢纽车站	1278	831	2109	1278	831	2109	1278	831	2109
	兆华斯坦	398	210	608	510	269	779	620	327	947
	冠泽地块	292	181	473	374	233	607	454	282	736
	02-01地块	337	192	529	431	246	677	524	299	823
	公园	158	266	424	203	342	545	246	414	660
	总计	2463	1680	4143	2796	1921	4717	3122	2153	5275

图6-12给出了2031年各地块早、晚高峰高中低方案地下道路小汽车生成示意图。

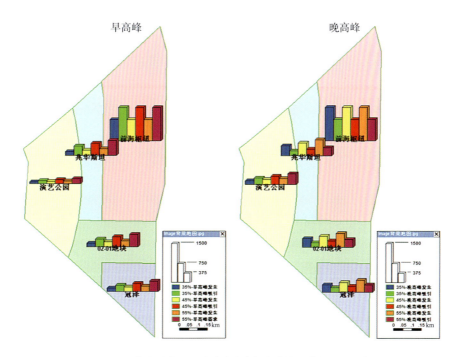

图6-12　2031年各地块早、晚高峰高中低方案地下道路小汽车生成示意图

2.2.3　前湾地下车行联络道

1.根据前湾片区地下车行联络道设计方案

地下联络道可直接联系前湾片区07-01街坊、07-02街坊、07-03街坊、07-04街坊、07-05-03地块、07-06街坊、09-01-02地块、09-03-01&02&05&06地块、09-05-01&02&05地块，间接联系07-05-01地块、09-01-07地块、09-05-03&05地块，见图6-13。

2.地下联络道服务片区交通量预测

根据前海前湾片区地下联络道设计方案，地下联络道服务片区的地块交通出行量分布见表6-10。

图6-13 前湾片区地下联络道服务地块分布图

	前湾片区地下联络道服务片区交通量预测		表6-10
	衔接街坊、地块编号	发生量（pcu/h）	吸引量（pcu/h）
北侧地下联络道	07-01街坊	527	322
	07-02街坊	424	271
	09-01-02&07地块	240	147
	合计	1191	740
南侧地下联络道	07-03街坊	383	331
	07-04街坊	512	318
	07-05-03地块	194	122
	07-06街坊	552	266
	09-03-01&02&05&06地块	370	224
	09-05-03&05地块	641	388
	合计	2652	1649

2.3 设计标准与技术指标

2.3.1 设计标准

1.前海桂湾一路及临海大道地下道路

1）道路等级：城市主干路；

2）设计速度：地面道路50km/h，地下道路主线50km/h，地下道路匝道20km/h；

3）车道数：地面道路双向六车道，地下道路主线双向六/八车道；

4）车道宽度：3.5m；

5）设计荷载：城市-A级；

6）抗震设防烈度：7度；

7）道路净空及限界高度：主线及进出地面匝道4.5m，与枢纽连接匝道及预留地下车行联络道3.5m，人行通道≥2.5m；

8）最大纵坡：隧道内主线≤3%，隧道外主线≤4.5%，匝道≤7%；

9）应急车道宽度：地下道路主线及与枢纽相连匝道3m；进出地面匝道：2.5m；

10）雨水设计重现期：地面道路一般路段采用P=3年，地面进出口为P=5年；隧道P=50年；

11）隧道内消防采用消火栓+灭火器+泡沫—水喷雾联用灭火系统；

12）地下道路左、右线作为独立防火分区，人行横通道间距不大于250m，车行横通道间距不大于500m；地下道路与交通枢纽作为独立防火分区；

13）隧道照明的标准在国家标准上提高30%，采用LED灯具并进行智能控制的方式；

14）隧道供电系统与雨污水泵站供电系统分别设置。

2.前海地下车行联络道

1）道路等级：城市支路；

2）设计车速：20km/h；

3）最小净高：3.2m；

4）车道宽度：3.25m；

5）纵坡：主线不大于6%；匝道合成纵坡不大于8%。

2.3.2 技术指标

1.桂湾一路及临海大道地下道路

根据《前海地下道路系统详细规划》，地下道路设计速度为40km/h，出入匝道的设计速度为20km/h，方案设计时，通过用地调整及优化线形，主路设计速度调整为50km/h，出入匝道的设计速度为20km/h。地下道路的主要技术指标见表6-11。

地下道路主要技术指标表　　　　　　　　　　　　表 6-11

内容	单位	主线		匝道	
标准		规范标准	采用标准	规范标准	采用标准
道路等级		主干路	主干路	匝道	匝道
设计速度	km/h	50	50	20	20
净空	m	4.5	4.5	4.5（3.5）	4.5（3.5）
设超高最小半径	m	150（一般值）	150	40（一般值）20（极限值）	35
停车视距	m	60	60	20	20
匝道口最小净距	m	140	140		
道路最大纵坡	%	3	2.98	8	7
道路最小纵坡	%	0.3	0.3	0.3	0.3
道路最小坡长	m	130	130	60	60
加速车道长	m	90	90		
减速车道长	m	50	50		
机动车单车道宽度	m	3.5	3.5	3.5	3.5
应急车道宽度	m	≮3	3		1.5/3

2. 地下车行联络道

1）隧道标准定为一类隧道；

2）地下联络道、地下附属用房、地面风亭与出入口的耐火等级为一级；

3）人防：不设人防，与临海大道地下道路一致；

4）地下联络道全线设置泡沫—水喷雾联用灭火系统、消火栓系统及灭火器；

5）抗震设防烈度为7度；

6）地下联络道敞开部位雨水按暴雨重现期50年一遇设计；雨水泵房设计规模按雨水设计流量的1.2倍设计。

2.4 工程总体布局

1. 桂湾一路及临海大道、滨海大道地下道路

前海地下道路主要包括桂湾一路及临海大道、滨海大道地下道路，其中桂湾一路及临海大道地下道路，一期全长3.03km，双向六/八车道，设计时速50km/h，向北联系南坪快速二期，向南间接联系沿江高速。滨海大道地下道路，是规划滨江大道的一部分，长1.28km，双向六/八车道，设计时速80km/h，西端接远期滨江大道一期工程隧道，与临海大道设置地下立交匝道2条。

该地下道路为国内少见的多点进出特长城市地下道路，在交通、结构、消防、逃生、对外接口等方面存在重难点。共设17条匝道，其中7条地下匝道与枢纽相接，6条匝道与地面道路相

接，4条匝道与地下车行环路相接。设置1座互通式立交（含3条匝道），实现桂湾一路地下道路与滨海地下道路的互联互通。

具体设置的进出口位置及功能见图6-14。

图6-14 地下道路进出口位置及功能图

桂湾一路地下道路匝道设置位置、长度以及功能见表6-12，道路平面的设计技术指标见表6-13。

地下道路匝道设置位置、长度以及功能　　　　　　　表6-12

编号	桩号	出入口形式	出入口间距(m)	匝道功能	备注
南行方向					
1	K0+700	出口		地下道路交通进入枢纽	接负三层匝道长390 m
2	K1+150	出口	450	地下道路交通进入环路	匝道长86 m
3	K1+500	进口	350	宝安及桂湾片区交通进入地下道路	匝道长193 m
4	K1+980	进口	200	枢纽内部交通进入地下道路	匝道长307 m
5	K2+000	出口	300	枢纽内部交通进入滨海大道	东行匝道长496 m，西行匝道长310 m
6	K2+480	出口	400	地下道路交通进入前湾片区	匝道长257 m
7	K3+000	出口	533	地下道路临时出地面	匝道长207 m
北行方向					
1	K3+000	进口	675	地面入地下道路	匝道长207 m
2	K2+480	进口	1410	前湾片区交通进入地下道路	匝道长268 m
3	K2+116	进口	364	滨海大道交通进入地下道路	匝道长157 m
4	K1+985	出口	180	地下道路交通进入枢纽、宝安及桂湾片区	枢纽匝道长85 m；宝安及桂湾匝道长632 m
5	K1+550	进口	180	滨海大道交通进入地下道路	包含在K1+985的出口匝道内
6	K0+900	进口	752	枢纽交通进入地下道路	枢纽匝道长240 m
7	K0+685	进口	212	环路交通进入地下道路	匝道长380 m

道路平面的设计技术指标　　　　　　　　　表6-13

内容	单位	规范值	设计值
设计速度	km/h	50	50
停车视距	m	60	60
设超高最小平曲线半径	m	100	150
不设超高最小平曲线半径	m	400	9500
不设缓和曲线最小平曲线半径	m	700	9500
缓和曲线最小长度	m	45	45
平曲线最小长度	m	130	143.8

2.桂湾地下车行联络道

桂湾地下车行联络道依托临海大道地下道路构建，联系周边地块车库并建立起与地下道路联系，将核心区产生的交通需求通过地下快速疏散至外围高快速路（图6-15）。

联络道北起桂湾一路，沿金岸北街、金谷南一街、枢纽大街、桂湾四路等市政道路地下空间布置，上跨地下道路主线后最终接回东侧地下道路辅道，全长约1.5km。

图6-15　桂湾地下车行联络道总平面布置

桂湾地下车行联络道竖向布置见图6-16。联络道全线设置22个地块接口，在竖向上，上层主线L2与地块B2层车库联系，下层主线L1与地块B3或B4层车库联系。由叠层转换为平层后利用临海大道地下道路上方预留通道上跨地下道路后，与临海大道东侧地块车库B3层衔接。

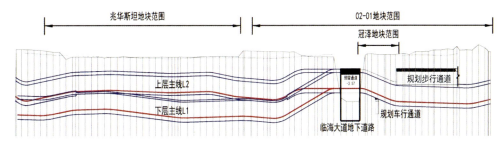

图6-16 桂湾地下车行联络道竖向布置

桂湾地下车行联络道全线布置2处集中设备用房。联络道采用"机械进风、机械排风"的半横向式通风方式，设置2处风机房。

桂湾地下车行联络道共设置2处专用出地面疏散楼梯间、2处辅助疏散口或合用出地面楼梯间、1处步行横通道、1处车行疏散救援口、2处车行横通道。

3. 前湾地下车行联络道

前湾地下车行联络道总平面布置见图6-17。前湾地下车行联络道包括南、北两条联络道，与临海大道地下道路形成"中"字形布局，依托临海大道联系周边地块车库，其中南联络道总长为1038m，北联络道总长为558m。沿线设置19个地块接口，辐射前湾核心区，解决16个地块地下交通出行问题。

图6-17 前湾地下车行联络道总平面布置

沿线主要控制点有：临海大道地下道路预留匝道出入口、九纵二街二条地下人行过街通道、临海大道地下道路预留通道、紫荆街地下人行过街通道及勒杜鹃南1街地下人行过街通道、地面支路线位等。

第3节
结构工程设计

前海地下道路是一条多点进出地下道路，共21条匝道、6条地下预留接口、3条横穿地下道路的横通道。已建成地下道路主线长3.5km，匝道总长3.5km，总建筑面积约17.5万 m^2。临海大道地下道路与滨海大道地下道路用3条匝道形成半互通的地下立交。滨海大道为国内第一条建设地下立交的城市快速路，结构单侧最大净宽度28m，结构顶部最大填土厚度15m，地下道路上跨3条运营地铁线，下穿一条水廊道，结构设计难度大。

3.1 结构体系设计

3.1.1 结构的顶部荷载及横向跨径

结构回填土不易形成自稳结构，回填土重量全部作用在结构顶。同时为避让其他地下设施或为管线预留空间，部分结构需布置在地下较深位置，作用在该部分结构的覆土压力很大。

比较常见的地下结构有地下室、地铁、地铁车站及地下道路，其中地铁隧道一般跨径为6～7m，地下室和地铁车站空间较大，但其内部结构一般采用柱距8m左右的柱网结构。而地下道路三车道断面跨径约13.5m，四车道跨径约17m，有匝道进出口处跨径甚至达28m，中间不容许设柱。当地下道路设计为三车道或三车道以上时，结构跨径比其他建筑中的跨径或柱距大很多。

3.1.2 结构基础

在岩土工程中，建筑物的基础有两种：浅基础和深基础。浅基础包括处理后的地基基础（如复合地基、换填、预压等）；深基础则是建筑物支撑在结构桩上，建筑物与结构桩为刚性连接。

岩土工程中的桩型很多，如复合地基中的振冲碎石桩、沉管砂石桩、水泥土搅拌桩、旋喷桩、素混凝土桩，复合地基中桩与建筑物不直接连接，通过在基础下设置30～50cm的缓冲层，使桩、土共同作用。深基础中的结构桩为钢筋混凝土结构，由于钢筋混凝土结构桩的沉降值很小（通常小于5mm），桩间土承受的荷载极小，通常不考虑这部分土的作用，建筑物的荷载全部由结构桩承受。

结构通常的处理是其底板直接坐落在地基上，这时，其底板可以视为扩大基础，但是当地基承载力不满足结构地基反力要求时，上部荷载就不能有效合理地往下传递，可以采用地基加固使地基满足结构的反力要求或者直接采用桩基支承结构。

由于地下道路跨径大、填土厚，若直接采用桩基，则会使地基反力较大，费用也更高，通过地基加固形成复合地基的方案更加经济合理。

3.1.3 结构纵向分区

为避免由于基础不均匀、差异沉降等造成的裂缝，需要在一定长度范围内设置变形缝。大多数市政项目，由于工期、施工等特点，一般按照30～50m设置变形缝。

在结构宽度变化处、主线匝道分叉位置、地质情况变化明显处等，均需要设置变形缝，防止结构受力不均。图6-18给出了分叉结构变形缝平面示意图。

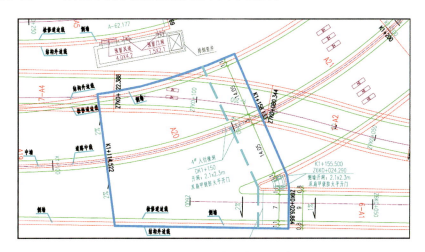

图6-18　分叉结构变形缝平面示意图

在主线匝道分叉位置，除了考虑结构受力合理之外，还需要考虑变形缝防水，保证每个分缝位置都有闭合的中埋式止水带，区段的划分及结构外轮廓的设置还需要确保外包防水层的设置方便合理。

需要注意的是，在有匝道主线合并或分叉位置，应设置如图6-18中粗实线所示的过渡段，相对于图中虚线位置作为分区线的划分方式，设置过渡段的方式可避免结构沉降不均匀且方便施作变形缝防水。

3.1.4 大跨径、深覆土的处理

地下道路结构顶板处填土较厚时（例如跨径小于10m，填土大于15m；跨径14m左右，填土大于8m；跨径大于20m，填土大于3m），结构内力过大。此时有两种思路：一种是改变结构受力模式（顶底板设置成拱形或类似于拱形的折板拱形式）；另一种是减小结构顶的填土重量，在设计中采用了减小顶部填土重量的解决办法，包括减小填土厚度（抬高结构净高度）和减小填土密度（采用轻质混凝土回填）两种方式。

地下道路结构承担的主要荷载是土压力，故结构尺寸及配筋随着埋深的增加而增大，由于本工程覆土变化不均，覆土深度在4m至14m之间，若均采用单层框架结构，结构尺寸配筋差异较大，而且不够经济，故在覆土较深处，本工程通过增设结构架空层的方式减少覆土，改善受力，同时可以利用结构的架空层作为风机、电气设备用房，实现地下空间的开发与利用，提高结构的经济合理性（图6-19）。

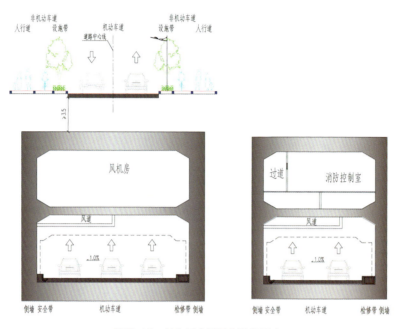

图6-19　结构架空层用作设备用房

3.2　结构防水设计

地下道路往往埋深比较深，位于地下水位线以下，四周承受水压力。地下水对结构来说，有两方面的影响：①水渗入结构内部，影响地下道路正常使用；②地下水渗入结构混凝土中，影响结构的耐久性。

针对这两方面的影响，地下结构的防水措施一般从以下三个方面考虑：①结构本身采用防水混凝土，同时，尽量控制结构的裂缝宽度，以尽量减少渗入混凝土的水量；②在结构外包闭合的防水层，使得结构与地下水隔离，避免渗水的可能；③防止变形缝漏水，变形缝按一般要求使用加强防水层，外贴止水带，结构内部设置注浆止水带，变形缝内部用密封胶封堵，再在结构内部设置不锈钢防水槽预接渗进的水。地下道路的防水需要全盘、系统考虑。

前海地下道路位于滨海地区，地下水位较高，为保证结构安全性及耐久性，防水设计至关重要。为保证防水效果，本工程采用多点设防的防水方式，以钢筋混凝土结构自防水为根本，变形缝、施工缝等接缝防水为重点，辅以外包防水层加强防水。地下道路主体结构防水方案见图6-20。

主体结构采用有效措施保证结构混凝土密实性、抗裂性、防腐性和耐久性，有效控制结构混凝土裂缝的开展。为确保混凝土的防渗性能，底板、顶板、侧壁及封堵墙采用补偿收缩混凝土，掺入复合纤维抗裂剂；结构外侧采用全包防水，侧墙及底板采用防水卷材，顶板采用防水涂料。

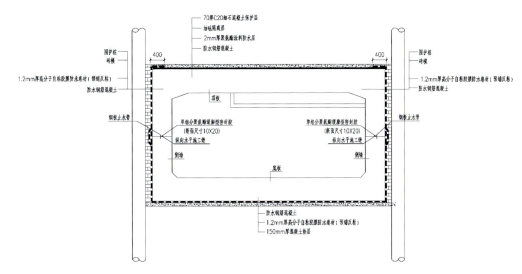

图6-20　结构主体防水方案

由于受力需要，主体结构间隔一段距离需设置变形缝，变形缝处结构不连续，是防水的薄弱环节，也是防水设计的重点。本工程在变形缝处多道设防，迎水面设防水加强层和外贴式止水带，中部采用中埋式橡胶止水带，背水面顶板及侧墙横向埋设接水盒。同时在控制变形缝两侧结构差异沉降的前提下，结构底板中部处设置企口，以延长渗水路线，增加防水阻隔。

第4节
岩土工程设计

4.1 填海区基坑工程

4.1.1 深基坑特点、支护重难点

相较其他工程的深基坑，本项目深基坑具有以下特点和支护重难点：

1）总体线路长，长约3km；基坑平均深度较大，基坑土方开挖量大；

2）基坑深度和宽度变化较大，基坑最大深度超过20m，最浅不足5m；基坑最大宽度超过50m，最小宽度约30m；

3）沿线周边部分区域有已建或在建的重要建（构）筑物需要保护，主要是位于桂湾一路衔接临海大道路段的在建前海综合交通枢纽工程、已运营的地铁1号线和5号线、沿江高速跨海桥以

及在建的地铁 11 号线；

4）地下道路需下穿桂湾河和已竣工的前湾一路，并与滨海大道、地铁 9 号线西延共构，基坑设计需同时考虑；

5）沿线地质条件异常复杂，广泛分布有深厚淤泥、杂填土（石）和粗砂、砾砂等不良地质地层；

6）地下道路设计有较多连接匝道，平面和深度变化较大；

7）需考虑对前海区域周边地块的二次开发影响，支护选型应以规划要求和时序为前提，兼顾周边地块的开发进程，减少对其的影响。

4.1.2 深基坑支护重难点及处理措施

综合分析本工程深基坑特点，基坑支护重难点及处理措施如下：

1. 深基坑支护方案的合理选择问题

1）为确保工程安全和周边重要建（构）筑物的安全，对沿线周边部分区域有已建或在建的重要建（构）筑物的，或者基坑开挖深度较大，且地层软土性质较差地段，采用刚度大，变形控制好的支护方案。

2）基坑支护尽量采用简单、有效、经济合理的设计方案。对于周边环境简单，存在放坡开挖条件，周边地块暂无同时或并行的开发需求，无淤泥等软弱土层，且基坑深度不大的，尽量采用放坡开挖，选择适当坡率确保边坡自稳，同时为后续地基处理创造便利条件，但需考虑土方外弃因素，合理分段设置。

3）尽量减少使用锚杆或土钉等外延支护构件。一是考虑沿线周边地块后期二次开发时，减少由锚杆或土钉使用带来后期地基工程的处理问题；二是大量的基坑工程经验表明，锚杆或土钉在填土或淤泥中不仅施工较为困难，且土层的性质较差，其摩阻力难以提供满足设计要求的抗拔力，因此相较其技术实施难度和带来的后续处理问题，技术经济性优势甚微。

4）地下道路主线在规划交叉路口与外接匝道将形成部分不规则的基坑开挖，例如滨海大道与临海大道交汇处，基坑支护平面方案应遵循合理科学的原则，避免或减少仰角等不利情况的出现。以基坑安全为前提，尽量减少土方开挖，分段提出专项基坑支护方案。

5）根据沿线情况及基坑深度、形状，深基坑支护方案主要采用分级放坡、密排桩＋钢筋混凝土支撑、双排桩、双排桩＋悬臂桩相结合的支护型式。

2. 地下水控制问题

工程勘察资料显示，地下水混合稳定水位一般埋深较浅，场地地下水按赋存条件主要分为孔隙水及基岩裂隙水。孔隙水主要赋存在第四系砂层、黏性土及残积层中，砂层地下水略具承压性，且与海水具有一定的水力联系。地下水问题能否处理得当对本工程的正常实施有很大的影响。

若不考虑设置止水帷幕，因地下水位较高，基坑开挖时，场地里的大量积水和地下水的渗流必定会影响工程施工；若坑底和坑壁长期处于地下水淹没的状态下，土体强度降低，则基坑的安全和稳定受到威胁。地下水在基坑工程施工过程中的危害主要表现为突涌、流砂和管涌等，往往发生在土壤颗粒细且含水量高的土层中,如粉土、粉砂等土层中。因此,基坑施工时经常采用基坑降水来降低地下水位,其目的有二:一是避免可能的流砂和突涌出现,防止坑壁土体坍塌,保证施工安全和工程质量;二是通过降水保证施工作业面干燥,减小动水压力,降低坑底可能存在的承压水水头,并提高地基土的抗剪强度。

但基坑降水存在两个主要方面的问题:一方面导致周围土体中的孔隙水压力降低,有效应力增大,土体固结程度提高,另一方面降水将会引起周边道路的附加沉降以及附近建筑物的不均匀沉降等问题。因此,降水过程中既要尽量保护坑底土,减少扰动,又要在确保安全的前提下以最短时间内完成基坑底板的施工,尽量减少对周围环境的影响,要解决这个矛盾,实际操作难度很大。

解决地下水不利影响的具体措施如下:

1)基坑支护方案需考虑施工期间地下水对基坑开挖和对周边环境的影响问题,设置合理的止水帷幕。根据本地区工程实践经验和前海区域地质特点,主要采用三轴旋喷桩截水帷幕,通过桩间搭接、桩底深入到相对不透水层以形成止水帷幕。局部填石层较厚且地下水丰富区段采用咬合桩止水。

2)土方开挖阶段采用坑内集水井抽水和排水沟明排方式。基坑顶设排水明沟对地面水进行外排,坑底视施工进度情况以及临时雨量多少设排水明沟。

3. 对邻近沿线的重要建构筑物的保护和对在建项目的协调问题

项目沿线与多个在建和已建构筑物交叉或并行,且涉及多个地块的未来开发,环境复杂,无论基坑支护还是地基处理方案,不仅需要保证本工程的顺利进行,还需要考虑对周边构筑物的保护以及与周边地块协调开发实施的问题,也增加了本工程的设计和施工难度。具体情况及处理措施如下:

1)确保轨道1号、5号线运营安全

既有地铁1号线(罗宝线)、地铁5号线(环中线)沿听海大道向南并行布设,在桂湾一路处与地下道路斜交,并在地下道路下方通过。其中1号线前海湾站—新安站盾构区间左、右线与车辆段成品字形布置,车辆段在上,正线在下,车辆段隧道顶板距地下道路隧道底板1.0m,正线隧道顶板距地下道路隧道底板5.75m;5号线前海湾站—临海站盾构区间位于地下道路下方,隧道顶板距地下道路隧道底板6.55m,构筑物断面关系详见图6-21。

地下道路施工期间应保证既有隧道的正常运营和结构安全。已运营的地铁隧道对变形控制要求很高,根据我国地铁建设的普遍经验和一些城市的相关标准,并结合工程的实际特点,本工程设计方案与施工必须满足以下主要控制标准:

①既有地铁结构设施绝对竖向变形量及水平位移量≤3mm;

②隧道变形曲线的曲率半径$R \geqslant 15000$m;

③相对弯曲率≤1/2500。

对策措施如下:

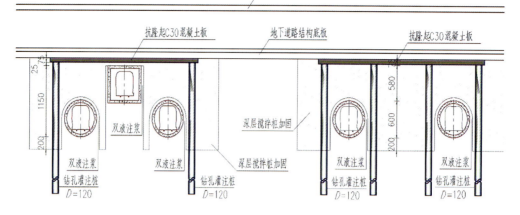

图 6-21 构筑物断面关系图

（1）设置合理加固措施方案

地下道路上跨地铁 1 号线和 5 号线段采用深层水泥搅拌桩门式地层加固结合灌注桩+抗隆起板门式框架共同形成抗隆起和支承体系。用地层加固和永久结构加固组成"双层门架"加固体系，确保本工程主体结构施工期间以及工后时段既有地铁的结构及运营安全。

（2）采用数值模拟，加强预测分析

地下道路—地铁节点是本工程重要风险源，在广泛工程类比制定工程方案的同时，采用数值模拟分析复核方案可实施性，找出方案实施控制环节；辅助提出地铁控制指标，并在施工过程中具体指导开挖进尺。

（3）地下道路基坑和主体结构的施工应严格按以下步序进行：

①场地平整，实现"三通一平"；

②施做基坑两侧止水帷幕，坑内降水；

③提前施作深层搅拌桩门式地层加固和灌注桩，地表以下部分深度为空钻；

④基坑开挖应遵循"纵向分段，竖向分层、横向分槽"的原则：开挖基坑两侧 1 部，浇筑 1 部底部抗隆起板，并与预先施作的灌注桩固接；此时 2、3 部未开挖土体可起到维持地层稳定，控制地层变形的作用；

⑤开挖基坑中部 2 部，浇筑 2 部底部抗隆起板，并与预先施作的灌注桩固接；此时 1 部灌注桩及抗隆起板组成门式框架，与 3 部未开挖土体共同作用，控制既有线上浮；

⑥开挖基坑 3 部，浇筑 3 部底部抗隆起板，并与预先施作的灌注桩固接；灌注桩及抗隆起板组成完整的门式框架，可有效控制地层变形与既有线的上浮；

⑦施作地下道路闭合框架结构，基坑回填。

（4）加强施工监测，制定应急措施

①施工过程中须严格监控既有地铁隧道结构变形，制定专项监测方案，按照地铁控制指标，设置监测限制，利用监控量测结果，信息化施工，必要时及时调整设计方案并指导施工。

②开挖过程前，制定积极有效的应急抢险预案，预备足够的应急物资，例如沙包等，确保一旦工程开展过程中出现险情，能够及时应对，有效处理，做到万无一失。

2）协调与在建的地铁11号线关系，减少工程影响

地铁11号线设计资料显示，在前海湾站北侧，11号线区间盾构隧道线位与前海地下道路规划线位形成交叉，交角约69°。交叉节点处，前海地下道路规划线位标高2.76；深圳地铁11号线轨道标高-12.33m，中夹土体厚度约7.9m，构筑物断面关系详见图6-22。

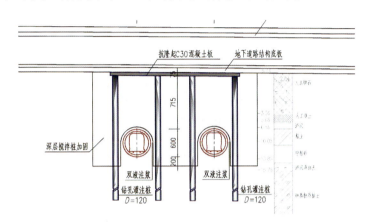

图6-22 构筑物断面关系图

地铁11号线为盾构法施工隧道，建设模式采用BT方式；从建设时序来看，地铁11号线主体结构将在地下道路施工期间完工。

对策措施如下：

与轨道11号线交叉节点的实施按照前述轨道1号和5号线既有营运线路采取安全应对措施，有针对性开展数值模拟，加强预测分析；采用"双层门架"加固体系，满足变形和保护要求；合理控制施工步序和加强施工监测等。

在地下道路基坑开挖至基底后，施工深层水泥搅拌进行地层预加固。加固范围平面上为盾构隧道两侧各一倍洞径，深度至地铁盾构隧道底部。此措施的主要目的是改善两工程之间的地层物理参数，增加其抵抗变形的能力，为后期盾构通过创造条件。

3）地下道路与地铁9号线、规划穗莞深城际线和西部快轨的关系及处理措施

地铁9号线（梅林线）西延在前海范围内长度1.79km，根据施工计划安排，地铁下穿段与地下道路同时施工。

穗莞深城际线车站位于11号线前海湾站西侧，最东侧站台距离11号线西侧约有80m；港深西部快线车站位于城际线车站西侧，最西侧站台距离1号线约有300m。港深西部快线为远期规划城际交通线路。

对策措施如下：

考虑到该段地下道路基坑较深，且需同时考虑地铁下穿段和地下道路的施工便利，基坑支护型式主要采用排桩+内支撑相结合的支护方案，尽量降低后续地铁9号线的施工难度。

4）临海大道地下道路与滨海大道地下道路的关系及处理措施

滨海大道（桂庙路二期）为双向八车道地下快速路，线路为西北—东南走向，与临海大道地下道路呈约54°交角。滨海大道（桂庙路二期）位于地下一层位置，临海大道地下道路位于地下二层位置，两者间按规划设有地下匝道形成互通立交（图6-23）。

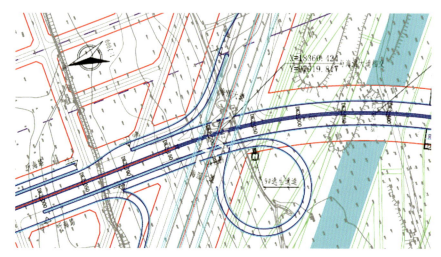

图6-23　临海大道地下道路与滨海大道地下道路节点平面图

对策措施如下：

本节点工程所涉及的临海大道地下道路、滨海大道地下道路采取统筹同步实施的方法。由于前海地下道路与滨海大道地下道路为上、下层关系，考虑到净空、开挖深度以及竖向布置等因素，两条地下道路交叉节点采用结构共构形式。

前海片区为近年填海区，该节点工程施工期间场地周边平坦开阔、建筑物少，具备大面积开挖条件。因此推荐采用明挖法实施本节点工程。由于周边地块开发在即，主要支护方案采用双排和双排桩+锚索的支护方案。

5）临海大道地下道路与前湾一路等相交地面道路的关系及处理措施

前湾一路为双向六车道城市主干路，地下道路施工期间已经竣工。临海大道地下道路下穿前湾一路（图6-24），主线为双向六车道，两侧设置单车道匝道，均为闭合框架结构，节点处临海大道地下道路结构总宽52m（主线+两侧匝道）。

本工程沿线相交地面道路主要有听海大道、桂湾三路、桂湾四路、滨海大道（桂庙路二期）、前湾一路、前湾三路、沿江高速公路陆域段等；地下道路与相交道路的建设时序如何协调，是本工程的重点问题。

对策措施如下：

（1）前海合作区为新兴建设片区，有条件统一协调建设时序，应坚持"先建地下、再建地上；从下至上逐层建设"的建设原则。

（2）拟建地下道路工程规模体量大、周期长，基本采用明挖法施工下沉式隧道或路堑结构，地面道路建成后再施工地下道路势必对周边交通出行与区域内正常工作生活产生一定影响。

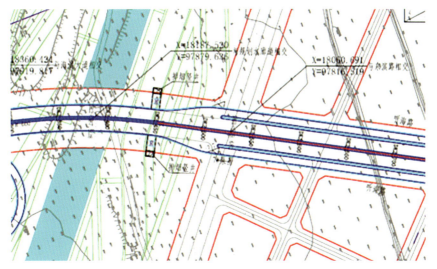

图6-24　临海片区地下道路与前湾一路节点平面

6）临海大道地下道路与拟建桂湾河水廊道的关系及处理措施

桂湾河总长约2034m，河道蓝线宽度245m，主槽宽度40m。地下道路在水廊道范围工程竖向关系均为三层，地面层为地面道路以桥梁方式跨越水廊道，地下一层为下挖的水廊道，地下二层为明挖法施工的地下道路（图6-25）。

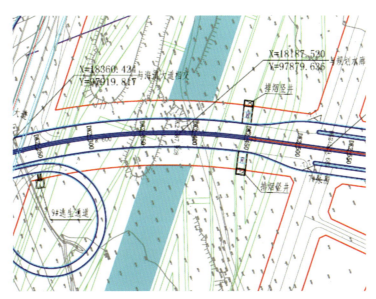

图6-25　临海大道地面道路、地下道路与桂湾河位置关系图

根据施工时序计划，水廊道建设时序比较靠前，地下道路居中，跨河桥建设时序靠后；解决地下道路、跨河桥和水廊道因建设时序不同带来的设计与实施难度是本工程的一个重点问题。

对策措施如下：

改变施工时序计划，地下道路先于水廊道实施。由于现有水廊道与规划的水廊道不是在同一个位置，为先施工地下道路创造了良好的条件。

4. 前海地下道路基坑支护和土方平衡问题

地下道路线路长，开挖深度大多在10.0～20.0m，土方开挖量巨大，开挖范围内多为杂填土和淤泥土层，力学性能较差，一般只能作为外弃土处理。目前深圳市的土石方收纳场库容已非常紧张，已很难找到合适的收纳场。

地下道路采用明挖施工，基坑支护原则上尽量采用简单、有效、经济合理的设计方案，若对于周边环境简单并存在放坡空间的场地，多数采用放坡开挖，较之直立围护开挖，方案本身经济性突出，进度快，但土方量可能成倍增加，外弃成本随之升高。

对策措施如下：

明挖基坑支护方案的选择以安全可靠为首要原则，其后的方案比选兼顾了土方外弃成本因素，同时考虑工期要求等因素。通过比选各类开挖支护方案优缺点和外弃土方费用，最终确定以直立开挖方式为主，并尽可能减少肥槽预留宽度，保留一部分的地基土作为路基回填料。

5. 前海复杂地质问题

前海地区为新近填海区，上部存在较厚的欠固结土淤泥层及填土层，地下道路基坑围护结构设计与施工难度大，结构工后沉降也较大，同时由于周边项目接口较多，需选用合适的围护结构形式和基础设计方案，以保证基坑安全和控制结构的工后沉降及接口的差异沉降。

对策措施如下：

针对前海地区地质特点，对于有条件区段全线设控沉桩，对于不能设置控沉桩的区段采用地基处理的方式，并设置过渡段；针对周边项目结构型式和基础条件，接口段采用不同的基础衔接型式，对于采用桩基的地块地下室，采用与地块相同的桩基的接口衔接方案，对于临海大道采用天然地基或换填的结构，采取设置桩基—天然地基过渡段的衔接方式。地下道路典型结构基础横断面见图6-26。

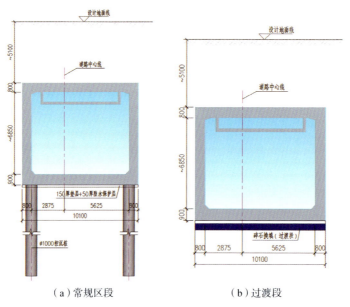

图6-26 地下道路典型结构基础横断面图

另一方面，针对前海地区特点及周边条件，并结合地质情况及周边已有工程案例，地下道路主路选用合适的钻孔灌注桩+桩间旋喷的围护型式，地下联络道基坑呈狭长型式，选用钢支撑与混凝土支撑组合的支撑型式，在保证安全的情况下，可节省造价和保证工程如期完成。基坑典型支护横断面见图6-27。

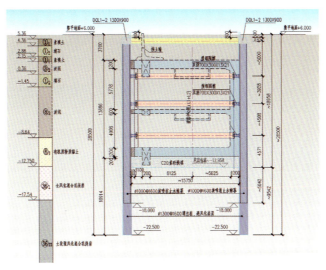

图6-27 基坑典型支护横断面图

4.2 地基处理工程

4.2.1 地基处理特点

1. 地下道路沿线地基特征：

1）根据地质勘察资料，区域内基岩为非可溶性岩石，未见地面塌陷及土洞、岩溶现象；

2）沿线分布有填土、填砂、填石，其组成成分不均匀，分布无规律，处于松散～稍密状态，物理力学性质一般；

3）局部地段分布有淤泥、淤泥质砂、淤泥质土，具有含水量高、高触变性、高压缩性和低强度、自稳能力差的特征。

2. 地下道路线路长、定位高，地上和地下道路规划为同一条线路，地层大多数为新近填土和软弱土层，地层复杂。

3. 变形控制要求严格，除了通过验算地基承载力是否满足要求外，还需考虑施工期间与完工后的沉降问题，包括地下道路箱体本身的绝对沉降和箱体间的差异沉降。

4. 工程条件复杂，需考虑基坑开挖不同支护形式、周边环境影响等因素。

4.2.2 地基处理重难点及处理措施

1. 施工空间和工法的选择

由于本工程位于前海填海区，有深厚的填土（石）层，基坑较深采用密排桩+钢筋混凝土内支撑支护方案，且地基设计承载力大（不小于200kPa），可供选择的地基处理方案有限。因此，选择合适的地基处理方案和施工工作面，即是从地面施工还是从坑底施工，是本工程需重点考虑的问题。若从地面施工，不仅空桩量大，施工困难，且施工质量难以保证；若从坑底施工，则面临机械较大搬运困难、工效低等困难。

对策措施如下：

主要是通过现场试桩来选择最优且最适合本项目的处理方案。通过一系列的现场试桩，最终确定：一是选择坑底施工，可避免填石层施工困难、造价高、工期长的不利情况；二是选择管桩复合地基处理方案，局部施工困难的三角区域采用双管旋喷桩复合地基处理方案，通过采用改进的机械设备，可大大提高工效、降低成本、缩短工期。

2. 地下道路沉降变形与差异沉降控制

本工程地下道路作为永久性地下结构，应满足其在正常运营期的使用要求，这对通道底的地基处理提出很高的要求，对隧道本身的绝对沉降变形与隧道结构间的差异变形控制要求十分严格。由于本工程线路长，贯穿前海区域，沿线范围内分布人工填土（石）、深厚淤泥等不良地质地层，地质情况十分复杂。为保证地下构筑物的正常使用，应充分考虑和满足地下通道在各类地质条件下的变形和差异控制要求，也是工程实施必须考虑的重点技术问题之一。

对策措施如下：

1）分析承载力特点和变形控制要求，针对沿线工程地质条件，分段确定典型断面计算模型，预先进行地基沉降计算分析，全面了解沉降特点和定量评价沉降量级范围。地基沉降数值模拟色谱见图6-28。

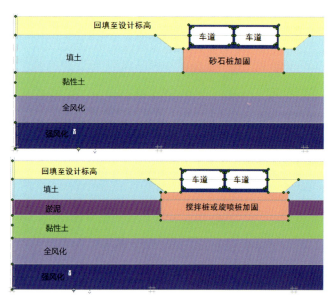

图6-28　地基沉降数值模拟色谱图

2）绝对沉降控制

以沿线详勘和补勘工作为基础，在全面了解土层地质特点后，依据承载力和沉降要求，分段核算，重点分析地质条件差的路段，在满足承载力要求的前提下，结合类似工程经验，针对不同土层情况，主要选择刚度较大的管桩复合地基处理方式，局部需加固的、厚度小的土层采用碎石换填的方式进行处理。

3）差异沉降控制

差异沉降控制主要从道路横向和纵向两个方面进行考虑。横向差异沉降控制主要考虑通道本身与两侧环境的协调变形，而隧道本身一般为混凝土箱型结构，刚度较大，一般情况下能够整体作用，满足变形协调要求。与两侧环境的协调变形，应具体根据周边地块使用要求，具体提出后期处理方案。

纵向的差异沉降控制，为本工程的主要考虑要素。依据工程特点，预先进行地基沉降计算和数值模拟分析，分段核算，重点分析地质条件差的路段，合理设置地基处理过渡条带，满足纵向箱体间的变形协调。

为减少道路横、纵向方向的差异沉降，同时考虑纵向地层复杂变化、地基处理工法以及地下道路埋深变化等因素，在地下道路沉降缝、地基处理不同工法衔接处铺设两层土工格栅。

4.2.3 地基处理方案

1.设计原则

1）确保道路地基承载力和差异沉降要求；
2）采用本地区较为成熟和简便的工法。

2.方案比选

本工程沿线广泛分布有人工填土（石）、深厚淤泥等不良地质地层，部分区域经过预压或者其他工法处理，大部分都未经处理，杂填土层局部夹有碎块石、块石，结构松散，属欠固结状态，下卧淤泥饱和，流塑状为主，性状很差。根据分析，地下道路底部软弱地层在不经过处理时，道路框架间的沉降差异在完工后随时间推移将十分明显，为地下道路的正常使用和交通安全带来极大的隐患，因此对道路框架底部土层进行必要的地基处理。

结合目前地基处理工艺发展水平和深圳地区的工法适用性来看，适合本工程的地基处理方法主要有换填法和复合地基处理两大类。结合地层情况、深基坑支护型式等特点，最终确定采用管桩复合地基和换填法进行加固处理，局部施工受支撑梁影响的区域采用机械设备更小的双管旋喷桩复合地基加固。

3.过渡带设置

为减少道路纵向方向的差异沉降，同时考虑纵向地层复杂变化、地基处理工法以及地下道路埋深变化等因素，应考虑地基处理工法间的合理过渡，以达到工法衔接和协调变形，减少差异沉降的目的。过渡带设置长度不小于30m，根据复合地基工法特点，通过桩间距或桩长变化，表层铺设两层土工格栅，以达到合理过渡和衔接。

第5节
消防工程设计

5.1 设计原则

1）整体、全盘考虑临海大道、桂湾一路、滨海大道地下道路与前湾、桂湾地下车行联络道消防系统；

2）各地下道路、车行联络道项目各自为一个独立的防火分区；各项目之间支持相互紧急疏散；

3）各项目之间的机电系统自成体系，采用统一的模式、控制平台，综合监控接入同一个控制中心。

5.2 地下道路火灾的危险性及特点

1. 地下道路火灾的危险性

1）人员伤亡大。地下车行联络通道串联多个地下车库，结构复杂，且封闭性较强，一旦发生火灾，若不能及时发现及扑灭，火势会沿着通道纵向快速蔓延，导致隧道内的司乘和工作人员窒息、灼伤、中毒甚至死亡。

2）经济损失重。火灾会造成联络道内设施的严重毁坏，严重的火灾还会对隧道结构产生破坏，造成道路效能中断，长时间交通拥堵。

3）次生灾害严重。隧道火灾后会引发交通事故、爆炸和人员中毒等次生灾害。次生灾害一方面会助长火灾的扩大蔓延，加重危害性后果，另一方面会打破原有安全疏散、灭火救援和交通控制的秩序，增加安全疏散和灭火救援难度。

2. 地下道路火灾的特点

1）火灾的多样性。隧道火灾的可燃物主要有交通工具及其车载货物提供，可能出现气相、液相、固相可燃物燃烧，当可燃气体、蒸气预混浓度达到爆炸极限时，还会发生爆炸，这是隧道火灾燃烧形式多元化的表现。地下车行联络道内火灾主要以B类流淌火灾为主，并大多数由两车相撞引起。

2）起火点的移动性。隧道火灾时，驾乘人员因视觉受限和特殊视觉感应，不能对火灾做出快速反应，起火车辆会继续在隧道中正常运行。交通工具的可移动性，决定了隧道火灾起火点会随车辆运行发生位置改变。

3）安全疏散局限性。地下联络道的建筑特点决定了其发生火灾时人员的安全疏散较地面建筑困难。火灾时，隧道既是烟气扩散、燃烧蔓延的通道，又是疏散通道、救援场地，隧道火灾现场与疏散过渡通道之间没有明显界限，高温和有毒烟气对人员构成直接威胁。

5.3 消防关键技术及解决思路

1. 消防设计无现行规范可依

现行技术规范未对此种多点进出类型的地下道路消防设计做出明确的规定，本工程采用消防性能化（调研，计算机模拟）的设计方法进行消防设计。

2. 通风排烟系统重难点

地下道路相邻烟控分区间及环路与地块间的烟气控制比较复杂，对于环路与地块间，采用2道防火卷帘分隔，阻止烟气进入非火灾区。

对于环路内，当起火点位于排烟控制分区中部时，开启火源所在排烟控制分区内的所有排烟口，关闭其他排烟控制分区的排烟口；当起火点位于两个排烟控制分区之间（距边界30m距离内）时，开启这两个排烟控制分区所有排烟口，关闭其他排烟控制分区的排烟口；当起火点位于长度大于30m的支路时，开启支路所在的排烟控制分区的所有排烟口，关闭其他排烟控制分区的排烟口。

隧道内多点进出易造成交通阻塞。前海地下道路在前期设计的基础上，在隧道装饰材料针对不同区域予以区别，便于驾驶人员识别。

3. 地下道路衔接众多地块车库，地块与地下道路火灾灾害互相影响，如何解决地块与地下道路火灾信息互通，相互高效配合疏散，是本项目重难点。

当地块车库发生火灾时，地下道路内可能会有火灾蔓延进入，如何在第一时间内知道衔接地块已着火，并做出快速响应，引导地下道路外部入口处车辆分流，内部车辆迅速疏散，从技术角度需提供可靠高效的信息互通方案。本项目除采用了地块与地下道路消防FAS系统互联互通提供报警信息技术方案外，另设置了可靠的消防专用电话网，即在地下道路综合管理中心设置消防电话总机，各地块消防控制室设置消防电话分机，消防电话总机与分机通过光纤网络互联互通，当地块FAS主机向地下道路FAS主机报警时，地下道路消防值班人员立即通过专用消防电话网，向报警地块确认火灾，确认地块火灾后，地下道路消防值班人员启动相应消防疏散指令，通过FAS系统联动地块出入口卷帘降落，阻止火灾蔓延，同时根据火情扩散状况，必要时启动地下道路FAS系统，通过地下道路FAS系统联动地下道路交通、广播等救灾系统阻止外部车辆进入，同时引导内部车辆快速驶离。

4. 为减少火灾造成的损失，保护人身和财产安全，地下联络道内设置泡沫—水喷雾联用灭火系统、消火栓系统及灭火器

消防泵房及消防水池集中设置于设备用房内，消火栓系统供水管道、水喷雾供水管道、泡沫液供液管在地下联络道内全线贯通，同时每隔一定距离设置横向连通管道，形成安全可靠的供水

环网，确保消防供水的安全性。

地下联络道内沿单侧布置隧道专用近远程泡沫—水喷雾喷头。联络道内以25m为一个泡沫—水喷雾保护区间，消防时着火点及前后相邻共三组系统同时作用，较常规的两组同时作用，增加了灭火的可靠性，也弥补了在通风作用下有可能开启的喷雾区段不在着火点上方的缺陷。在局部车道加宽处及地块接口处，采用将该段的泡沫—水喷雾区段减小，或消防时局部路段采用着火点与下游一组区段同时开启的方式，尽量不增加整个系统的设计流量。每组水喷雾系统由一只雨淋阀控制，并与消防报警系统一一对应。

5. 设置自动灭火系统的必要性

南北地下联络通道连接地下车库与临海大道，结构复杂、空间小、封闭性强，兼有城市隧道和建筑地下车库的特点，一旦发生火灾，人员疏散和火灾扑救困难。但目前尚无国家标准和规范针对地下联络通道的消防系统进行规定。根据《建筑设计防火规范》GB 50016—2014（2018年版）规定，城市交通隧道仅要求设置消火栓和灭火器；《公路隧道交通工程设计规范》JTG/TD 71—2004中规定，等级最高的A类公路隧道应当设置消火栓、灭火器和固定式水成膜泡沫灭火装置。

消火栓系统具有造价低廉、可靠性高的特点，可有效扑灭初期规模较小的A类火灾，但对B类火灾的灭火效果较差，在发生流淌火灾时使用还会导致火势的扩大，具有一定的局限性；灭火器扑救能力也有限，无法扑救快速发展的火灾；固定式水成膜泡沫灭火装置虽可有效扑灭燃油泄漏引发的B类火灾，但该装置也存在着仅适用于火灾发生初期和规模较小火灾的不足，对已形成一定规模的火灾无法有效控制。另外，上述三种灭火设施都需要人工手动操作，无法实现自动操作。所以在封闭性强、结构复杂的地下联络通道内，设置自动灭火系统并与火灾探测和报警系统相结合，可实现火灾早期报警，早期扑救，有效控制火灾蔓延，减少人身和财产损失。

6. 自动灭火系统的选择

目前国内外使用的自动灭火系统主要以水或泡沫为介质。以水为介质的，主要有水喷淋灭火系统、水喷雾灭火系统和细水雾灭火系统；水喷淋灭火系统通过实验发现灭火时产生的浓烟和热蒸汽不仅会导致能见度降低，还会对人体健康造成损害，不利于人员的逃生和疏散。水喷雾灭火系统启动后能有效降低环境温度，且产生的水蒸气也并不显著，但还是会明显降低可见度。细水雾灭火系统与水喷雾原理一致，但水雾滴压力更大，粒径更小，比水喷雾系统更省水，但对油类火灾控制作用有限。泡沫—水喷雾系统是在水喷雾系统中添加水成膜泡沫灭火剂，可以在发挥水喷雾灭火系统降温、控火优势的同时提高灭火效果。所以水喷雾和细水雾系统适用于大、长公路隧道的火灾防护，本工程地下通道封闭性强、火灾危险性更大，故选择控火、灭火效果俱佳的泡沫水喷雾系统更合适。自动灭火系统优缺点对比如下表6-14：

自动灭火系统优缺点对比表　　表 6-14

类型	水喷淋灭火系统	水喷雾灭火系统	泡沫—水喷雾灭火系统
灭火原理	冷却	冷却、稀释氧气浓度	冷却、窒息、隔绝氧气
优点	水喷淋系统与报警系统协同工作，是通过高效率的冷却作用来达到灭火的目的。水喷淋灭火系统对非油类燃料引起的火灾具有良好的灭火效果	水喷雾系统与报警系统协同工作，是通过高效率的冷却与缺氧窒息的双重作用来达到灭火的目的。水喷雾灭火系统对非油类燃料引起的火灾具有高效灭火效果	地下车行联络道专用泡沫喷雾系统具有水喷雾和水成膜泡沫系统的双重灭火效能，发挥了泡沫灭火和水喷雾冷却、控火、灭火时间短的优势，既可通过泡沫遮断氧气有效灭火，又可通过水汽蒸发窒息而防止复燃；既可节省泡沫混合液，又可保证安全性
缺点	不能有效扑灭闪点在60℃以下的液体火灾	不能有效扑灭闪点在60℃以下的液体火灾	两套系统（一套喷水系统＋一套泡沫系统），一次性投资高

地下道路内发生火灾时，可以通过隧道内的灭火系统和外部干预系统两种方式对火灾进行扑救，自身的灭火系统主要是在起火初期对火灾进行扑灭和控制，当火灾发展时间较长时，则需要专业消防救援人员进行外部干预。由于地下联络通道具有封闭性强的特点，一旦火势失去控制，后果将非常严重，因此自身灭火系统的作用具有非常大的重要性。

那么如何合理地选择灭火系统，本工程主要考虑以下几个方面的因素：一是尽可能兼顾考虑联络道内可能发生的各种类型火灾；二是根据地下联络道的功能定位，同时衡量安全可靠性和经济性；三是所在地公安消防主管部门的意见；四是参比国内外类似工程的情况。

综合以上因素考虑，本工程主联络道内消防系统设置了三个基本互相独立的子系统，分别是消火栓系统、泡沫—水喷雾联用系统和灭火器系统。

1）消火栓系统

目前，公路和城市隧道消防系统大多采用消火栓系统，该系统对初期规模较小的A类（固体类）火灾比较有效，但对于B类（可燃液体）火灾不但起不到作用，还会加重蔓延。消防给水的接入方式一般有两种，即直接式和间接式。直接式就是消防管道系统直接接入市政给水管网系统中吸水送到着火点进行灭火。间接式是将市政给水系统的水引入消防水池，由消防泵加压吸水送到着火点。直接式投资小但发生火灾时对市政管网系统影响大，所以一般应征求当地市政主管部门；间接式投资大，对市政管网影响较小。

考虑到火灾的偶然性，本工程在征得水务集团同意的情况下，采用直接式供水。消火栓沿联络道主线单侧布置，间距不大于50m，消火栓用水量为20L/s。

2）泡沫—水喷雾联用系统

泡沫—水喷雾系统采用水成膜泡沫，水成膜泡沫又称"轻水"泡沫，英文简称AFFF。泡沫—水喷雾除具有一般泡沫灭火剂的作用外，还能在燃烧液表面流散的同时析出液体，冷却燃烧液表面，并在其上形成一层水膜，与泡沫层共同封闭燃烧液表面，隔绝空气，形成隔热屏障，同时在吸收热量后，液体汽化稀释液面上空气的含氧量，对燃烧体产生窒息作用，阻止燃烧液的继续升温、汽化和燃烧。它和其他灭火剂的根本区别是"轻水"泡沫具有泡沫和水膜的双层灭火作用，这是它灭火效率高、时间短的原因。

本工程沿环行车方向划分灭火分区，每25m为一个灭火分区，各分区设置专用泡沫喷雾控制阀组，每分区按照喷头的布置间距设置专用泡沫喷头，并采用3%的水成膜泡沫液作为灭火剂。当发生火灾时，系统同时启动两个灭火分区（着火点本分区及最邻近分区）进行灭火，灭火结束后，地下车行联络道内启动"去风除湿"的通风系统。

泡沫—水喷雾灭火系统，待工作状态时，喷雾控制阀组前水喷雾主管和泡沫喷雾主管分别充满水和泡沫，当发生火灾时，启动供水泵和泡沫泵，各分区泡沫由喷雾控制阀组至最远点保护对象的距离均不大于30s，输送时间均不大于55s，满足《泡沫灭火系统技术标准》GB 50151—2021泡沫消防泵启动后，将泡沫混合液或泡沫输送到最远保护对象的时间不大于5min的要求。

本系统具有电气自动、电气手动和应急手动三种启动方式。系统报警由（双波段红外火焰）探测器报警，火灾确认后延时5~10s自动发出控制信号联动打开两个保护区的泡沫控制阀组中的雨淋电磁阀，系统管道压力下降，压力开关启动水喷雾泵；同时联动打开泡沫电池阀启动泡沫泵，压力水与原液泡沫按既定比例（3%）经比例混合器混合后进入专用泡沫喷头进行自动灭火。灭火分区与火灾报警系统探测分区一一对应。

3）灭火器系统

地下车行联络道内火灾主要燃料有油箱、行李、货物和地下车行联络道内的电气设备、配电线路等。磷酸铵盐干粉灭火器适用于固体、液体、气体和电器设备的初期火灾，本次设计采用磷酸铵盐干粉灭火器。在地下联络道的双侧，相距100m设置灭火器箱一组，在道路两侧交叉错落设置灭火器，每只灭火器箱内设5kg装磷酸铵盐干粉灭火器4具。

4）设备用房消防

本工程设有地下设备用房，配备有普通的消火栓及灭火器。为了防止高低压配电房及公共开关房内部发生电气火灾，考虑设置气体灭火系统。本工程每个防护区面积均较小，设计选择柜式七氟丙烷气体灭火装置，柜式装置的设计工作压力为2.5MPa，防护区的设计喷放8s。若防护区面积较大且有空间设置专门的七氟丙烷气瓶间，可采用管网式全覆盖。

5）消防排水

地下联络道内的废水包括室内消火栓排水量、泡沫喷雾灭火系统排水量、结构渗水量和路面冲洗量。除结构渗水（渗水量小）外，其余废水均为间歇排水。发生火灾时，可由道路单侧边沟和路面散排共同汇入设计集水坑。本工程在联络道最低处设置集水坑及废水提升泵，采用潜污泵将废水提升至地面通过压力释放井释放，最终排入市政污水管网。

第6节
附属工程设计

6.1 隧道通风

1. 设计思路

地下道路通风系统，包括隧道内正常运营通风、事故阻塞通风、火灾防排烟以及隧道附属构筑物内的通风、空调、除湿、消防设计。主线采用全纵向式通风方式。新风从隧道入口进入隧道，废气从隧道出口机械排出。主隧沿线设置1座通风排烟竖井，左右线共用。

桂湾、前湾地下车行联络道自然进风口、机械排风加空气净化站的半横向式通风方式。

2. 设计原则

隧道通风系统选配充分考虑以人为本的原则，满足运营维护人员工作、车辆运行的卫生和安全要求。尽量利用车辆行驶的活塞效应自然通风，合理控制设备运行。事故发生时，配合人员安全疏散救援，控制烟气蔓延，保证人员生命安全。隧道出洞口的废气排放，风机噪声应符合国家环境保护的相关规定。采用高效、节能、环保的通风设备。

3. 设计亮点

1）净化站预留

前海合作区定位为具有国际竞争力的现代服务业区域中心和现代化国际化滨海城市中心。隧道沿线两侧为规划商业办公或文化设施。根据专项评审、环评建议，以及前海地区周边环境情况，待地面道路及周边建设完成后，根据需求设置空气净化装置，以减少隧道内污染物向隧道外的排放，从而满足大气排放标准，进而改善地面及周边环境的空气质量。

2）节能环保

桂湾一路及临海大道地下道路交通阻滞及养护维修时，开启全部数量射流风机，采取限行措施，控制车辆的进入。采用时段控制，夜间车少时整个隧道内风机可全部关闭。

桂湾、前湾地下车行联络道排风采用排风管，补风采用进风井自然补风。正常工况下，联络道内污染物浓度不断升高，进行机械排风，启动排风风机，将污染气体抽进空气净化站净化后，经排风井排至地面，或将净化后的空气送入隧道循环使用；发生火灾时利用半横向式通风系统进行排烟。对于平时及火灾两种机械通风工况，均可通过自然进风井自然补风。

3）节能、降噪措施

（1）轴流风机只有在火灾情况下启动运行，因此未设置消音器，这样可减少消声器的投资，以及减小空间，从而减少土建投资。

（2）隧道射流风机加装消声器、减振装置来降低因隧道通风产生的噪声。

（3）射流风机采用自动控制方式，并辅助手动控制。

（4）通风机节能、降噪措施符合《通风机能效限定值及能效等级》GB 19761—2020 相关要求。轴流通风机能效等级不低于2级，并应保证在使用区内通风机的效率满足要求。

（5）噪声等级应符合《通风机噪声限值》JB/T 8690—2014相关要求。轴流通风机在最佳效率工况点的比A声级限值为≤35dB。

（6）分体空调器选用节能产品，分体空调器能效等级不低于《房间空气调节器能效限定值及能效等级》GB 12021.3—2010中2级标准。

4）安全措施

排烟竖井风亭处贴有显著提示标识，提示行人，确保行人安全。

通风系统控制执行《公路隧道设计规范 第二册 交通工程与附属设施》JTGD 70/2—2014，根据隧道运营过程中的交通状况，适时调整设备运行，在保证交通安全的前提下，以最经济的动力给隧道提供满足运营条件的通风量，并对通风系统进行监控。

全线考虑一处火灾，主隧火灾功率按照30MW计算，临界风速为3.2m/s。主隧设1座火灾通风排烟专用竖井，将隧道分为2个通风排烟区段，以减少排烟距离，利于人员疏散及火灾救援。火灾工况时，分区段射流风机辅助排烟。

排烟模式（以主线南行发生火灾为例，北线类似）如下：

沿车行方向竖井上游发生火灾时，上游隧道内射流风机正向运转以满足排烟临界风速，并开启排烟竖井将烟气排出地面，同时竖井下游临近竖井的两组射流风机逆向开启，防止烟气蔓延到竖井下游（图6-29）。

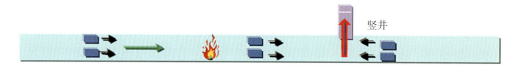

图6-29 通风排烟示意图（一）

沿车行方向竖井下游发生火灾时，下游隧道内射流风机正向运转以满足排烟临界风速，并开启竖井送风，同时竖井上游临近竖井的两组射流风机正向开启，防止烟气蔓延到竖井上游（图6-30）。

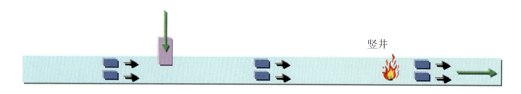

图6-30 通风排烟示意图（二）

6.2 隧道供配电系统

1. 设计难点

本工程负荷种类较多，不同负荷等级种类下的用电设备也较多，因此在设计前期，如何确定供配电系统原则，成为隧道供配电系统设计前期的重难点。

2. 设计亮点

根据不同负荷的性质，确定相关的负荷等级。隧道应急照明、电光标志、交通监控设施、通风及照明控制设施、紧急呼叫设施、火灾检测与报警设施、中央控制设施、消防水泵、排烟风机均为一级负荷；消防补水水泵为二级负荷；其余隧道电力负荷为三级负荷。

将负荷等级分类后，再依据供电半径供电原则进行配电点分配。且为避免后期供电评审的往复性，本工程供配电系统框架在构建前期，即采用前海区域供电局认可的组网方式。

本工程设置1座主配电室，7座分配电室。由供电局分别提供的两路专用20 KV电源接入变配电所。环网供电的方式既减少了外电源的供电点，又保障了供配电系统的供电可靠性。

6.3 隧道照明系统

1. 连续无间隔布置灯具

设计亮点：LED节能灯，连续光带布置

LED冷光源无热辐射，凸现明显的节能优势；不含铅、汞等污染元素，实现了真正意义上的绿色环保节能照明。

本工程隧道照明灯具均采用条形LED隧道灯作为光源，光源发光效率为100lm/W左右，灯具长度为1m，自带可调光电源。灯具采用支架吊装方式，灯具安装固定支架与灯具本体间角度可调节。主隧道中灯具布置在两侧行车道上方，隧道照明全线采用连续无间隔布置方式，形成连续灯带。

连续无间隔灯具布置方式，减少照明眩光，消除灯具频闪，增强交通诱导。极大提高了驾驶安全舒适度的同时，又保证了隧道交通安全高效运行。

2. 智能调光

设计亮点：隧道灯具智能调节

本工程隧道照明采用智能控制方式，隧道照明的控制策略是根据隧道洞口处设置的照度计检测的洞外和洞内亮度信号，选择预定的控制方案（入口段、过渡段1、过渡段2、中间段、出口段1、出口段2）和自然光条件（晴天、云天、阴天、重阴天、夜间）的照明控制方案。

隧道照明控制方式有手动、自动两种方式。自动控制为主，手动控制为辅。自动控制采用智能控制方式，对隧道照明灯具进行逐盏调光控制，从而使隧道各区间的照明亮度满足各种工况下亮度要求。

智能照明监控管理软件应用后，工作人员可以迅速、实时地掌握灯具的工作状态。管理软件对异常状态及时报警，提高安全性，并且降低维护成本的目的。

第7节
景观与装饰设计

7.1 地下道路装饰装修工程特点

本工程地下道路的特点是进出交叉口非常复杂而多层次。虽然地下道路网络很复杂，其道路可以按不同特点分类。按用途分成两类：①连接前海各片区和区外的地下主干路；②连通单元地块地下室的环形支路。按不同的设计时速分三类：①桂湾一路与临海大道地下道路设计时速50km/h；②滨海大道地下道路设计时速80km/h；③桂湾与前湾地下车行环路设计时速20km/h。

与一般建筑装饰装修工程相比，除了装修工程的共性外，地下道路装修有着本身的特殊性，这也是其使用功能所决定的，地下道路工程投资大、施工周期长、使用时间长，车流量大，是重要的公共活动场所，故需要加强对装修工程安全性、牢固性和耐久性的重视。由于地下道路建筑环境地理特性多样、专业系统交叉、结构严密等原因，各种对装饰装修设计、施工的影响因素也较一般装饰装修工程复杂。主要体现在以下几个方面：

1. 专业接口多

地下道路工程中不仅包括一般民用建筑的通风空调、给水排水、消防、电气，还有道路结构、信号、监控相关设备及管线均需要装修予以隐蔽、美化。

2. 工程协调量大

地下道路工程是一个环环相扣的系统工程，某一个系统未完成，道路就无法顺利通行。且参建单位包括建设主管、勘察设计、施工、监理、监测、检测和材料设备供应等，专业多、项目多、环节多、接口多，其中任何一个专业系统，都既要考虑本专业的设计施工，还要协调兼顾其他专业系统的设计施工。设计、施工，管理相互交叉，组织协调量大，管理复杂。由于装饰装修系统位于工程项目末端，故所有的工序都可能影响到装饰装修工程的实施。

3. 施工环境条件差

地下空间工作场地狭窄，通风差、环境湿度大、亮度差，相对于地面空间施工和安全管理难度更大、更复杂。

7.2 地下道路进出口装饰设计

地下道路约有60个连接处，由不同的隧道口、出口匝道、入口匝道与交叉口组成。每一个都有自己独特的个性，为了合理统一设计，将它们进行如下分类：

1）U形槽出入口：形成了地下路网的门户与出入口。提供了统一的视觉识别，欢迎道路使用者进入地下路网。

2）进出交叉口—入口匝道：进入匝道是道路使用者从次要道路汇入主要干道的地方。司机需要谨慎行车，尽可能减少其他干扰，才能加速跟上主干道的车速并安全变道。

3）进出交叉口—出口匝道：出口匝道包括了从司机做出是否要直行或驶出地下道路的决定之前至出口交叉口的部分。这些交叉口的设计应采用被动寻路技术，提醒司机接下来的出口匝道交叉口，从而可以提早安全变道。

针对以上分类特点进行了相应的重点设计。

U形槽出入口采取有标志性的形象，提供一个很好的标志性地标来标示地下道路的入口，雕塑式的金属构筑物形成引人注目的入口。同时在隧道进入的位置，线性圆弧形态表达了欢迎式的特征。特色的灯光设计用来突出隧道的开口，以极简的曲面墙体部分色彩高光形成戏剧性的效果。

地下道路部分，应用"寻路标志物"特色，帮助道路使用者了解自己的位置以及提前通知他们前方的去向。通过不同的颜色，灯光和超大型图像来达到效果。寻路系统策略主要是使用不同的颜色与大字母。地下道路主路会用柔和的灰色，而环路用更明亮的颜色。每一个主要的颜色都有两种深浅不同的衍生颜色，因此能交替使用产生渐变的效果，比如，桂湾环路是橙色的，但装饰板实际由两种橙色组成，由浅到深形成渐变效果。地下道路主路的装饰板颜色柔和，使用灰色。每当遇到驶出的岔道，主要地下道路的装饰板样式都会不一样。在车道外部靠近岔道的墙面装饰板颜色渐变至环道的颜色。在道路另一边的装饰板排列方式一样，呈镜面对称，但是使用柔和的渐变深颜色。装饰板颜色的交错排列可以打破沉闷统一的灰色装饰板，但不影响识别另一侧驶出道路的明亮颜色装饰板。

侧墙装饰板材料通过对比各种材料，最终选取搪瓷钢板为侧墙装饰板，符合防火等级要求，具有耐用、耐久、高抗酸和抗碱等各种优点，且颜色可选择样式丰富适用性强。

本隧道为一类隧道，地下车行通道内建筑装修均采用不燃A级材料。通道顶部与侧墙板下不小于1m的范围设置防火内衬，防火内衬以RABT火灾升温曲线为标准，火灾温度为1200度，耐火时间2h。

隧道侧墙采用搪瓷钢板，在每个出口转出车道的外墙装饰均变成较深颜色，转出车道的地面为深色的沥青路面，并设置特色洗墙灯，出口转角处都有色彩覆板与字母对应的每个地块的名字。检修道与主隧道一致，侧壁设置自发光轮廓标，盖板采用灰色玻璃钢复合材料。

7.3 地下道路装饰工程构成

地下道路装饰是在道路建筑结构表面，通过模数化、标准化的材料对地下车行道墙面、顶面、检修道地面及管线设备进行美化、保护的基础工程，以实现一定设计理念和美化功能，除了满足基本安全通行的功能外，还要满足驾乘人员在寻路感知方面的需要。地下车行道路装饰设计应符合功能性、安全性、可行性、经济性原则，力求达到安全、实用、经济、美观，满足使用功能，方便通行，确保安全，有利于运营管理。装饰内容通常由以下部分构成：

1. 建筑结构基层饰面

地下车行道支撑结构及顶板表面防火处理，以满足《建筑设计防火规范》GB 50016—2014（2018年版）和《公路隧道设计规范 第二分册 交通工程与附属设施》JTGD 70/2—2014的防火要求。同时为了视觉上的美观，装修通常对外露管线与结构表面采用配色喷涂或装饰遮挡。

2. 侧墙墙面装饰

装饰墙板是道路装修最为常见的构造形式，起到安全防护和视觉美化的作用。在实际应用中可选材料、工艺较为丰富，如搪瓷钢板、铝板、瓷砖或其他材料。

3. 侧壁检修道地面

检修道主要方便工作人员行走及检修工作，对其地面管沟盖板要求平整、坚固耐用，常见有RPC盖板或模压水泥盖板等模数化铺装，既能对管沟内管线起到保护作用，又能便于维护检修。

4. 其他设施：导向标识、广告灯箱、艺术装饰等

装饰装修配套设施，提供辅助寻路、定位功能及资讯信息，随周边地域文化特点而定。

图6-31至图6-33分别给出了桂湾一路及临海大道地下道路、桂湾地下联络道、前湾地下联络道的内部装饰效果图。

图6-31 桂湾一路及临海大道地下道路内部装饰效果图

图6-32 桂湾地下联络道内部装饰效果图

图6-33 前湾地下联络道内部装饰效果图

7.4 地下道路装饰装修亮点

1. 设计亮点

前海地下道路与普通地下道路装饰对比具有如下优点（表6-15）。

前海地下道路与普通地下道路装饰对比 表6-15

序号	项目	普通地下道路	前海地下道路
1	检修通道盖板	采用普通水泥盖板	采用GRP玻璃钢盖板，优点：检修方便和美观
2	隧道轮廓警示标识	黑黄警示线	发光标识灯+振荡线，优点：美观，对于行车车辆警示性更好
3	隧道装饰面	抹灰墙面或者铝扣板装饰	采用搪瓷钢板+洗墙灯，优点：美观和耐用
4	设备支吊架	普通槽钢或者螺丝钢支架	产品支吊架，美观、耐用和维护方便
5	地面附属	附属设施以功能需求为主	建筑物形式充分与周边的景观协调一致。将附属建筑物数量减半，增加前海空间的利用率

2. 采用"试验段+样板段"先行把控施工品质

为检验装饰装修总体效果及确定材料与工艺品质，在地下道路机电与装饰装修工程确定方案后，项目团队采用试验段+样板段先行的机制，通过试验段与样板段的制作等质量控制工作，确保装饰装修质量及效果与前海规划定位充分融合。顾问公司快速指导施工承包商进行深化设计，依据更加完善的深化设计，节省了施工成本和加快了施工进度。

3. 引进国际优秀机电及装饰装修顾问，提升地下道路品质

引进前海地下道路机电及装饰顾问，结合香港及国外工程经验，以运营功能需求为导向，系统功能需求、事故处理、运营与维护便利性等角度，提出238条优化建议，编制机电安装、装饰装修专业与土建专业的接口规范文件，制定13个机电子系统的专用技术要求和设备、材料及安装工艺规格说明书。

前海地下道路装饰顾问，针对地下道路重要连接处（约60个）进行深化设计，出入口设置统一的建筑标志，在进出地下联络道及地下室交叉口，采用彩色装饰板+装饰灯光+大型标志进行

提醒；针对出地面附属设施进行了方案专题研究，优化方案历时一年有余，力争减小体量，消隐附属设施，并结合公共空间、公园等景观，实现公共空间附属功能，致力打造精细化、高品质的景观目标。

第8节
与相关工程的衔接

8.1 接口分类及处理措施

接口管理既关系到项目能否顺利实施，又关系到工程能否正常运营，故接口的处理在项目建设过程中尤为重要。根据建设进度的不同，接口分为周边项目先建接口（先施工的接口）、地下道路先建接口及地下道路后建接口（先预留后施工的接口）；根据项目型式的不同，接口分为与地块接口（图6-34）及地下道路间接口（图6-35）；根据接入时期的不同，接口分为近期接口和远期接口（图6-36）。此外还包括一些特殊接口，如需考虑相邻工程相互影响的共用围护接口（桂湾地下车行联络道与滨海大道相邻段接口）(图6-37)，需考虑后建结构的预留条件及相互影响的接口（桂湾地下车行联络道与穗莞深城际线预留接口）(图6-38)。对于不同建设进度的接口，采取前期沟通，明确预留措施，先建结构预留后期的连接条件；对于接入时期的不同接口，明确接入连接条件，满足条件后接通。

图6-34 桂湾地下车行联络道与周边地块接口平面示意图

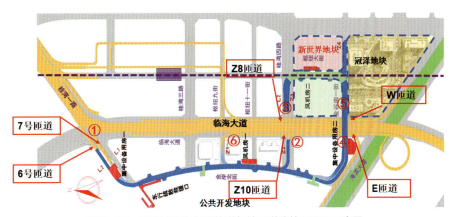

图6-35 桂湾地下车行联络道与地下道路接口平面示意图

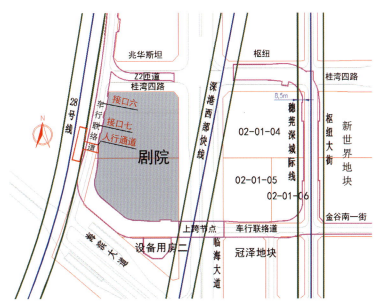

图6-36 桂湾地下车行联络道近期与远期建设项目接口平面示意图

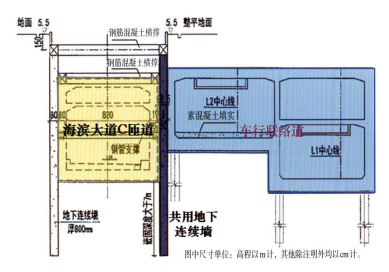

图6-37 桂湾地下车行联络道与滨海大道C匝道共用围护接口剖面图

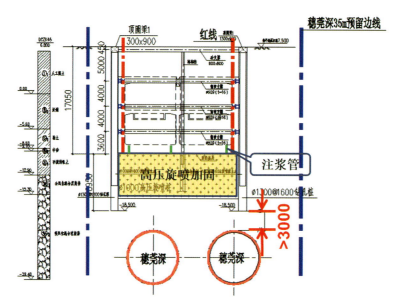

图6-38　桂湾地下车行联络道与穗莞深城际线剖面图

8.2　联络道与周边地块接口处理

1. 防火分区设置

地下车库联络道为独立的防火分区，与地块之间采用两道防火卷帘（3h）进行分隔，环路侧卷帘由环路控制，地块侧卷帘由地块控制，两卷帘门间距宜大于4m。有部分地块需设置专供环路使用的人员疏散口或与地块合用的疏散楼梯间，以满足环路人员疏散的要求。环路火灾时，车辆可向地块疏散，疏散完成后，卷帘关闭。车库火灾时，不允许人员向环路疏散。环路内的供电、通风、监控、消防、装修等均设置到防火卷帘门为止，如需延伸的，根据实际情况进行设置。

地下车库联络道进入地下车库出入口旁侧（即设置防火卷帘的旁边）设置一个带小室的安全出口，即辅助疏散口，出口净宽不小于1.2m。当地下车库联络道发生火灾后，即使车库的防火卷帘已经落下，环路内的人员仍然可以利用卷帘旁边的防火门进入建筑车库并疏散到室外。因此，独立出口与车库卷帘门附近的防火门均为安全出口。

为节约用地，并合理减少附属设备用房的地面设施使其与其他建筑结合，地下道路的部分设备用房设置在开发地块中。设置在地块内的设备用房为独立防火分区，不与地块消防逃生产生联系，地块不影响地下道路的运营。

2. 连接处路面衔接

地下车库联络道连接口如与地块存在高差，应做到顺接。如环路连接口（仅三角区）坡向地块，地块应在口部设置截水设施。环路与车库处不宜形成最低点，如形成最低点，地块应考虑其排水方案。

3.连接通道防水

连接通道防水等级不应低于地下车库联络道防水等级2级，并应以结构自防水为主，不应采取排水方式抗浮，保持地下车库联络道周边的长期地下水位，并应减少连接通道渗漏对地下车库联络道的影响。

4.衔接面防水

地下车库联络道建设时已在衔接界面预留止水措施，连接通道实施过程中应注意对止水措施的保护，衔接面防水、接缝具体要求按《地下工程防水技术规范》GB 50108—2008执行。若连接通道施工时不慎破坏原有预留止水措施，需对中埋式止水带进行修补，并辅以加强防水措施，满足防水要求。

5.运营要求

连接口应满足地下车库联络道的长期安全和使用功能，满足安全消防、环控通风和设施维修保养要求。

第九节 设计重难点分析及应对措施

前海地下道路位于填海区，地质条件复杂，总体规划范围广、里程长，与周边地块开发项目和市政配套设施紧密相邻，同时，前海开发密度高，地下空间开发体量巨大。地基处理、基坑围护、与沿线地块及市政项目的协调、接口管理，建设时序统筹、地铁保护等成为前海地下道路工程的重难点。

1.前海地区地质条件复杂

前海合作区区域地质条件复杂，长大基坑围护及软基处理难度大。地下道路线路长，开挖深度大多在10～15m，局部线路段深度甚至超过20m，且沿线地质条件复杂，经历多次堆土填筑和处理，局部夹杂有淤泥和淤泥包，基坑处理及支护难度较大。本工程为合作区骨干道路，对工后沉降和差异沉降控制要求高，但地下道路底部地层多样，成分差异大，厚薄分布不均，无疑增加了地基处理的难度，工法的选择和施工质量好坏将直接影响到地下和地上道路的正常使用。

解决措施：按照承载力和变形控制要求，结合土层赋存历史、性状和分布特点，分区段建立分析模型，开展理论和数值分析，并借鉴类似工程经验，确定工法和工艺参数，合理设置工法衔接过渡带；对于深度大、土层差，与已建或在建交叉或相邻的建（构）筑物等难点部位重点考虑，选择变形控制好和对周边影响小的支护型式及专项保护措施；结合本工程实施计划，兼顾周边地块的开发进程，提出合理支护和地基处理方案，以不影响或少影响为目的，有利于前海合作区总体规划的实施，做到合理利用，有序开发。

2. 与地块的协同建设难度大

前海是高密度开发片区，尤其地下空间开发体量巨大。地下环路与地块的建设同步推进，如何在有限的施工空间内，有序组织环路及地块的协同施工难度较大。

解决措施：前海在土地出让、前期设计、施工组织等多个环节精心策划，采用了地块代建部分地下道路基坑、地下道路与地块基坑共用围护墙等多种工程技术方案，通过精细建设时序铺排及紧密协调，科学有序组织各建设主体开展施工，确保地下道路与地块实现协同建设。

3. 接口管理极为复杂

与地下道路存在接口关系的项目较多，包括二级开发地块、轨道、水廊道、高压走廊、市政道路、地下人行通道等，各项目间工程接口关系复杂，且各项目的建设时序重叠交叉。

解决措施：城市地下工程具有隐蔽性、不可逆和环境复杂等特点，接口处理技术难度和风险性较高，通过采用系统化的接口矩阵管理，系统梳理接口，按照轻重缓急要求，充分考虑接口条件的动态性，逐项协调闭合接口，确保各个项目的协同推进。

4. 建设时序分析与管控难度大

地下道路与地铁、桂湾河、沿江高速等工程项目时序交叉，这些工程成为地下道路实施期间新的边界条件，给工程实施带来新的难题。前海枢纽一期、枢纽二期和滨海大道均与地下道路的地下匝道连接，对已运营的地铁1号、5号、11号线和沿江高速高架桥需采取保护措施。

解决措施：针对建设时序上的差异和变化，在项目统筹、设计和施工都进行了系统分析，提出切实可行的应对措施，包括同步实施、结构共建、工程保护或预留结构衔接条件等。

5. 地铁保护难度大

地下道路在上跨现状地铁1号、5号、11号线，施工过程中要对受影响的既有地铁隧道结构做好保护措施。加上地下道路明挖闭合框架段基坑宽度达68m，深度达22m，地铁保护难度大，基坑施工风险也较大。

解决措施：地铁保护段采用$\phi 130@800mm$注浆钢管桩进行地基加固，采用$\phi 1000@3000mm$抗拔桩及60cm厚抗浮板，以防止地铁隆起变形，这些设计与施工措施取得了良好的效果，地下道路建设期间未出现地铁隧道结构破坏和超过容许变形的问题。

6. 深基坑施工安全风险等级高

地下道路深基坑开挖最宽处达到72m，开挖深度达22m，土方开挖超过60万m^3，地基处理注浆钢管桩58万m，基坑范围内主要为填土(石)层或淤泥层等软弱土层，深基坑施工的安全风险等级为一级。

解决措施：

1）对于基坑开挖深度较大，且存在软弱土层段落；以及基坑周边区域有已建或在建的重要建(构)筑物的，采用刚度大，变形控制好的支护方案。

2）尽量减少使用锚杆或土钉等外延支护构件。一是减少由锚杆或土钉使用带来后期地块开发的处理问题；二是锚杆或土钉在填土或淤泥中摩阻力难以提供满足设计要求的抗拔力。

7. 防水要求高

前海为新近填海区域，地下道路距离前海湾较近，且连通地铁枢纽和地下车库等人流聚集的公共区域，结构防水要求极高。

解决措施：主体结构采用以钢筋混凝土自防水为主、全包柔性防水层相结合的防水方式，混凝土抗渗等级为P8、P10；主体结构防水层采用卷材防水层，设在迎水面、围护结构与主体结构之间，并根据不同结构部位采用相应防水设计。

1）顶板：采用柔性防水卷材，采用100mm厚细石混凝土作保护层。如顶部有种植要求，应用PVC抗刺穿层代替隔离油毡层。

2）侧墙：侧墙采用柔性防水卷材，采用120mm厚砖墙作保护层。

3）底板：采用预铺柔性防水卷材，细石混凝土保护层厚度为50mm。

8. 火灾信息互通及相互高效配合疏散是工程难点

当地块火灾时，桂湾地下道路内可能会有火灾蔓延进入，如何在第一时间内知道衔接地块已着火，并做出快速响应，引导地下道路外部入口处车辆分流，内部车辆迅速疏散，从技术角度需提供可靠高效的信息互通方案。

解决措施：本工程采用了地块与地下道路消防FAS系统互联互通提供报警信息技术方案外，另设置了可靠的消防专用电话网，即在地下道路综合管理中心设置消防电话总机，在各地块消防控制室设置消防电话分机，消防电话总机与分机通过光纤网络互联互通，当地块FAS主机向地下道路FAS主机报警时，地下道路消防值班人员立即通过专用消防电话网，向报警地块确认火灾，确认地块火灾后，地下道路消防值班人员启动相应消防疏散指令，通过FAS系统联动地块出入口卷帘降落，阻止火灾蔓延，同时根据火情扩散状况，必要时启动地下道路FAS系统，通过地下道路FAS系统联动地下道路交通、广播等救灾系统阻止外部车辆进入，同时引导内部车辆快速驶离。

第七章

前海合作区地下道路施工

○ 土建工程施工
○ 机电安装及装饰装修工程施工
○ 施工重难点分析及应对措施

第1节
土建工程施工

前海合作区地下道路土建施工，需结合前海总体规划和建设时序，兼顾既有道路通行、地块开发等周边项目建设需求，不同施工段分别因地制宜采取明挖法或暗挖法施工。对于周边施工场地条件良好、交通需求和施工期间景观形象要求不高的施工段，采用明挖法施工，以降低施工安全风险和加快施工进度。对于周边施工场地狭窄、周边交通及施工期间景观形象需求高的施工段，采取暗挖法施工，以最大限度降低对周边交通和景观形象的影响。明挖法施工主要工程内容包括：基坑及围护结构工程、主体工程、防水工程、内部结构及附属设施工程等。暗挖法施工主要工程内容包括：地面预加固、竖井工程、隧道超前支护、隧道开挖、初期支护、二次衬砌和内部结构及附属设施工程等。

1.1 明挖段施工

1.1.1 施工工艺流程

每一施工区段内按照围护桩（包括旋喷桩止水帷幕）→控沉桩→地基处理→降水→冠梁及第一道混凝土支撑→土方开挖（随土方开挖及时施工混凝土支撑及钢支撑）→垫层、防水→底板→负二层侧墙及中板→负一层侧墙及顶板的程序施工，形成流水作业，地下道路标准段明挖施工工艺流程见图7-1。

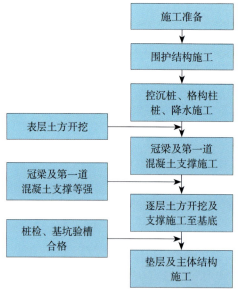

图7-1 地下道路标准段明挖施工工艺流程图

1.1.2 分层分段开挖原则

由于本工程基坑属于有内支撑的长条形基坑，采用斜面分层分段开挖的方式（图7-2）。每小段长度一般按照2个同层水平支撑间距确定，为6～8m，每层厚度按支撑竖向间距确定，约3～5m，每小段开挖和支撑形成时间不超过36h。采用斜面分层分段开挖至坑底时，按照设计变形缝或基础底板施工缝设置要求，及时进行垫层和基础底板的施工，基础底板分段浇筑的长度一般控制在20m左右。

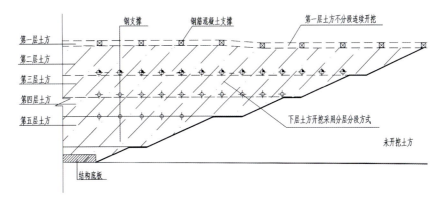

图7-2 地下道路基坑斜面分层分段开挖示意图

1.1.3 分层、分段施工步骤

第一层土开挖：第一层土方开挖深度约1m，采用挖掘机一次开挖到底，开挖标高为第一道混凝土支撑底标高以下0.1m，以利施工混凝土支撑的垫层。利用PC220挖掘机采用退挖法挖土装车外运，同时施工第一道混凝土支撑和冠梁。

第二层土开挖：第二层土方开挖深度约5m，待冠梁和第一道支撑混凝土达到设计强度后开挖，基坑外侧安排一台长臂挖掘机和运输车辆若干，在基坑内利用PC220挖掘机将土方翻运至长臂挖掘机的工作半径内，由地面长臂挖掘机挖土并装车外运，待开挖段的支撑安装并施加预应力后，再退挖下一施工段。

第三层土开挖：第三层土方开挖深度约3.8m，待第二道钢围檩和钢支撑安装完毕并施加预应力后开挖。机械配置与第二层土方开挖相同，由PC220挖掘机将第三层土方翻运至长臂挖掘机的工作半径内，由地面长臂挖掘机挖土并装车外运。

第四层土开挖：第四层土方开挖深度约3m，待第三道钢围檩和钢支撑安装完毕并施加预应力后开挖，在基坑内安排两台PC220挖掘机将土方翻运至长臂挖掘机的工作半径内，由地面长臂挖掘机挖土并装车外运，待围檩和支撑施工完成后再退挖下一施工段。

第五层土开挖：第五层土方开挖深度约5m，待第四道混凝土支撑及腰梁混凝土达到设计强度后，在基坑内安排两台PC220挖掘机将土方翻运至长臂挖掘机的工作半径内，由地面长臂挖掘机挖土并装车外运待支撑安装并施加预应力后再退挖下一施工段。

1.1.4 围护桩施工

旋挖钻机适用于各种土质层和砂类土、碎（卵）石土或中等硬度以下基岩的钻孔桩施工，本工程钻孔灌注桩采用水下混凝土灌注工艺，利用旋挖钻机成孔，遇到孤石和入岩后采用冲击钻配合施工。围护桩主要施工工艺流程如下：

1. 桩位测量放样、保护和标高的控制

根据施工图并结合现场实际情况，定测出每根桩的桩位。放出桩位后，要采取措施保护好桩位标志。每次钻机就位开钻和钢筋笼吊放前，需要进行桩位复测，测量无误后才可进入下一工序。钻进开始前要在护筒上作好标高控制点，控制钻进深度。

2. 埋设护筒

首先根据管线图和采用物探仪探测孔位位置是否有管线，如果有管线，必须先迁改或由管线单位采取保护措施，若在原有路面上施工，则在施工前采用破碎机将路面结构破碎。

旋挖钻的护筒采用壁厚10mm钢护筒，由单节长度3m的护筒组成。护筒应坚固不漏水，内径大于钻头直径20cm，护筒顶高出施工地面0.3~0.5m，护筒的埋置深度不小于2m。护筒顶面中心与设计桩位偏差不得大于5cm，倾斜度不得大于1%。

3. 泥浆制备与使用

旋挖钻机采用静态泥浆护壁，即随着钻孔深度的增加及时向孔内补充配备好的化学泥浆，灌注混凝土时泥浆排出孔外，经处理后循环使用。

在砂类土、碎石土或黏土夹层中钻孔，宜采用膨润土泥浆护壁。为了提高泥浆黏度和胶体率，选用优质膨润土、碳酸钠、中性羟基纤维素（CMC）配制化学泥浆。施工中，严禁采用未经处理的废浆、混入混凝土的泥浆、含砂率过大的泥浆。

4. 钻机就位及钻孔

1）钻机就位前，应对钻孔各项准备工作进行检查。钻机安装后的底座和顶端应平稳，在钻进中不应产生位移或沉陷。就位完毕，施工队对钻机就位自检。

2）钻孔作业应分班连续进行，填写钻孔施工记录，交接班时应交代钻进情况及下一班应注意事项。应经常对钻孔泥浆及钻机对位进行检测，不符合要求时，应及时改正。应经常注意地层变化，在地层变化处应捞取样渣保存。

3）因故停机时间较长时，应将套管口保险钩挂牢。

4）当钻孔深度达到设计要求时，对孔深、孔径、孔位和孔形等进行检查，确认满足设计要求后，立即填写终孔检查证，并经驻地监理工程师认可，方可进行孔底清理和灌注水下混凝土的准备工作。

5）根据地质状况和钻机性能，旋挖钻机在各类土层中的转速、进尺如下：

（1）土层钻进时：转速45~55转/min，进尺一般控制在40~50cm/min，采用慢速进尺、常修孔。

（2）粗砂层钻进时：可较细砂层的钻速适当加快，采取轻压满钻，通过较高的转速，从而提高钻进速度。

6）旋挖钻机采用全电脑控制系统，在操作室即可监控主桅杆、钻杆垂直度和进尺深度。钻孔时钻机可自行至桩位处，把钻机的钻头对准桩位，并调整钻机底盘水平。

7）通过主桅杆四边形调整系统、行走系统对中孔位中心并锁定，在钻进时，钻机旋转到孔位时自动锁定，可保证孔位的准确性。在操作时必须严格控制并随时检查，这是确保孔位正确和不出现斜孔的主要措施。

8）砂的土工特性决定在砂层中的钻进必须引起足够的重视。根据试验结果调整护壁结构和钻进方式；对砂层较厚的孔，必须调整泥浆各项参数，调大比重、黏度、胶体率含量等。调整方式可采用钻斗携带膨润土至砂层位置提高砂层位置的护壁效果，防止塌孔。及时换用捞砂钻头，确保砂层全部提出孔外。

9）旋挖钻机机组一般配备筒式普通钻头、筒式捞砂钻头，前海地区在较大范围存在填石层，施工过程中会根据地质情况及时更换合适的开岩钻头。

5. 检孔

钻孔灌注桩成孔后，要对桩孔进行检查验收，检测内容包括：钻孔的平面位置、孔深、倾斜度、全深的孔径等。成孔质量应符合下列标准：

1）孔径不应小于设计孔径；

2）孔深不小于设计规定；

3）倾斜度小于1%。

6. 钢筋笼骨架的制作安装

钢筋笼使用的所有钢筋应具有出厂日期和质量证明书，检验合格后才能使用。制作前先将主筋调直，清除钢筋表面油污和杂物等，钢筋下料要准确控制下料长度。

7. 导管安装

水下混凝土的钢导管应内壁光滑、圆顺，内径一致，接口严密，导管直径为30cm。导管管节为2.62m，最下端设3m的长节，另备0.5m左右的若干个调节管节，导管采用螺旋丝扣连接，首灌大料斗设置0.5m的管节。导管长度按孔深和工作平台高度决定。导管安装后，其底部距孔底有250～400mm的空间。

使用前进行试拼和水密、承压和接头抗拉试验，按自下而上顺序编号和标示尺度。导管组装后轴线偏差，不超过钻孔深的0.5%并不大于10cm，试验压力为孔底静水压力的1.5倍。

8. 清孔

钻孔至设计高程，经对孔位、孔径、孔深和孔形等进行检查确认合格后，方可下钢筋笼和导管。采用换浆法清孔，清孔应达到以下标准：

1）浇筑水下混凝土前，沉渣应满足设计要求，摩擦桩不大于10cm。严禁用加深钻孔深度的方法代替清孔。

2）孔内排出或抽出的泥浆手摸无2～3mm颗粒，泥浆比重控制在1.05～1.1，含砂率不大于4%，黏度18～20mPa·s。

9. 灌注水下混凝土

1）首批封底混凝土

首批封底混凝土下落时要有一定的冲击能量，能把泥浆从导管中排出，并能把导管下口埋入混凝土不小于1m深。足够的冲击能量能够把桩底沉渣尽可能地冲开，是控制桩底沉渣，减少工后沉降的重要环节。

2）拔栓或开阀

打开漏斗阀门，放下封底混凝土，首批混凝土灌入孔底后，立即探测孔内混凝土面高程，计算出导管内埋置深度，如符合要求，即可正常灌注。如发现导管内大量进水，表明出现灌注事故。必须立即停止灌注并进行处理。

3）水下混凝土浇灌

混凝土采用罐车运输配合导管灌注，灌注开始后，应紧凑连续地进行，严禁中途停工。在灌注过程中，应防止混凝土拌和物从漏斗顶溢出或从漏斗外掉入孔底，使泥浆内含有水泥而变稠凝结，致使测探不准确；应注意观察管内混凝土下降和孔内水位升降情况，及时测量孔内混凝土面高度，正确指挥导管的提升和拆除；导管的埋置深度应控制在2～4m。同时应经常测探孔内混凝土面的位置，及时调整导管埋深。

围护桩施工过程的主要工序见图7-3至图7-8。

（a）钢筋笼

（b）自动滚焊机

图7-3 钢筋笼及自动滚焊机加工

图7-4 钢筋接头液压打弯

图7-5 钢筋笼垫块

图7-6 钢筋笼验收

图7-7 灌注桩下钢筋笼

图7-8 灌注桩浇筑

1.1.5 PHC管桩施工

1. 工艺流程

平整场地→测定桩位→压桩机就位→引孔→吊桩与喂桩→对中→打第一节桩→接桩→打第N节桩→送桩→收锤→截桩。

1）压桩机就位

经选定的压桩机进场安装调试好后，行至桩位处，使桩机夹持钳口中心（可挂中心线铊）与地面上的样桩基本对准，调平压桩机，再次校核无误，将长步履（长船）落地受力，保证桩位不偏或偏差在规范允许的范围内。

2）引孔

由于管桩施工范围内有人工填石区，人工填石区域引孔直径为300mm，距离地铁保护区50m范围内管桩需全程引孔。引孔采用潜孔锤，引孔孔径400mm。

3）吊桩与喂桩

管桩桩长9m，直接用压桩机上的工作吊机自行吊桩和喂桩。当桩被运到压桩机附近后，一般采用单点吊法起吊，采用双千斤（吊索）加"小扁担"（小横梁）的起吊法，可使桩身竖直进入夹桩的钳口中。现采用预制桩尖，则第一节桩下端管口套入桩尖，检查桩位和桩身垂直度无误时才能压桩。

4）桩身对中调直

桩被吊入钳口后，由指挥员指挥司机徐徐下降直到桩尖离地面10cm左右为止。然后夹紧桩身，微调压桩机使桩尖对准确桩位，并将桩压入土中0.5～1.0m，暂停下压，再从桩的两个正交侧面校正桩身垂直度，待桩身垂直度偏差小于0.5%时才可正式开压。

5）压桩

压桩是通过主机的压桩油缸伸程之力将桩压入土中，压桩油缸的最大行程为2.0m，所以每一次下压，桩入土深度约为2.0m，当一节桩压到离地面80～100mm时，放入送桩器将桩压至设计标高。

压桩力由压力表反映，在压桩过程中，压桩施工人员应认真记录桩入土深度和压力表读数。

6）接桩

当管桩需要接长时，其入土部分的桩身的桩头宜高出地面，接桩前应先将下节桩的接头处清理干净，设置导向箍以方便上节桩的正确就位，接桩时上下节桩中心线偏差不宜大于2mm，节点弯曲矢高不得大于桩段长的0.1%。

7）送桩

当桩顶在地面以下时，静压桩的送桩作业可利用送桩器来进行。施压预制桩最后一节桩的桩顶面到达地面以上1.5m左右时，应再吊一节桩放在被压的桩顶面，不要将接头连接起来，一直下压将被压桩顶面压入土层中直到符合终压控制深度为止，然后将送桩器拔出来即可。

8）终止压桩

当桩被压入土层中一定深度或桩尖进入设计持力层一定深度后，经检查无误，可以终止压桩，但必须持续压至设计标高，防止停压后再压时因阻力大而无法压入。在距离地铁50m范围的地铁保护区范围内，对管桩桩长范围采取侧面注浆措施，注浆材料为普通硅酸盐水泥，水泥强度等级为42.5R，水胶比0.5，注浆压力2.5MPa，每米水泥用量55kg。

9）记录

施工记录是打桩全过程的真实写照。打桩或送桩时应按有关标准详细记载每根桩的桩号、操作时间、桩的平面位移和倾斜等原始记录，同时还应记录打桩过程中发生的异常情况。

2.质量标准

1）PHC桩的混凝土强度等级不得低于C80，预应力管桩强度应达到设计强度的100%后才能开始打桩。

2）桩机在定位后应将桩机垂直度调校在0.5%范围内方可压桩。在压桩过程中要随时监测桩位垂直度，若发现偏差过大时应立即停机，调整后再行施压。压桩后桩的垂直度不应大于1%。

3）PHC桩顶、桩底标高严格按照设计图纸的要求控制，且桩顶标高的允许偏差不得超过-50～+100mm范围内。

4）接桩时应保证焊缝连续饱满，且上、下节桩一致。

5）施工场地应平整，采用静压沉桩时，场地地基承载力不应小于压桩机接地压强的1.2倍，否则应采取相应的地基处理措施，打桩前要认真检查施工设备，将导轨调直。

6）按施工方案合理安排打桩路线，避免压桩或挤桩。

1.1.6 降水井施工

1. 降水井布置及井点构造

基坑内采用两排降水井对基坑进行降水，井点纵向间距25m，井深25m，沿基坑两排错开布置。

管井降水井点系统由潜水泵和管井组成，降水井构造如图7-9所示，井孔直径为$\phi1000$mm，井管采用直径600mm、壁厚5mm的钢管，钢管开孔（$\phi30$mm，一层开孔6个），滤网为外包3层60目尼龙布，钢管外侧填砾石滤水层，管底采用6mm厚钢板封底。

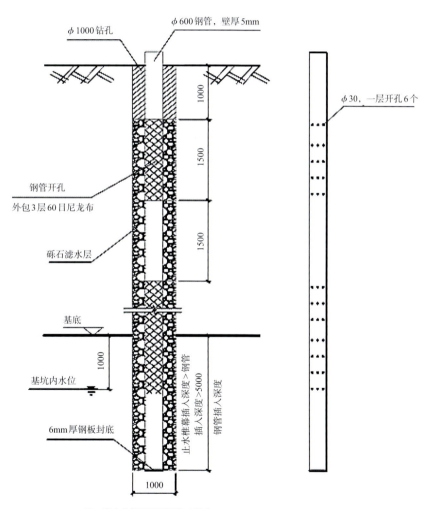

注：降水井保留至底板施工完成。

图7-9 降水井构造示意图

2. 管井施工

1）成孔

借鉴以往管井施工成功经验，确定管井成孔采用钻孔法，孔径为1000mm。成孔时采用泥浆护壁，严格控制泥浆浓度。钻孔过程中控制孔的垂直度，并保证施工深度比设计深度至少深1.0m。

2）沉放井管

在沉放井管前要进行清孔，下放时要保护好滤网和保证井管钢管连接牢固，不能出现松扣现象，在下放过程中要保证井管的垂直度。下放到位后，及时用粒径1～3cm的砾石滤料在滤网和井管周围进行回填，井口一米深范围内用黏土回填夯实。

3）洗井

洗井是成井工艺中重要的一道工序，一口井能否发挥作用，取决于洗井的质量。在滤管四周填碎石后立即进行洗井，清除停留在孔内和透水层中的泥浆与孔壁的泥浆。疏通透水层，并在井周围形成良好反滤层。采用泥浆泵冲清水与小空压机相结合的办法洗井，以便破坏孔壁泥皮，并把附近土层内遗留下来的泥浆吸出。洗井前后两次抽水涌水量相差应小于15%，且洗井后井内沉渣不上升或基本不上升。

4）安装潜水泵及试抽水

在安装水泵前应量测井深和井底沉淀物厚度，以及洗井等符合要求后用缆绳将潜水泵吊入井管预定深度。潜水电机、电缆和接头应有可靠绝缘，并配置保护开关控制。安装完毕后应进行单井试验性抽水，以确定单井出水量和降水深度，并检查降水设备是否正常，满足要求后转入正常工作。

3. 降水井施工质量及技术要求

严格按照有关规范及设计图纸进行施工，钻机安装要调正水平，保持钻孔垂直，以保证井管钢筋笼能顺利下入预定深度。

下入井管钢管时不能转动或上下串动，防止滤网破损，导致泥沙涌入降水井。井管钢管外填滤料为1～3cm的碎石，应均匀下入，要充填密实。洗井要充分及时。

下入水泵时应用钢绳或铁丝拴牢，水管口应扎稳，水泵安装好后井口须安设盖板，防止异物掉入井内，抽水时做好抽水记录。

在进行降水之前，要全面检查水管、水泵以及电缆质量，发现问题要及时进行更换和修整。在更换新水泵前应先清洗滤井，冲除沉渣。检查各设备合乎要求后，才能进行抽水。

4. 降水控制措施

为保证围护结构和周围的环境安全，在进行降水时，根据设计要求及以往同类工程施工的经验，在基坑内外及地下管线上设一定数量且具有代表性的监控点。用来观测降水时对周围的环境和基坑的影响，并指导基坑开挖施工和降水。

基坑分段分层开挖时，要保证基坑内降水井中的水位处于基坑开挖底面标高1.0～2.0m以下。降水的方向同基坑开挖的方向，在每段基坑开挖前20d，开始对该段基坑进行降水。降水时要控制降水速度，避免由于降水过快引起桩孔内涌水。随基坑土方开挖的进行，基坑内降水井分段拆除。

在抽水过程中，定期对每口井的流量、水位进行测量，以便及时反馈数据，进行动态管理。进行结构施工时，在基坑内设置集水坑进行抽水。

1.1.7 高压旋喷桩施工

1. 止水帷幕类型及布置

本工程设计采用高压旋喷桩止水帷幕，桩径为1000mm，桩中心距1700mm，咬合350mm，采用P·O42.5R级普通硅酸盐水泥，水泥渗入量不小于400kg/m，水泥浆掺入三乙醇胺，为水泥用量1‰，采用三重管旋喷钻机施工。因场地为多次填筑形成，地层分布极其不均匀，且性状差异较大，施工前应选取典型的地层进行必要的试桩，以获得合理可靠的施工控制参数，具体施工参数通过试验桩确定；实际施工时应根据土层变化进行动态参数调整，以达到预期的止水效果。

2. 施工控制要点

1）引孔施工时应及时将钻机调平，防止因机械振动或地面湿陷造成钻孔垂直度偏差过大。为保证顺利安放注浆管，成孔直径为ϕ1100mm；

2）放注浆管前，先在地表进行射水实验；

3）采用P·O42.5R普通硅酸盐水泥作加固材料，每批水泥进场必须抽样外检，合格后才能投入使用；

4）水泥浆要严格按设计的配合比配置，要预先筛除水泥中的结块；

5）喷浆过程应连续均匀，注浆阶段不得发生断浆现象；

6）高喷孔喷射成桩结束后，应回灌，保证桩顶标高满足设计要求。

高压旋喷桩施工现场情况见图7-10及图7-11。

图7-10 旋喷桩引孔

图7-11 旋喷桩施工

3.施工工艺流程

高压旋喷桩施工工艺流程如图7-12所示。

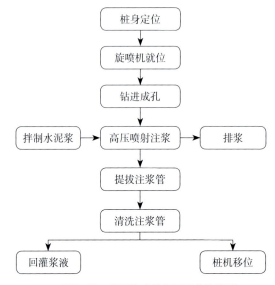

图7-12 高压旋喷桩施工工艺流程图

4.施工注意事项

1）施工前应核实高压旋喷注浆的孔位。

2）钻孔的位置与设计位置的偏差不得大于50mm。实际孔位、孔深和每个钻孔内的钻进及喷浆等情况均应详细记录。

3）当注浆管贯入土中，喷嘴达到设计高度时，即可喷射注浆。在喷射注浆参数达到规定值后，提升注浆管，由下而上喷射注浆。注浆管分段提升的搭接长度不得小于100mm。

4）在高压喷射注浆过程中发现压力骤然下降、上升或大量冒浆等异常情况时，应查明产生的原因并采取措施。

5）当高压喷射注浆完毕，应迅速拔出注浆管。

6）施工中应如实记录高压喷射注浆的各项参数和出现的异常现象。

7）施工过程中应合理摆放施工设备，以免延误工期。旋喷桩应先施工周边桩位、后中心桩位的顺序。

5.质量控制标准

高压旋喷桩水泥掺量不小于设计值，填石层、砂层范围应复喷。为保证施工质量，在展开大规模施工前进行试桩，现根据规范、经验总结出相关工艺参数，如表7-1所示。

高压旋喷桩工艺参数　　　　表7-1

控制参数	工艺参数
旋喷提升速度	15 cm/min
水泥浆液流压力	25 MPa
水泥浆液流量	85 L/min

续表

控制参数	工艺参数
空气压力	0.7MPa
水灰比	1.0

成桩28天后，采用浅部开挖桩头，深度超过桩头面下0.5m，目测检查桩体的均匀性，量测成桩直径。旋喷桩施工允许偏差、检验项目及检验方法应满足表7-2中相关要求。

旋喷桩施工允许偏差、检验数量及检验方法　　　　表7-2

序号	检验项目	允许偏差	检验方法
1	倾斜度	≤1%	测量钻杆垂直度
2	桩体直径	不小于设计值	开挖50～100cm，钢尺测量
3	桩长	不小于设计值	测量钻杆长度，施工中检查是否达到设计深度

1.1.8 桩间喷射混凝土

1. 施工控制要点

1）挂设钢筋网片时注意预留下一工作面网片搭接长度，每侧钢筋网片的搭接长度不小于一个网格边长（200mm）；

2）喷射混凝土过程中严格控制干料配合比及水的用量；

3）喷射机的工作风压应满足喷头处压力在0.1MPa左右；

4）喷射时应自下而上螺旋式移动喷头，喷头与喷面应垂直，保持0.6～1.0m的距离，保持混凝土表面平整；

5）喷射作业应竖向分段顺序进行，每次喷射高度控制在2.0m左右，钢筋网片留出300mm搭接长度。喷射作业紧跟挂网进行；

6）喷射采用分层喷射，后一层喷射应在前一层混凝土终凝后进行；

7）喷混凝土终凝2h后，喷水养护，具体养护时间根据气温确定宜为3～7d。

桩间喷射混凝土现场见图7-13。

图7-13　桩间喷射混凝土现场图

2. 质量控制标准

桩间喷射混凝土施工允许偏差、检验项目及检验方法应满足表7-3中相关要求。

桩间喷射混凝土施工允许偏差、检验项目及检验方法　　　　表7-3

工序	项目	允许偏差	检查方法
焊接钢筋网片	网片宽度	±10	钢尺量
	网片长度	±10	钢尺量
	网片两对角线之差	10	拉线、钢尺量
喷射混凝土施工	强度	平均强度≥设计强度	数理统计
	厚度	-10、+20	探针
	表面平整度	±10	2m靠尺

1.1.9　冠梁及混凝土支撑

1. 施工方法及工艺

冠梁采用C30钢筋混凝土结构，主筋净保护层厚度为30mm。施工现场根据钻孔桩的施工进度，分段、分节完成钻孔桩的桩身检测，并施作桩顶冠梁，冠梁和挡墙分开施工，在冠梁施工过程中预埋挡墙竖向钢筋。

冠梁施工前，首先利用低应变动力检测对桩进行质量检测，桩检比例不小于该批桩总数量的20%，且不得少于10根，检测合格后才能进入冠梁的施工。

施工工艺流程：表层土方开挖→桩头破除及基底平整→浇筑混凝土垫层→铺设隔离层→钢筋制安→模板支撑→混凝土浇筑→拆模养护。

冠梁及混凝土支撑施工现场见图7-14及图7-15。

图7-14　冠梁钢筋模板施工　　　　图7-15　冠梁混凝土施工

2. 施工技术措施

结构围护钻孔桩桩顶均设置桩顶冠梁，施工时，桩顶伸入冠梁底面内5cm，将钻孔桩顶部凿毛、整平至设计标高，用高压风清洗干净后，对冠梁中线进行定位测量，经检查无误后，再进行钢筋绑扎、模板支设施工。冠梁采用分段施工，在每段的接头部位注意预留连接钢筋，主要施工工艺要求如下：

1）钢筋绑扎

围护桩桩顶冠梁的钢筋采取现场绑扎的方式，钢筋绑扎满足纵向相邻钢筋的绑扎搭接接头相互错开，钢筋横向净距不小于钢筋直径，且满足不小于25mm的施工要求，桩顶冠梁上按挡土墙钢筋间距要求进行预埋，待冠梁施工完成后进行混凝土挡墙施工。

2）模板支设

支护桩桩顶冠梁模板采用竹胶板，模板在安装前要涂隔离剂，以利脱模。安装中必须与支撑体系连接牢固，冠梁模板采用外支内撑的方法进行加固，采用50mm×100mm方木支撑加固，内部采用钢筋点焊加固模板，且满足以下要求：

（1）模板接缝不得漏浆，在浇筑混凝土前，模板应浇水湿润，但模板内不得有积水；

（2）模板与混凝土接触面必须清理干净并涂刷隔离剂，但不得采用影响结构性能或妨碍装饰工程施工的隔离剂；

（3）混凝土浇筑前，将模板内杂物清理干净；

（4）相邻模板表面高低差不应大于2mm，支架系统连接应牢固稳定。

3）混凝土浇筑

桩顶冠梁的混凝土均采用商品混凝土，混凝土灌注采用输送泵，分段浇筑。

（1）混凝土的自由倾落高度不高于2.0m，防止混凝土出现离析，影响混凝土的浇筑质量；

（2）冠梁的钢筋比较密集，浇筑施工时，分段分层进行，浇筑过程中，用振捣棒振捣密实；

（3）桩顶冠梁每次浇筑应连续进行，如需间歇，时间尽量缩短，并在前层混凝土初凝前，进行下层混凝土的浇筑。分次浇筑时，对上次冠梁的浇筑面进行清洁凿毛处理，以保证冠梁的完成性。

3.质量控制措施

1）土方开挖过程中由专人旁站监护，开挖机械不得扰动桩身；

2）由测量组在桩身上放出破除控制线并做好标示，采用风镐人工破除，禁止采用机械破除；

3）破除时注意保护桩头锚固钢筋，锚固钢筋采取人工调直，不得随意加热，切割等；

4）混凝土垫层应平整，不得产生影响构件质量的下沉、裂缝或起鼓；

5）垫层混凝土强度达到2.5MPa后铺设地板胶作为隔离层，以便土方开挖时垫层与支撑梁分离；

6）钢筋绑扎前应清点半成品数量和规格型号，并对其位置进行准确测放后方可进行绑扎，严格按照设计文件和施工图进行；

7）箍筋与纵向主筋的交叉点必须绑扎牢固稳定，不得出现变形和松脱现象；

8）梁底部及两侧的钢筋保护层厚度应在钢筋绑扎时预留；

9）模板要求平整、清洁，满足强度和刚度要求，接缝要平顺，侧模封模前技术员对结构范围内进行检查，杂物必须清理干净；

10）混凝土运送到现场后，试验员现场检测其坍落度和工作性能应符合设计要求；

11）混凝土浇筑完毕后，应在12h内加以覆盖和洒水养护，保证混凝土表面润湿；

12）严禁提前拆模，暴力拆模，以避免出现缺棱掉角及混凝土表面剥离现象。

1.1.10 钢围檩及钢支撑施工

1. 施工工艺流程

施工准备→土方分层开挖→钢围檩标高放线→安装托架及钢围檩→支撑位置测量放线→焊接钢支撑搁置点→钢支撑拼装→钢支撑吊装就位→施加预应力→打紧钢楔子并固定→拆除千斤顶。钢围檩及钢支撑施工现场见图7-16。

图7-16 钢围檩及钢支撑施工

2. 质量控制标准

钢管支撑安装质量控制标准如下：

1）钢支撑标高允许偏差小于30mm；

2）支撑构件连段的标高差不大于20mm及支撑长度的1/600；

3）支撑挠曲度不大于支撑长度的1/1000；

4）支撑水平轴线偏差不大于30mm；

5）钢围檩接长时应等强连接，围檩连接节点应设置在支撑位置；

6）钢围檩与围护桩体之间间隙小于100mm，并在钢围檩施工完毕后用C30细石混凝土填充密实，确保围檩与围护桩的连接牢靠；

7）围檩与围护桩之间间隙大于100mm时采用焊接钢板填充，剩余空隙采用C30细石混凝土填充；

8）严格按照设计要求施加预应力，预加应力允许偏差±50kN并根据监测反馈信息，按要求附加支撑轴力，附加值控制在设计预加值的110%以内。

1.1.11 防水工程施工

1. 施工工艺流程

土方开挖见底→地基处理（如有）→150mm混凝土垫层浇筑→铺设自粘胶膜防水卷材→50mm防水保护层浇筑→底板施工，施工缝、变形缝止水带安装→负二层侧墙、施工缝、变形缝止水带安装→负二层侧墙、中板混凝土浇筑→负一层侧墙、施工缝、变形缝止水带安装→侧墙、顶板混凝土浇筑→顶板防水施工→70mm顶板防水保护层浇筑。

防水卷材施工及细部构造处理见图7-17和图7-18。

图7-17 防水卷材施工

图7-18 细部构造处理

2. 质量控制标准

1）材料控制要求

防水卷材：采用1.5mm厚高分子自粘胶膜防水卷材；

外贴式橡胶止水带：B/S-P320mm×6mm；

中埋式钢边橡胶止水带：B-G/350mm×10mm；

钢板止水带：300mm×4mm，镀锌层厚度70μm。

2）基层应平整、坚实、无明水，基层突起物应清除干净，局部凹陷应用水泥砂浆填补。侧墙防水卷材施工前对围护结构基面进行修整与找平，抹20mm厚的1:3水泥砂浆找平层。

3）铺设卷材部位先弹线后铺设，要求铺设平顺、舒展、无褶皱、无隆起。

4）卷材搭接边宽度为100mm，注意保证搭接区的下面部位干燥、洁净。底板防水卷材施工时必须铺设至侧墙水平施工缝以上500mm，保证下次施工时的搭接长度。

5）底板卷材采用横向铺设，防水卷材高分子面向下，反应粘胶层面向上。

6）侧墙卷材采用竖向铺设，采用"外防内贴法"，防水卷材高分子面向外，反应粘胶层面向内。

7）粘贴止水胶的施工缝表面需要先凿毛，将疏松、起皮、浮灰等凿除并清理干净，使施工缝表面坚实、基本平整、干燥、无污物。

8）施工缝、变形缝增设附加层，宽度为：变形缝防水附加层宽度为1000mm，施工缝防水附加层宽度为600mm，附加层应粘贴紧密。

9）施工缝注浆管采用专用扣件固定在施工缝表面结构中线上，固定间距400～500mm，沿施工缝通长设置。注浆管采用搭接法进行连接，有效搭接长度不小于20mm（即出浆段的有效搭接长度）。钢板止水带焊接在结构钢筋上，固定间距1m。要求固定牢固可靠，避免浇筑和振捣混凝土时止水带倒伏影响止水效果。

1.1.12 主体结构施工工序及质量控制措施

1. 主体结构施工工序如图7-19所示，施工现场见图7-20至图7-22。

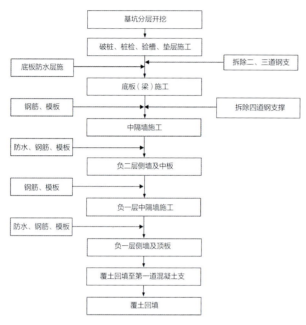

图7-19　主体结构施工工序图

图7-20　钢筋工程施工　　　　　图7-21　模板支架施工

2. 模板及支撑体系质量控制措施

1）进入现场的碗扣架构配件应具备产品标识、产品质量合格证、性能检验报告等质量证明文件。

2）模板支撑体系搭设前按方案图进行放样，做出样板单元，经项目部、监理验收合格后方可继续搭设。

3）进场材料必须经过验收合格后方可使用，材料未经检查验收或检查程序、数量、方法、结果不符合规范要求不得使用。

4）用可调式支撑体系调节模板的平整度和垂直度，以保证结构的位置准确和混凝土的外观质量。

5）挡头模板根据变形缝所采用的止水材料进行设置，并注意保证其稳定、可靠、不变形、不漏浆。

6）模板安装的标高、尺寸要准确，板缝严密不漏浆。模板安装误差控制在允许范围之内。

7）预埋件和预留孔按放线坐标，精确固定在模板上，并采用钢筋固定及架设支撑等措施，将预埋件和孔洞模板加固牢固，确保其不变形、不移位。

3. 钢筋工程质量控制措施

1）钢筋原材必须选择符合资质要求的钢筋生产厂家，所使用的钢筋的规格及性能参数必须符合有关规范及设计要求。

2）进场钢筋分类堆放在钢筋场的型钢架上，保证离地高度不小于30cm。

3）依据结构施工图、规范要求、施工方案及相关图纸会审意见，由专业配筋人员对工程各部位进行详细的钢筋配置，注明钢筋使用部位，加工前先进行放样，经试验合格后再批量加工。

4）钢筋采用带锯床切割，切口应平整、不得有马蹄形或起弯等现象。

5）主筋采用机械连接，机械接头接驳器和钢筋丝口应满足规范要求。

6）钢筋施工完后，应对每个结构面预留出设计所需保护层厚度，以满足结构的设计受力状况和结构防水的要求。

4. 结构混凝土施工质量控制措施

1）混凝土运输车到达现场后，对每车混凝土的坍落度进行检测并记录。当实测坍落度不能满足要求时，应及时通知搅拌站严禁私自加水搅拌。

2）结构混凝土分层浇筑，分层厚度不超过50cm。当混凝土浇筑落差≥2m时，则使用串筒把混凝土输送至工作面。

3）侧墙浇筑施工时，两侧应对称进行，浇筑高度应大致相同，以免对模板支撑体系产生侧压，两侧侧墙浇筑顺序必须同一方向。

4）严格控制混凝土的入模温度，防止混凝土中心与表面温差过大，混凝土表面产生有害裂纹。板体混凝土施工过程中应进行温升监测，以便及时准确地采取保证措施，确保大体积混凝土施工质量。

5）每节段施工缝在混凝土浇筑前必须凿毛及清洗干净。

6）混凝土灌注过程中，采用插入式捣固器振捣混凝土，在梁及钢筋密集区采用ϕ32小型捣固器，设专人捣固，确保混凝土浇筑质量。

7）混凝土养护是确保混凝土质量的一个关键环节，为确保混凝土不产生有害裂缝，安排专人进行养护，养护时间不少于14d。

1.1.13 地铁保护施工

1. 施工工艺流程

竖井间隔开挖施工工艺流程详见图 7-22。

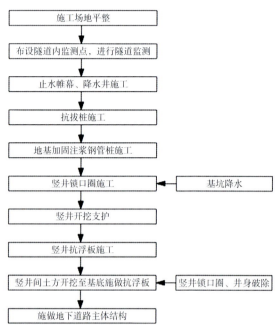

图 7-22　竖井间隔开挖施工工艺流程

2. 抗拔桩施工

沿地铁隧道底板两侧设置抗拔桩，抗拔桩采用 $\phi 1000@3000mm$ 钻孔灌注桩，单根长度为 20m，采用 C30 水下混凝土。抗拔桩距地铁隧道结构外边缘距离 3m，采用跳桩施工方式，待桩身混凝土浇灌并终凝后，相邻的桩才可以施工。抗拔桩平面布置见图 7-23。为减小抗拔桩施工对地铁隧道振动影响，抗拔桩采用搓管机全钢护筒跟进施工。

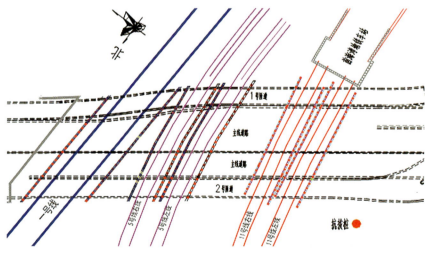

图 7-23　抗拔桩平面布置图

3. 地基加固注浆钢管桩施工

地铁保护区地基加固采用注浆钢管桩（树根桩）施工，注浆钢管桩用于基坑底和地铁隧道顶部土体改良，增加土体容重及地基承载力。注浆孔孔径为130mm，注浆孔间距80cm，正方形布置，注浆孔完成后在孔内放入ϕ80mm壁厚5mm的钢花管，然后注1:1水泥浆，注浆压力在淤泥或淤泥质土中为0.2～0.3MPa，在填石层为0.2～0.5MPa；注浆过程中严格控制注浆压力和注浆量，使土体均匀加固，减少各方向的压力差异，并确保对地铁隧道结构物扰动。注浆钢管桩采用跳桩施工，跳10根施工1根，均匀对地铁上方土体进行加固。

4. 竖井锁口圈施工

位于11号线和5号线地铁保护区范围内的竖井平面为矩形，11号线竖井内净断面15.5m×5.5m，竖井深6.5～11.8m；5号线竖井内净断面14.5m×5.5m，竖井深4.7～6.15m。11号线竖井平面布置见图7-24，5号线竖井设置平面布置见图7-25。

图7-24　11号线竖井平面布置图

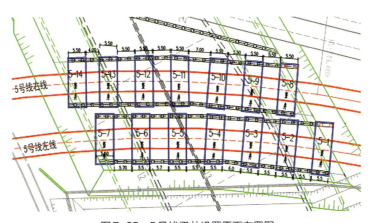

图7-25　5号线竖井设置平面布置图

按照每个竖井尺寸进行测放，然后先施工竖井锁口圈，锁口为"┐"形的钢筋混凝土结构。竖井锁口圈采用长臂挖掘机分层开挖，人工修整外轮廓边缘，锁口圈下口及时施作C25网喷混凝土及ϕ22砂浆锚杆护壁为初期支护，钢筋制作与安装结束后，一次立模整体灌注完成锁口段混凝土的施工。

5.竖井开挖支护

地铁5号、11号线左右线各分为7个竖井,竖井开挖按照先同时施工11号线左线和5号线左线,再同时施工11号线右线和5号线右线的施工顺序,左右线开挖各分为3个循环。

竖井开挖采用人工配合机械开挖,每循环进尺为0.5m,初期支护采用30cm厚C25混凝土加ϕ8钢筋网,并打设ϕ42锁脚锚管(长3m,环向间距1m),初期支护封闭成环后,对锁脚锚管进行注水泥浆。竖井支护剖面见图7-26。

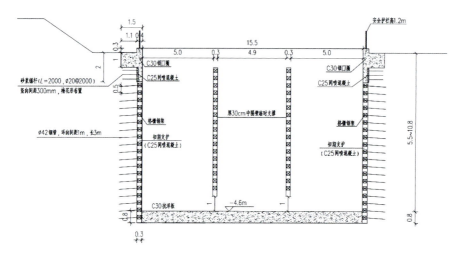

图7-26 竖井支护剖面图

6.竖井抗浮板施工

竖井分区间隔开挖到底后,为防止因土方卸载暴露时间过长引起地铁隧道上浮影响,需及时施做抗拔桩桩顶冠梁和抗浮板,冠梁采用C30钢筋混凝土,截面尺寸为1m×1m,抗浮板采用C30钢筋混凝土,厚80cm,连梁截面为1m×1m,间距3m。

7.竖井间衔接区土方开挖施工抗浮板

地铁11号线、5号线竖井间隔全部施工完后,对竖井中间基坑沿地铁隧道横向放坡分台阶进行开挖,放坡开挖过程中同步破除相邻竖井。土方开挖也按照同时开挖11号线、5号线左线,再同时开挖右线的顺序施工,每条线土方开挖分三个循环,具体开挖顺序同竖井施工顺序。

1.2 暗挖段施工

1.2.1 施工工序

暗挖段施工工序见图7-27。

1.2.2 超前大管棚及小导管施工

选用超前大管棚和小导管施工工艺是浅埋暗挖法施工隧道安全、地表沉降控制及对周边建(构)筑物变形控制的重要安全措施。

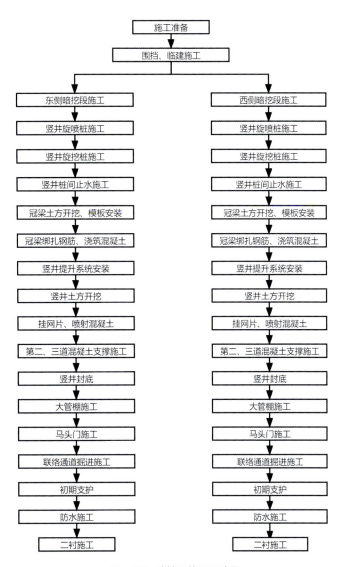

图 7-27 暗挖段施工工序图

1. 大管棚参数

1) 钢管规格：壁厚 10mm 的热轧无缝钢尖管，管棚节长为 2m 和 4m，钢管前端成锥状，在尾部焊接 ϕ10 加劲箍。

2) 钢管轴线外插角 1°～3°。

3) 钢管施工误差：径向不大于 200mm，沿相邻钢管方向不大于 100mm。

4) 为使钻孔定位准确，应设置导向墙，导向墙中预埋 ϕ203，壁厚 5mm，长 2m 管棚导向管。

5) 钢管接头采用丝扣连接，丝扣螺纹段长大于 150mm。相邻两根钢花管的接头要错开，其错接长度不小于 1.0m。钢花管上钻注浆孔，孔径 ϕ10mm，孔间距 150mm，呈梅花形布置。钢花管尾部（空口段）2.0m 不钻花孔，用作止浆段。

6) 管棚导向墙内设 3 榀钢架，钢架参照钢架布置图进行加工。钢架脚焊接 250mm×250mm×10mm 钢板，钢架间以 ϕ22mm 纵向筋焊接连接，环向间距 0.5m，孔口管与钢架焊接为整体。ϕ16mm固定钢筋与孔口管、钢架采用双面焊接，焊缝长度不小于5d。导向墙与围护桩之间采用植筋连接。

7）在管棚施工过程中必须保持导向墙的稳定，不偏移不沉降。导墙基础必须置于足够承载力的土层上，承载力应不小于180kPa，承载力不足时需做相应处理。

8）大管棚由暗挖段的两端打设，管棚搭接长度不小于4m。

2.洞内管棚工作室施工

管棚由施工竖井及地下管棚工作室对向施作完成，其搭接长度不小于2m。因采用对向施作，施工过程中管棚在两端的打设位置应相对错开，由测量人员对每根管棚进行定位放线。

待管棚工作室全断面注浆强度达到设计强度后，对管棚工作室进行开挖，洞内管棚导向架采用2榀32a工字钢钢架，型钢与风道侧墙钢架采用钢板焊接连接。管棚工作室施工完成后，在洞内施工管棚导向架，打设顶部管棚和侧墙管棚；待管棚打设完成后，再分导洞切除侧墙初支钢架，逐步完成开洞，开洞门位置并排布置3榀28a工字钢钢架。管棚工作室开洞措施详见图7-28。

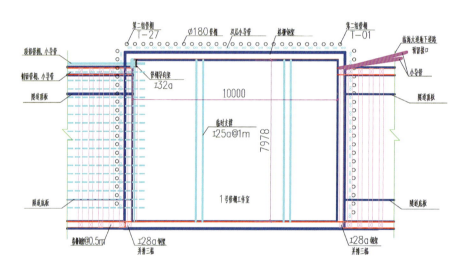

图7-28 管棚工作室开洞措施图

3.大管棚施工

1）大管棚主要施工工序

超前大管棚采用ϕ180mm热轧无缝钢管，壁厚10mm，间距400mm，设于顶部及边墙范围内，沿开挖轮廓外布置，管口中心外放至距开挖轮廓线200mm，外插角均为1°～2°，管内灌注水泥浆，大管棚布置见图7-29。开挖前先施工导向墙，预埋管棚导向管，平整工作平台。竖井马头门处将管棚打设位置标明，然后用水钻将钻孔桩桩芯抽出，埋设管棚孔位定位管后施做导向墙，导向墙尺寸1.0m×0.8m，然后采用潜孔钻机钻孔施工并安设管棚及注浆封堵。管棚须在竖井基坑侧分别打设，管棚长度为40m，隧道纵向每40m设大管棚工作室，结合施工场区地面条件、工程地质与水文地质条件，采用"一次性跟管钻进法"，即成孔和埋设管棚一次性完成。

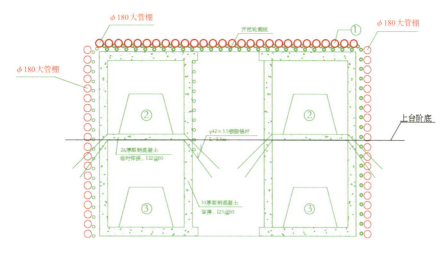

图7-29 大管棚布置图

2)机械选型

根据本工程地质情况及浅埋暗挖施工特点,选用进口履带式潜孔钻机施作大管棚(图7-30)。该机型可采用顶驱式动力头驱动180mm直径的外套管及内钻杆进行跟管钻进,深度可达50m,尤其在卵石、风化岩石等复杂地层进行跟管钻进时更显优势,特别适合本工程的大管棚施工。

图7-30 潜孔钻机

3)成孔钻进

(1)钻进前对钻机定位情况、方位、倾角情况、孔口管对中情况、冲洗液流通情况进行全面复检,确认正常后进行试钻。

(2)钻进前须先开泵,待冲洗液流通正常后,方可钻进。

(3)钻进时,泥浆泵压力控制在0.6～1.0MPa,流量为10～30L/min,持中低压力,匀速中速钻进。为防止水土流失和控制沉降,必要时需采用孔内保压措施,要始终保持回水量小于或等于进水量。

（4）随着管棚不断钻进，必须时刻观察钻杆倾角变化情况，角度偏差大于2°时，应及时纠偏。当纠偏无效、偏差大于2°时，应停止钻进，研究对策后再施工。现场须及时进行导向数据记录和钻具前端长度及每次加管长度详细记录。

（5）钻孔出现涌水时，应尽量保持泵压，流量不能变小，以平衡孔内压力。

（6）冲洗液不正常时，严禁继续钻进。

（7）钻杆钻进至管棚一半和终孔时，分别进行一次钻杆倾角量测，发现超限，及时补救，并详细记录数据。

4）终孔注浆

（1）单孔打设完成后要组织验收，验收合格后，通过管内压注水泥浆，对管内及管外环状间隙进行充填，待水泥浆初凝后进行二次注浆，注浆压力为0.6~0.8MPa。

（2）注浆完成后再次组织验收，合格后再转入下一孔位施工。

4. 超前小导管施工

超前小导管施工包括以下四个步骤：

1）钻孔：导管长3.5m、间距400mm、外倾角12°~15°、搭接长度1.5m，采用引孔法。钻孔机具采用电动凿岩机，钻头直径50mm，成孔直径约53mm。

2）插入钢管：钢管直径为42mm，为便于插入土层，钢管端头焊成锥形，用压缩空气将管内积物吹净，孔口采用暂时封堵措施，不得进杂物。

3）封堵：注浆前要将尾部及孔口周边空隙封堵。钢管尾部采用浆塞和快速接头，孔周边用快硬水泥进行封堵。

4）注浆：浆液采用水泥—水玻璃双液浆，浆液必须在规定的时间内用完，不得任意延长停放时间，凝结时间在1min之内。注浆时应注意检查各连接管件的连接状态，对注浆速度应严格控制。注浆压力控制在0.3~0.5MPa，浆液扩散半径应达到300~500mm。

5）注意事项：

在施工过程中，需要及时对管长、间距、孔深、管位偏差等进行检查，超前管注浆施工允许偏差、检查方法需满足表7-4的要求。

超前管注浆施工允许偏差、检查方法　　　　　　　　　表7-4

序号	项目	允许偏差（mm）	检查方法
1	管长	±40	用钢尺量
2	花眼间距	±15	用钢尺量
3	孔位偏差	±40	用钢尺量
4	孔位方向（°）	2°	经纬仪测钻杆或实测
5	孔深	0~+15	用钢尺量

1.2.3 马头门施工

地下车行环路开挖跨度较大,马头门部位受力复杂,容易造成土体坍塌、破坏竖井结构。为防止马头门部位开挖过程中土体坍塌,开挖马头门前,需待大管棚注浆达到设计强度,并补充小导管完善注浆效果。马头门进洞施工断面见图7-31。

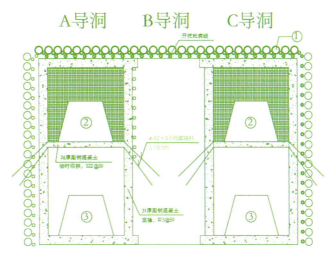

图7-31 马头门进洞施工断面图

1. 进洞马头门破桩施工流程

待大管棚及超前小导管施工完成,注浆达到设计强度后开始破桩施工。马头门处大管棚与围护桩位置关系见图7-32。

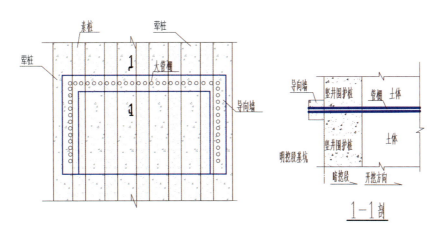

图7-32 马头门处大管棚与围护桩位置关系示意图

1)破除相邻两根荤桩,每根荤桩破除半个桩身,破除深度略大于工字钢宽度后立即施作型钢初期支护,每两根荤桩间隔破除(图7-33)。

2)破除另半桩体并及时连接施作钢架,使钢架尽快封闭成环,保证马头门处的整体稳定性(图7-34)。

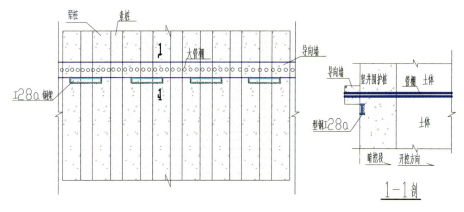

图 7-33 马头门处围护桩破除步序 1

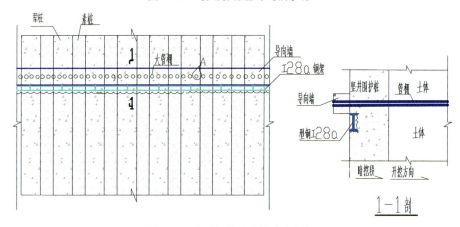

图 7-34 马头门处围护桩破除步序 2

3）按开挖导洞破除开挖轮廓内所有桩体，并在桩体范围内并排架设两榀钢架，并喷混凝土（图 7-35）。

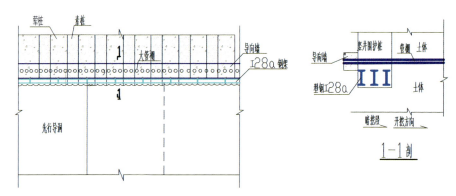

图 7-35 马头门处围护桩破除步序 3

2. 马头门破除施工

首先破除 A 导洞、C 导洞上台阶马头门，并进行掘进施工，施工过程中预留核心土，确保初期支护及临时支护及时跟进掌子面，待 A 导洞、C 导洞上台阶进尺 3m 后，开始破除 A 导洞、C 导洞下台阶马头门，待下台阶进尺 3m 后，开始破除 B 导洞上台阶马头门，最后破除 B 导洞下台阶马头门及开挖掘进施工。马头门破除施工顺序见图 7-36。

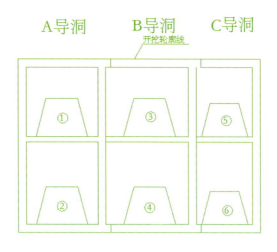

图 7-36 马头门破除施工顺序图

竖井马头门破除切断的纵筋及隧道纵向连接筋均须深入到隧道首榀及第二榀拱架内,并与拱架纵筋焊接牢固。竖井钢筋与隧道拱架连接钢筋同竖井连接筋焊接牢固,连接筋间距200mm。沿第二榀隧道拱架上拱向前掘进,安装第三榀隧道拱架的上拱,焊接内外连接筋,并铺设内外双层钢筋网片和喷射混凝土。沿上台阶继续掘进500mm,安装第四榀隧道拱架,焊接内外连接并铺设内外双层网片,喷射混凝土,完成洞口的开挖支护。马头门开挖必须圆顺。土方开挖必须等到拱部喷射混凝土强度达到70%以上后再进行其他部分马头门土方开挖,开挖采用人工开挖,手推三轮车运送开挖土方至竖井,并预留核心土。防止竖井结构的变形及土体的坍塌。

1.2.4 浅埋暗挖隧道施工

1. 施工总体流程

浅埋暗挖隧道施工流程详见图7-37。

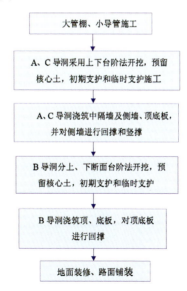

图 7-37 浅埋暗挖隧道施工流程图

2.浅埋暗挖隧道施工步序

浅埋暗挖隧道标准段施工步序详见表7-5。

浅埋暗挖隧道标准段施工步序表　　　　　表7-5

步序号	图示	工作内容
1	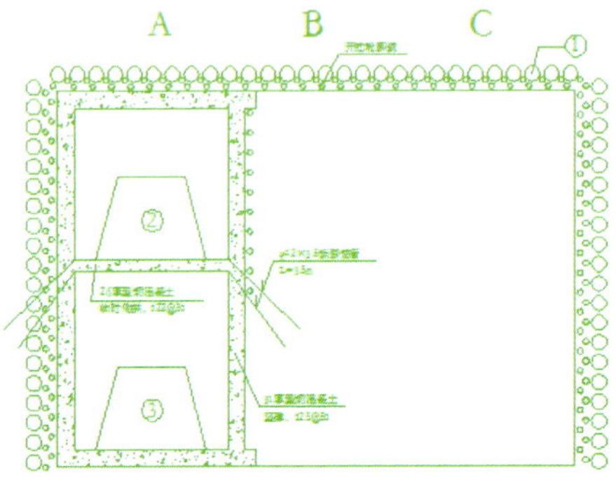	管棚超前护顶，A导洞超前，B导洞滞后A导洞5m，C导洞滞后B导洞5m，上、下断面短台阶法开挖，预留核心土，初期支护及临时支护，形成封闭的框架结构
2	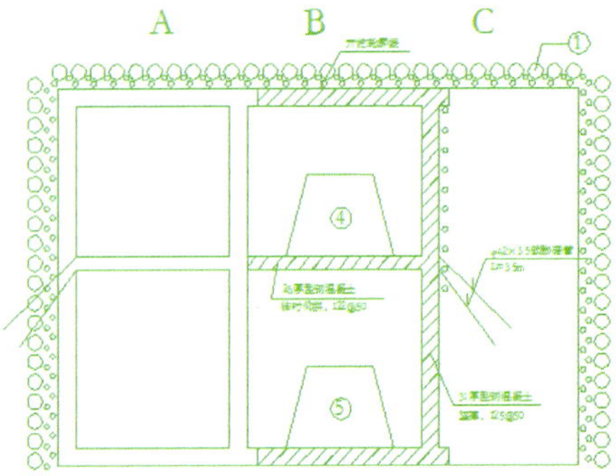	B导洞上、下断面短台阶法开挖、预留核心土，初期支护及临时支护，形成封闭的框架结构
3	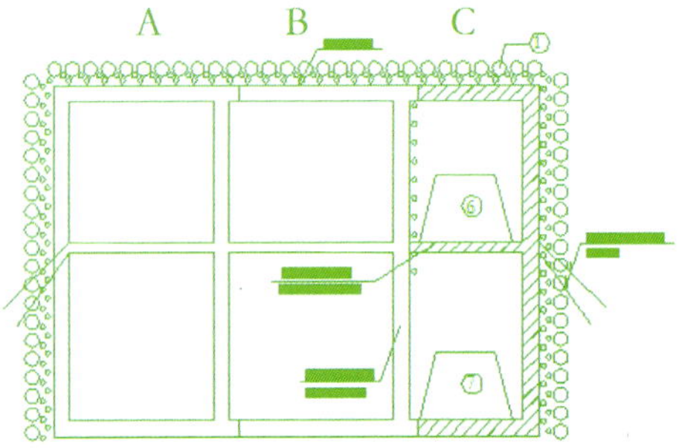	C导洞上、下断面短台阶法开挖、预留核心土，初期支护及临时支护，形成封闭的框架结构
4	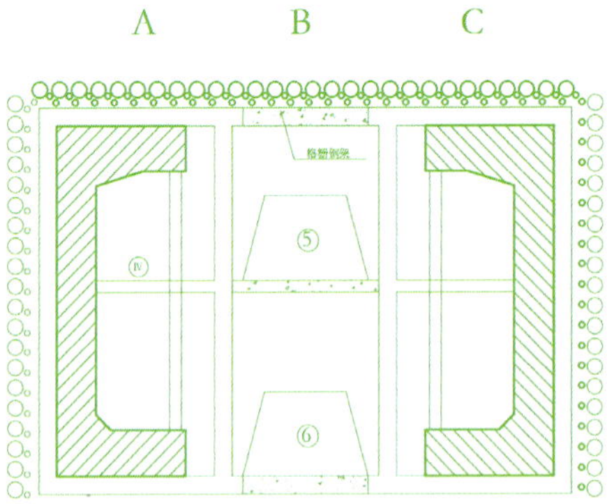	在A、C导洞中浇筑人行通道、顶板、底板。如图对侧墙进行回撑

续表

步序号	图示	工作内容
5	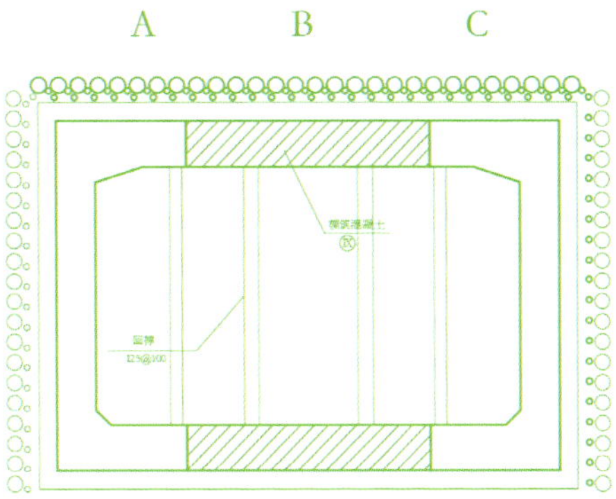	在B导洞中浇筑车行通道的顶、底板。如图对顶、底板进行回撑
6	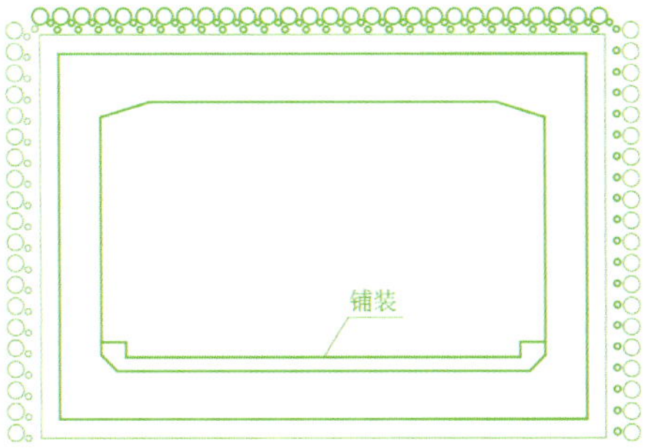	装饰、装修施工

1.2.5 全断面注浆施工

1. 注浆

由于前海片区地质为填石层、淤泥层，隧道开挖可能引起突水涌泥或地下水、地表水流失，通过超前预注浆控制地下水流量，保证施工安全。

洞内超前帷幕注浆加固范围为开挖外轮廓线顶部外4.5m，底部外3m，边墙外1.5m。洞内超前帷幕注浆采用长、短注浆管结合。注浆管由ϕ42热轧无缝钢管加工制成，壁厚3.5mm。注浆方式采用后退式分段注浆，每次注浆长度不小于15m，止浆墙厚度不小于2m，每次开挖长度不大于13m，见图7-38。

1）孔位布置

掌子面注浆孔水平间距1.2m，竖向间距0.9m梅花形均匀布设，确保隧道开挖轮廓线顶部外4.5m、底部外3m、边墙外1.5m范围内全部注浆，不留死角。

2）确定注浆参数

初定注浆参数：

（1）采用双液浆，水泥浆液：水玻璃=1:1（体积比）。水泥强度等级为32.5MPa普通硅酸盐水泥，水玻璃模数2.6～3.0，水玻璃浓度30～40Be。

（2）注浆压力：0.8～1.0MPa，达到注浆终压并继续注浆10min以上。

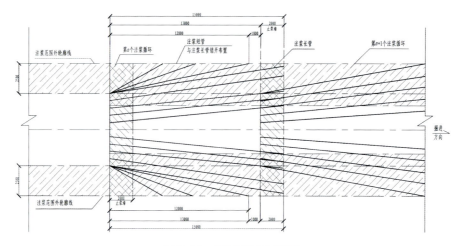

图7-38 全断面注浆示意图

（3）浆液扩散半径≥1m，要求相邻注浆孔的浆液能形成交圈。

（4）注浆填充率为20%～40%，填充率根据实际地层情况取其相适应的值，具体填充率根据现场试验后确定。

（5）注浆终孔按注浆量和注浆压力进行双控。

试验后根据实际情况调整注浆参数。

3）注浆

注浆顺序：根据注浆试验，由外向内间隔施作。

注浆方式：每孔注浆要连续。注浆有分段前进式注浆、分段后退式和一次全孔注浆三种方式。钻孔中未出现泥夹层或涌水量小于0.8L/s，就一钻到底，全孔一次压入注浆封孔；钻孔中遇泥夹层或涌水量大于0.8L/s立即停止钻进，采取钻一段注一段的分段前进式注浆，直至终孔。

注浆速度：当钻孔涌水量大于0.8L/s，注入速度80～150L/min；当涌水量小于0.8L/s，注入速度30～80L/min。

注浆程序：注浆作业按照钻孔、出水、测水压水量、压水试验、注浆扫孔、出水再注浆至设计长度达到结束标准的完整注浆程序进行。

注浆结束标准：对于单孔注浆，压力达到设计终压并稳定10～15min，可结束该孔注浆；对于全段注浆，注浆孔中应选取3～5个孔作为检查孔，以判断注浆效果。注浆结束后，单孔涌水量应小于0.2L/(min·m)，隧道开挖后容许渗水量应小于0.5L/(min·m)。当注浆完毕未达到设计要求时，应进行补注浆。

4）工艺要求

定孔位：根据现场情况，对准孔位，不同入射角度钻进，要求孔位偏差为±3cm，入射角度允许偏差不大于1°。

钻机就位：钻机按指定位置就位，调整钻杆。对准孔位后，钻机不得移位，也不得随意起降。

钻进成孔：第一个孔施工时，要慢速运转，掌握地层对钻机的影响情况，以确定在该地层条件下的钻进参数。密切观察溢水出水情况，出现大量溢水出水时，应立即停钻，分析原因后再进行施工。每钻进一段，检查一段，及时纠偏，孔底位置偏差应小于30cm。钻孔和注浆顺序由外向内，同一圈孔间隔施工。

回抽钻杆：严格控制提升幅度，每步不大于20～30cm，匀速回抽，注意注浆参数变化。

2.注浆过程中异常情况处理

1）冒浆

注浆过程中要认真观察地表及相邻管线的变化情况，由于浆液的进入，引起地层变化，封闭强度较低的地方可能会先冒出浆液，这就需要在冒浆处加以堵塞，必要时采取间歇注浆方式，以保证浆液有效地注入地层。

2）注浆压力变化

注浆过程中，压力要在控制范围之中。如果压力过低应该检查是否有漏浆之处，或浆液通过地下某些管道流走，压力过高应检查是否管路或混合器被堵塞。施工时需要观察并控制好注浆终压不能高于规定的注浆压力值。

3）凝胶时间变化

凝胶时间需要根据被加固土体的性质来调整。地层含水量大时，浆液容易被地下水稀释，影响固结效果，需要缩短凝胶时间；含水量少，为了扩散一定范围，需要延长凝胶时间。凝胶时间由双液浆的混合比例来控制，水泥浆比例高，凝胶时间短。需在现场根据地质情况调控，才能满足施工要求。

4）注浆量调整

地层的注浆量是否合适体现在地层加固的效果，采用隔孔注入方式，这样既避免注浆孔互相影响，又使后注孔起到补充先注孔的作用，保证土体浆液扩散均匀。

5）注浆泵异常

在注浆过程中，由于凝胶时间短，管路在两种浆液混合过程中，不可避免地发生凝固和堵塞现象，此时注浆泵会由于管路故障而提高压力，机器发出异常的声音，压力表指示压力上升，如果不及时处理会产生高压伤人危险事故。此时必须停泵并卸下注浆高压软管，冲洗清理管路，或者清理混合器，检查出故障部位，并予以处理，冲洗干净，然后再继续工作。

1.2.6 隧道开挖

暗挖隧道由竖井通道处施工大管棚40m，破桩后按设计要求向前开挖至正线处，开挖采用小型挖掘机配合人工开挖，周边局部由人工挖土。开挖方式采用预留核心土台阶法施工，施工单次循环进尺为0.5～0.7m，采用超短台阶法开挖，上下台阶间距不能超过2～3m。

1.出碴

通道出碴，当开挖进尺较短时用挖掘机将土顺通道勾出，当进尺较长时配一小型农用四轮车运输（图7-39），碴土运至竖井，由额定起重重量10t的起重机提升至临时弃碴场。

图7-39 通道出碴示意图

2. 通风、照明与排水

1）通风

考虑现场施工环境，拟采用压入式供风方案，选用轴流式通风机，在竖井口设二台74kW轴流式通风机，通过ϕ800mm软风管通风，风管分布在隧道侧壁。

2）照明

采用380V/220V三相五线系统供电。成洞段和不作业段可用220V照明，作业段及掌子面采用36V照明，手提作业灯为12～24V。照明和动力线路安装在同一侧，分层架设，动力线在上，照明线在下；干线在上，支线在下，电线悬挂高度距人行地面不小于2m。成洞地段固定的电线线路使用绝缘良好的胶皮线架设，施工地段的临时电线路采用普通电缆。36V低压变压器设在安全、干燥处，机壳接地，输电线路长度不大于100m。

3）供水、排水

洞内施工用水从地面施工场地分接管至通道内，沿施工成洞段侧壁风管和水管并排布设引入隧道。排水坡度与线路坡度一致，水沟结合结构排水工程设在边墙一侧，断面尺寸的选择经计算应做到满足排除渗漏水和施工废水的需要。洞内渗漏水和施工废水经排水沟引至通道暗挖外底部所设的集水坑，由高扬程水泵引排至洞外的废水处理池。抽水机的排水能力大于排水量的20%以上，并配备潜水泵及发电机（备用电源），以做好停电时的应急排水工作。抽到地面的水经沉淀过滤排入市政排水系统内。

1.2.7 初期支护

初期支护的施作主要包括型钢钢架、纵向连接筋及钢筋网的架立安装和喷射混凝土作业三大部分。

1. 格栅钢架安装

1）断面开挖后及时进行初喷混凝土封闭，架立格栅钢架和临时支撑，挂网复喷混凝土至设计厚度，形成初期支护封闭环。

2）格栅钢架加工后先试拼，检查有无扭曲现象，接头板连接每榀是否可以互换，沿隧道周边轮廓误差为±3cm，平面翘曲应小于2cm。

3）拱部钢架安装前应清除拱脚下的虚碴及其他杂物，超挖部分用混凝土块垫实。

4）钢架在开挖作业面组装，各节钢架间以螺栓连接。

5）钢架与土层之间用混凝土块楔紧，然后在钢架和土层间喷混凝土，喷密实。

6）型钢钢架精确定位，注意标高、中线，防止出现"前倾后仰、左高右低、左前右后"等各个方位的位置偏差。

7）质量标准：

格栅钢架安装允许误差如表7-6所示。

格栅钢架安装允许误差　　　　　　　　　　　　表7-6

方位	中线	高程	垂直度	左、右拱脚标高	左右钢架里程同步
允许误差	±30mm	±30mm	0.50%	±30mm	±50mm

2.连接筋及钢筋网片施工

网片在洞外制作，挂网前先把纵向连接筋焊好，连接筋采用单面搭接焊，焊接长度为钢筋直径的10倍。网片与连接筋紧贴，并绑扎牢固。

1）网片加工制作

钢筋网片采用HPB300型号的$\phi 6$钢筋制作而成，网格间距为200mm×200mm，网片加工采用点焊。

2）连接筋加工制作

标准段连接筋采用HRB400型号的$\phi 22$钢筋制作而成，连接筋接头模式采用机械连接，连接筋尺寸分为两种。正常段竖井连接筋长度采用500mm。

3.喷射混凝土施工

隧道初期支护采用强度为C25S6的喷射混凝土。本工程采用湿喷混凝土施工工艺，喷射混凝土作业在满足《岩土锚杆与喷射混凝土支护工程技术规范》GB 50086—2015有关规定的基础上，遵守以下几点要求：

1）初喷混凝土紧跟掌子面，复喷前先按设计要求完成超前小导管，钢筋网、格栅拱的安装工作。喷射混凝土分层喷射，一次喷射厚度根据喷射部位确定，拱部为5~6cm，边墙为7~10cm。后一层喷射在前一层混凝土终凝后进行，若终凝后1h以上再次喷射混凝土时，受喷面应先用风、水清洗干净。

2）试验室负责优选喷射混凝土的配合比与现场控制，喷射施工前先进行试喷，试喷合格后再投入喷施工，并按规定喷射大板，制作检验试件。

3）每次喷混凝土完毕后，即时检查厚度，若厚度不够需进行补喷达到设计厚度。

4）坚决禁止将回弹料作为喷射料使用。

5）坚决实行"三不"制度，即：喷混凝土工序不完成，喷混凝土厚度不够，掌子面不前进；混凝土喷射后发现问题未解决不前进；监测结果表明不安全，掌子面不前进。

4.初期支护背后回填注浆

采用双液注浆泵注浆进行回填注浆，选用P·O42.5普通硅酸盐水泥浆，水胶比1:1~0.8:1，注浆压力为0.4～0.8MPa，注浆速度为5～15L/min。工艺流程主要包括以下几个环节：注浆管加工→预埋安装→拆模后清理管口、检查螺纹→做注浆准备→连接管路→拌浆→注浆。初期支护超前5～10m后，即可进行拱背后回填注浆，以固结拱背后松散地层及充填可能存在的空隙，并最大限度地减少地层松动和地表沉降。

背后回填注浆管在每断面布置三根，分别设于拱顶和两侧拱肩部位，纵向间距5m。注浆管采用ϕ32钢插管，长度50cm，在喷射混凝土前预埋，并与型钢钢架焊接在一起，内端用牛皮纸包裹，外端露出支护表面10cm，用棉纱封堵加以保护。

回填注浆不同于超前预注浆，不能用注入量作为结束标准。因为二衬背后的间隙及顶部的孔隙预选不便于估测，也不便于检查，它的结束标准只能以压力为依据进行控制。当回填注浆压力达到或接近设计终压，而又进浆非常慢时，即可结束该孔的注浆。

1.2.8 隧道二次衬砌

1. 防水施工

1）防排水原则

隧道防水遵循"以防为主、刚柔结合、多道防线、因地制宜、综合治理"的原则。确定结构自防水为根本，同时加强施工缝等细部结构的防水措施。

2）防水设计

结构防水等级为二级，顶部不允许渗漏，其他不允许漏水，结构表面可有少量湿渍，总湿渍面积不大于总防水面积的2/1000，任意100m²防水面积上的湿渍不超过3处，单个湿渍的最大面积不大于0.2m²。

隧道二次衬砌结构全断面采用PVC防水板1.5mm厚（不含透水层厚度）防水板全包处理，防水板与现浇混凝土的粘结密贴，缓冲层采用350g/m²土工无纺布，钢筋混凝土防水等级为P8。

3）防水施工要求

衬砌结构外表面应平顺、无钢筋突出，后铺时要求无明水（允许潮湿）。土工布铺设应平顺舒展、无褶皱、无隆起，后铺时要求无空鼓、密贴、粘贴牢固。防水板搭接宽度须大于100mm，搭接部位应主材搭接，并结合材料的特点，保证搭接可靠、不渗水，搭接部位采用焊接（图7-40）。二次衬砌混凝土浇筑完毕后，应对拱顶部位的防水层和二次衬砌之间进行回填注浆处理。

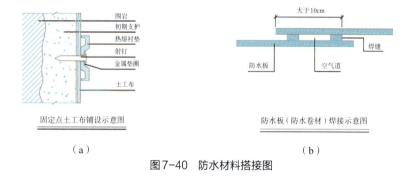

图7-40 防水材料搭接图

在通道内设置防水封闭区，防水封闭区采用在环向和水平纵向施工缝部位设置背贴式止水带的方法进行处理。将背贴式止水带不透水焊接在防水层表面，依靠止水带齿条与二次衬砌混凝土之间的咬合以及止水带注浆管后续注浆密封的方法沿通道环向和纵向形成防水封闭区。

2. 二次衬砌施工

隧道二次衬砌采用先两侧（A&C导洞）、后中间（B导洞）的浇筑顺序，二次衬砌要紧跟掌子面，衬砌完成面距开挖掌子面不超过10m，浅埋暗挖隧道二次衬砌混凝土施工工序如表7-7所示。钢筋绑扎时，注意不要损伤防水层，钢筋焊接时，用防火板对防水板进行遮拦，以防烧伤防水板。

浅埋暗挖隧道二次衬砌混凝土施工工序表　　　　　　表7-7

步序号	图示	工作内容
1	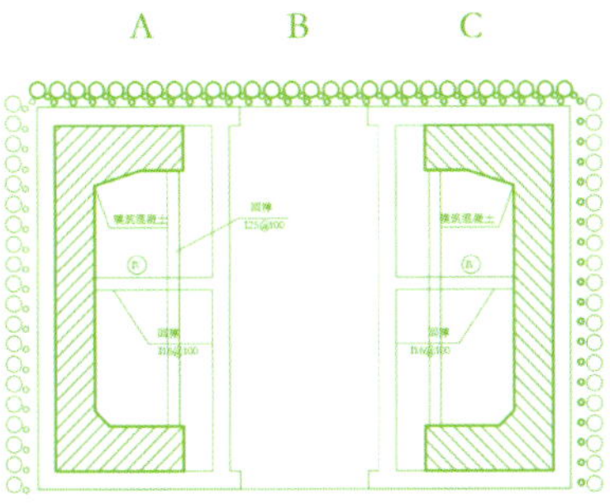	在A、C导洞中浇筑通道侧墙、顶板、底板。如图所示对侧墙进行回撑
2	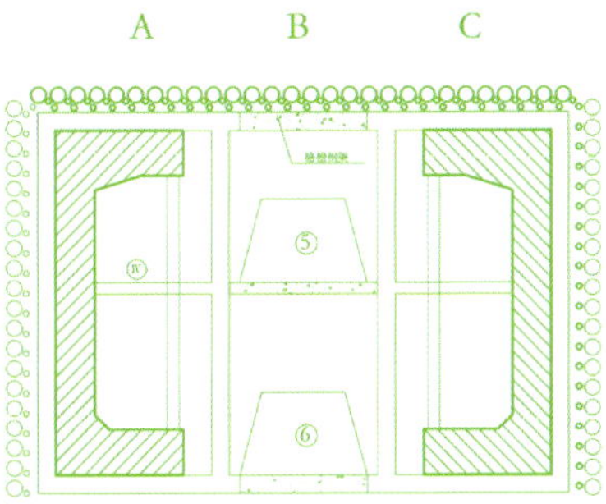	B导洞上、下断面短台阶法开挖、预留核心土，初期支护及临时支护，形成封闭的框架结构
3	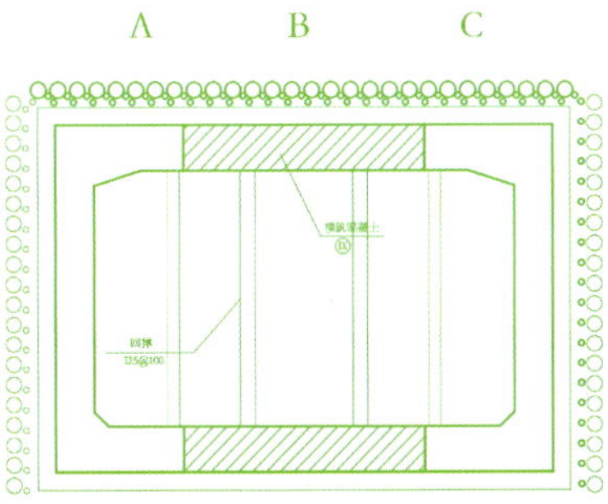	在B导洞中浇筑车行通道的顶、底板。如图对顶、底板进行回撑

矮边墙模板采用钢模板体系，模板纵向长度为1.5m×3m=4.5m，模板面板厚度为3mm，法兰板筋板采用5mm钢板，见图7-41。A、C洞侧墙及顶板模板采用行走式组合模板台架模板体系（图7-42），台架模板总长1.5m×3m=4.5m，直线段时，以4.5m形式整体作业，转弯半径段可分开1.5m独立施工作业。

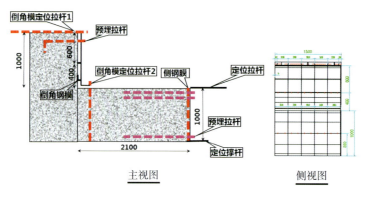

图 7-41 矮边墙模板断面图

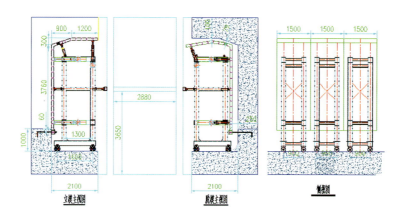

图 7-42 A、C 洞侧墙及顶板模板体系图

B 导洞顶模台架设计使用 ϕ125mm 输送管泵送模式、全液压立模收模、无轨式液压行走组合钢模板台架。台架轨距 3.88m，门架下最大净空高 4.1m 宽 3.48m。台架模板总长 4.5m，总宽 4.4m，与两侧搭接 50mm，加宽段时可根据需要在两侧加宽。B 洞顶模台架体系主视图及侧视图分别见图 7-43、图 7-44。

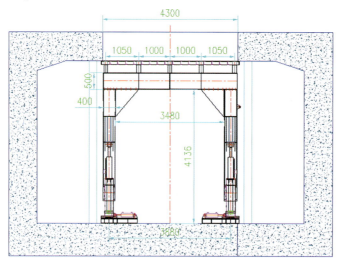

图 7-43 B 洞顶模台架体系主视图

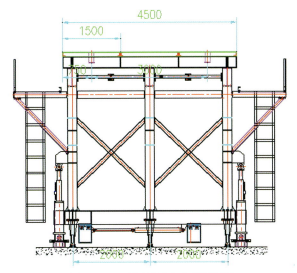

图 7-44 B 洞顶模台架体系侧视图

混凝土浇筑自下而上，水平分层对称浇灌，边浇边捣，层厚不超过 40cm，相邻两层浇筑时间不超过 1.5h，确保上下层混凝土在初凝前结合好。

对新旧混凝土结合面、沉降缝、施工缝止水带位置严格按设计点位和时间进行控制振捣，保护好预埋于边墙、拱部注浆管，防止其歪斜和倾倒，确保二次衬砌结构浇筑后压密注浆顺利进行。

拱顶混凝土浇筑采用泵送挤压法，在模板顶部中间预留灌筑窗口，混凝土灌到拱部后，通过拱顶窗口用软管对模板两端灌送混凝土，当拱顶混凝土将灌筑满时，撤出软管将窗口用封口板封上，将混凝土输送管接到封口板的压力灌筑口上，用液压混凝土泵进行压力灌筑，直至从挡头板挤压出混凝土或拱顶预留检测管漏下混凝土为止。

第 2 节
机电安装及装饰装修工程施工

2.1 机电安装施工

2.1.1 通风空调系统施工内容

本工程通风空调系统主要包括主隧道通风系统、风井通道通风系统、附属用房通风系统、空气净化系统等（图 7-45）。该系统的主要设备包括：风机、消声器、风阀、多联空调、检测仪、风机振动检测装置、空气净化及过滤装置。

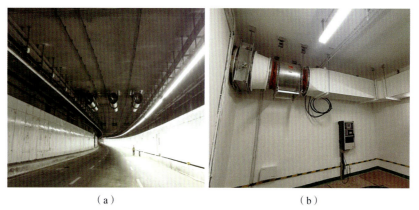

（a） （b）

图7-45 通风空调系统

2.1.2 通风空调系统施工工艺

通风空调系统工程施工工序见图7-46。

支吊架安装、风管安装、阀体安装、风机等关键工序的工艺要求如下：

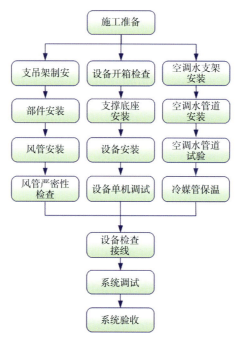

图7-46 通风空调系统工程施工工序图

1. 支吊架制作安装

按照设计图纸找出风管标高，按照风管所在的位置，确定风管支吊架样式。支吊架采用膨胀螺栓固定，吊杆用圆钢，托架用等边角钢。

2. 风管安装

对大空间的部位采用专用液压升降车或万向轮平台对风管进行安装；对施工空间较狭窄的地方，将风管分节用倒链拉到组装式万向轮平台上，然后抬到支架上对正，逐节安装。

3. 阀体安装

在地面将底框整体组装好，检测底框整体对角线符合安装要求后锁紧所有固定螺栓。底框组装完成后整体吊装，立在设计要求的位置上，用角铁连接件固定在结构柱或槽钢柱上。

4. 风管严密性检测

采用100W带保护罩的低压照明灯作漏光检测的光源。检测光源沿被检测部位与接缝作缓慢移动，在另一侧进行观察。发现有光线射出，说明查到明显漏光部位，做好记录后马上整改。

5. 风机安装

落地式风机就位前，按设计图纸画出安装基准线。风机吊至基础上后，放置并调整好减震器的位置，经检验合格后再进行基础灌浆。

隧道顶部的射流风机安装前应先检查前期预埋在混凝土内的预埋钢板，检查其是否存在松动、偏移等现象，出现问题时及时修正。检查完毕后将隧道风机专用的支架焊接到预埋钢板上的指定位置。在当地质监部门完成风机基础拉拔试验并出具实验合格证明后方能进行下一步的施工。落地式风机及隧道顶部射流风机安装见图7-47。

图7-47　落地式风机及隧道顶部射流风机安装示意图

2.1.3　给水排水及消防系统施工内容

本工程给水排水及消防系统工程由生产给水系统、排水系统以及消防系统组成，施工内容主要包括室内外给水排水管道、水泵、隧道消防管道及消防设备的安装，施工工序的总体安排是先隧道给水排水及消防系统后附属泵房（图7-48、图7-49）。管道安装前先进行管道支架的安装，先干管后支管，各管道连接相应的设备和水泵。最后完成给水排水及消防系统的单机调试和系统调试工作。

2.1.4　给水排水及消防系统施工工艺

给水排水及消防系统施工工序见图7-50。

1. 室外管道安装

1）在室外管沟开挖前，应根据施工设计图纸，用经纬仪或皮尺测出管线路径，并用白石灰

图7-48 泡沫—水喷雾联用灭火系统

图7-49 附属泵房

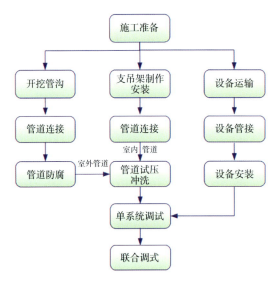
图7-50 给水排水及消防系统施工工序图

沿管线路径做好标记，管道配件等处应做好标识。管道与建筑物、构筑物基础及相邻管道之间的水平净距应符合国家相关规定。

2）管沟应按设计标高开挖，沟槽尽可能直，沟底要平。根据不同土质、深度、开挖方式及弃土堆放形式，分别确定沟槽边坡度，确定是否需要支撑、排水等措施。

3）管道安装应注意直顺度，控制坡度并严格保持与其他管线的安全距离。管道安装时要排尽沟槽内积水，安装完成后及时封堵。

4）管道水压试验应在安装完成24h后进行。试验压力值根据设计及最新验收规范执行。管道的注水需放置12h，彻底排净管道内空气，并进行水密性检查。

5）给水管道在使用前，应通水冲洗，冲洗水的流速大于1.5m/s。生活饮用水系统经冲洗后，还应用含20～30mg/L的游离氯的水灌满管道进行24h以上的消毒。

6）管沟回填应先填实管底，再投填管道两侧，然后回填至管顶以上0.5m处。管道两侧及管顶以上0.5m内的回填土，给水管敷设下沟后应立即用细砂覆盖管道，厚度不小于30cm。

2.隧道及室内管道安装

1)管道安装前应熟悉设计管道的分布、走向、标高等，与结构、通风、电气、装修等专业核对空间使用情况，为下一步施工做好准备。

2)泡沫阀组安装前应核对泡沫阀组型号与设计是否相符，产品合格证、产品说明书及随机配件是否齐全；泡沫阀组安装前应进行外观质量检查，如发现有质量问题不得使用，阀组通过支架和膨胀螺栓固定在墙体预留孔洞内。

3)支吊架应按照设计图纸和规范要求制作，支架采用膨胀螺栓固定。安装位置根据管道定位放线确定，排列整齐，横平竖直，各支架的同层横挡应在同一水平面上，其高低偏差不应大于±5mm，管道与支架之间应接触紧密并设置绝缘橡胶垫，橡胶垫厚度为5mm。

4)各种管道安装前都要将管口及管内管外的杂物清除干净。管道安装时要挂线找坡，要依据管子坡度的要求确定其下料尺寸。管道按标准坡度安装好后要及时固定。安装完成的隧道给水排水、消防管道布置见图7-51。

图7-51 隧道给水排水、消防管道布置实景图

3.阀门安装

阀门安装前，应作耐压强度试验，阀门的安装位置应根据施工图说明或规范要求。水平管道上的阀门安装位置尽量保证手轮朝上或者倾斜45°，不得朝下安装。

4.消防器材安装

1)安装前应核对设备型号与设计是否相符，产品合格证、产品说明书及随机配件是否齐全。箱体安装前应进行外观质量检查，如发现有质量问题不得使用。

2)消火栓安装前应做耐压强度试验，试验应以每批（同牌号，同规格，同型号）数量中抽查10%，且不少于一个。如有漏、裂等不合格现象应再抽查20%，仍不合格的则需逐个试验。强度和严密性试验压力应为消火栓出厂规定的压力，同时应有实验记录备查。

3)箱体在安装过程中应与装修紧密配合，不得损坏装修面，与装修面的接缝应整齐美观。

4)消火栓安装位置应正确，启闭灵活，关闭严密，室内消火栓栓口应朝外，栓口中心距离装修完成面高度满足设计要求。

5)水泵接合器应保证与管道垂直，阀门的开启应灵活，各接头处应无漏水现象。

5. 设备安装

用液压叉车或吊链将泵运至地下室设备的基础上，泵就位后，首先要以泵轴中心线为基准找正，以进、出口法兰面为基准找平，使之符合技术要求，水泵经过精校后，即可进行配管工作，进出水管要设置支墩，不得将重量附加在泵体上，进水管应具有沿水流方向连续上升的坡度（$i=5\%$）接至水泵入口，避免产生气囊现象。给水排水、消防泵体安装实景见图7-52。

图7-52　给水排水、消防泵体安装实景图

2.1.5　供配电及照明系统施工内容

供配电及照明系统主要包括供配电系统（图7-53）以及照明系统（图7-54）。该系统主要功能是给隧道内高压柜、变压器、低压柜、通风设备、给水排水与消防设备、监控设备、照明设备等提供电力。

图7-53　供配电系统实景图　　　　　　图7-54　照明系统实景图

2.1.6　供配电及照明系统施工工艺

供配电及照明系统施工工序如图7-55所示。

配管、桥架、配电箱（柜）、照明装置等设备的安装，以及配线和电缆敷设等关键工序的工艺要求如下：

图7-55 供配电及照明系统施工工序图

1. 配管安装

埋入墙或混凝土内的管子离表面的净距不应小于15mm。进入落地式配电箱的配管，排列应整齐，管口应高出基础面不小于50mm。配管排列应整齐，固定点的间距应符合规范要求。

2. 桥架安装

桥架的支、托架使用厂家配套提供的合格产品，水平支架的固定间距约为2m（图7-56），在距弯曲段与直线段接合处400mm的直线段增设一个支吊架；当弯曲半径大于300mm时，应在弯曲处增设一个支吊架。

3. 箱柜安装

箱柜安装的允许偏差及检验方法应符合设计及规范要求，箱柜与基础型钢间连接紧密、固定牢固、接地可靠。基础型钢安装后，其顶部宜高出抹平地面50mm。盘面标志牌、标志框齐全、正确并清晰。箱柜内设备与各构件间连接应牢固。配电箱安装实景见图7-57。

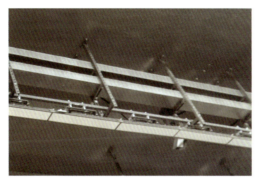

图7-56 桥架安装实景图

图7-57 配电箱安装实景图

4. 配线敷设

管内穿线宜在建筑物抹灰、粉刷及地面工程结束后进行，穿线前应将管内积水及杂物清除干净。导线在管内不应有接头和纽结，导线通过铁丝穿过线管时，管口处应装设护线套。导线敷设完毕后，要用兆欧表测试绝缘电阻，以检查导线有无缺陷。

5. 电缆敷设

电缆沿桥架敷设前，须事先编排好电缆排放表再进行施工。电缆沿桥架敷设时，应敷设一根整理一根，固定一根。垂直敷设的电缆每隔2m加以固定，水平敷设的电缆，在电缆的首尾两端及每隔1.5～3m加以固定。桥架内的电缆在首端、尾端、转弯处设置标志牌。电缆敷设实景见图7-58。

图7-58 电缆敷设实景图

6. 照明装置的安装

灯具安装前根据设计图纸对灯具安装位置进行定位,用经纬仪确定灯具的安装轴线,用卷尺测量灯具的安装间距,安装位置确定后做好标记。用冲击钻按照标记位置钻孔,钻眼后安装胀锚螺栓,紧固灯具的安装底座。完成以上工作后,开始安装灯具的其他连接附件的工序,最后完成安装光源,调整灯具安装角度的工作。隧道内照明装置安装实景见图7-59。

图7-59 隧道内照明装置安装实景图

2.1.7 综合监控系统施工内容

隧道监控系统主要包括中央计算机网络子系统、设备监控子系统、交通监控子系统、视频监控子系统、有线广播子系统、有线电话子系统、无线通信子系统、火灾报警子系统、弱电电源子系统、中央控制室及设备机房等。

隧道综合监控系统安装工程总体上分为火灾自动报警系统(FAS)设备安装、交通监控系统设备安装、紧急呼叫系统设备安装、变配电监控系统(SCADA)、无线覆盖系统设备安装。隧道综合监控系统安装施工总体上按照施工准备、线槽管及其支架安装、光缆电缆敷设、前端设备安装、配电房设备安装、光电缆接续及链路测试、单设备调试、单系统调试及综合联合调试。

图7-60及图7-61给出了监控控制中心、交通监控系统设备现场照片。

图7-60 监控控制中心实景图

图7-61 交通监控系统设备实景图

2.1.8 综合监控系统施工工艺

监控工程中箱柜、管线、设备等的工艺与供配电及照明工程一致，这里不再赘述。下面主要叙述监控系统特有的设备设施的主要施工方法、工艺和技术措施。

1. 操作台安装

控制台应安放竖直，台面水平，台内接插件和设备接触应可靠，安装应牢固，内部接线应符合设计要求，无扭曲脱落现象。

2. 大屏安装

按照设计图纸要求规划好大屏幕排版图。根据排版图，制作大屏幕支撑龙骨。龙骨焊接完成后需粉刷与操作台颜色协调的油漆，油漆晒干可安装大屏幕，安装时注意保持大屏幕各个区域的显示器在一个水平面上。安装完成后应用纸箱子或者泡沫板包裹，防止损伤。

3. 外场设备机箱安装

外场设备机箱为全封闭、全天候、防风雨型机箱，机箱安置在各设备立柱预先焊好的底板或外场设备机箱基础上，箱体与底板之间加上防水橡胶垫后用螺栓固定。机箱的所有进出线孔均密封防水以满足防风雨及防潮的需要。

4. 可变情报板安装

利用起重车吊装到合适位置后人工固定安装。可变信息标志采用门架支撑，支撑件采用热浸锌钢材加工制作，防腐防锈达到要求。支撑件上设有便于维修的梯子和走道。

5. 摄像头安装

安装摄像机时，摄像机的镜头应从光源方向对准监视目标。根据监视范围确定云台的旋转方位，使其旋转死角处在支、吊架和引线电缆一侧。外云台、枪式摄像机的安装工艺与普通摄像头相同，但护罩选用室外防水型护罩并加装前端防雷装置。摄像机立杆一般采用不锈钢锥形杆，摄像机的云台部件或枪式摄像机的支架通过抱箍或立杆自带的基座固定在立杆上。在每根立杆顶端加装避雷针一根，用于防范直击雷。

6. 泄漏电缆安装

泄漏电缆挂件的安装高度应满足设计要求，普通泄漏电缆挂架每米一个安装，同一隧道内泄漏电缆挂件中心线应保证在同一直线上。隧道内凹形断面等不规则断面采取两端打支架中间吊挂钢丝绳后再吊挂泄漏电缆。

7. 感温光缆敷设

首先沿隧道中轴线采用膨胀螺栓将专用钢绞线支架固定在隧道顶部，然后将钢绞线沿隧道中轴线安装在支架上并逐段固定。将检查无误的感温光缆放置在专用转轮上，从隧道口算起，在第一个支架处布置第一个感温光缆探测器，然后沿着隧道前进缓慢转动光缆转盘，将光缆用线夹固定在钢索上，线夹间距约30cm。光缆在隧道顶部敷设完毕后，将探测器尾部连接光缆沿隧道壁穿保护管敷设至隧道侧面底部光纤接续盒，与传输光纤熔接后保护。

2.2 装饰装修施工

2.2.1 装饰装修施工内容

桂湾一路、临海大道、滨海大道地下道路结构墙体面装饰装修主要包括主隧道内墙面搪瓷钢板安装、隧道出入口GRC板安装及隧道顶部防火涂料喷涂。搪瓷钢板系统采用超大板块规格，最大标准板块尺寸达到2790mm×1200mm，整体视觉上更加美观大气。

搪瓷钢板可视面颜色采用浅灰色、中灰色、中橙色和中水蓝色，不同片区接壤处采用浅灰色和区域主题色渐变拼接的大块平板形成自然过渡段，通过色彩渐变提示区域变化，增加了视觉上的律动感，体现了不同道路的不同设计创意（图7-62）。在产品的颜色一致性方面实行目测和仪器检测相结合的原则，使颜色色差控制在$\Delta E \leqslant 1.5$内。

隧道的出入口两侧结构墙体采用GRC（增强玻璃水泥纤维板）板干挂施工（图7-63），在施工前应对GRC生产厂家进行选择及质量认定，对生产厂家进行考察，产品生产厂家必须具备经营许可证以及国家水泥混凝土制品质量检验中心出具的对该产品质量的质量控制报告，主要内容是

图7-62　隧道墙面装饰实景图

图7-63　出入口侧墙装饰实景图

强度是否达到要求，抗碱玻璃纤维及混凝土成分是否符国家规定要求。此外，表面应光洁、图案清晰，不得有裂缝、翘曲、掉角等缺陷；对进场的每一批产品都应进行验收，把住GRC产品源头质量关。

本工程共包括临海大道6个匝道进出口、滨海大道和桂湾一路各一个主进出口，隧道进出口顶部采用月牙状U形槽顶棚设计，顶棚采用钢结构和铝板安装。匝道进出口景观效果见图7-64至图7-66。

图7-64　临海大道进出口匝道装饰效果图

图7-65　桂湾一路出入口装饰效果图

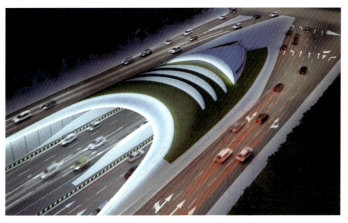

图7-66　滨海大道出入口装饰效果图

2.2.2 装饰装修工程施工工艺

1. 防火涂料喷涂施工工艺流程见图7-67。

图7-67　防火涂料喷涂施工工艺流程图

1）基面处理：隧道结构施工完毕后，进行场地清理。采用角向磨光机对隧道的错台、模板接缝进行打磨处理，提高混凝土表面平整度。

2）底层的喷涂：底层涂料采用压送式喷涂机喷涂，空气压力为0.4~0.6MPa，喷口直径宜为4~8mm。喷涂时喷枪要垂直于被喷面，距离控制在1~2m。底层涂料喷涂、养护完成经验收合格后，方可进行第一遍面层涂料施工。

3）一、二遍面层防火涂料施工：第一遍喷涂厚度以2~3mm为宜，第二遍喷涂厚度以5~7mm为宜。第二遍涂料必须在前一遍基本干燥或固化后，并经验收合格后再实施。

2. 搪瓷钢板施工工艺流程见图7-68。

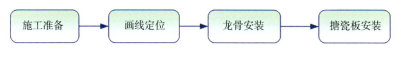

图7-68　搪瓷钢板施工工艺流程图

1）龙骨安装：侧墙装修层由龙骨架与搪瓷钢板构成，开始施工前应根据搪瓷钢板的尺寸在隧道侧墙上用墨线弹出龙骨的安装位置。龙骨规格按设计要求定制，采用钢板冲孔折弯成型，成型后进行热镀锌（镀锌层厚＞50μm）防锈处理。龙骨通过角码、膨胀螺栓与墙体连接，通过挂件、连接螺栓将搪瓷钢板固定。

2）搪瓷钢板安装：搪瓷钢板的安装顺序宜由下往上进行，避免交叉作业。同一幅墙面的搪瓷钢板色彩应一致，安装搪瓷钢板应使用合适完好的工具进行，直接与搪瓷墙面接触的安装工具必须使用柔性接触，如胶锤，橡胶衬垫等。搪瓷钢板安装实景见图7-69。

3. GRC（增强水泥玻璃纤维板）挂板施工工艺流程见图7-70。

1）骨架安装：挂板安装的钢骨架主要是采用镀锌槽钢作竖向主龙骨，安装时，先在主体结构表面弹纵向垂直线，然后将槽钢沿纵向垂线进行布置，同时将连接件与主龙骨进行连接安装并焊接。待主龙骨安装完毕后，主龙骨表面，弹出水平次龙骨定位线，再将角钢与副龙骨焊接。在挂板安装前，核定隧道口外墙表面与干挂石材外露面之间的尺寸，在结构外墙表面做出上下生根的金属丝垂线，并以此为依据，根据隧道口外墙宽度设置足以满足要求的垂线、水平线，确保钢骨架安装后处于同一平面上。

图7-69 搪瓷钢板安装实景图

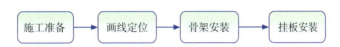

图7-70 GRC挂板施工工艺流程图

2）挂板安装：板材开槽深度与宽度依据不锈钢挂件长度厚度予以控制。为防止硅酮密封胶塑化前的挥发老化，结合6mm缝宽的情况，嵌缝做到内凹5mm，背后衬胶条，分缝之间的嵌胶按拆架的要求分层嵌胶。清水混凝土挂板安装实景见图7-71。

图7-71 清水混凝土挂板安装实景图

第3节
施工重难点分析及应对措施

3.1 土建工程

前海地下道路总体规划范围广、里程长，与周边地块开发项目和市政配套设施紧密相邻，整个施工范围内所涉及的水文、地质条件和周边市政设施及高层建筑建设情况极其复杂，其为土建工程施工的重点和难点。工程开工前，进行了详细的工程重难点分析，采取针对性应对措施，具体分析和措施如下：

1. 工程处于填海区，地质条件复杂，基坑开挖深度大，最深处达22m，周边有在建兆华斯坦等高层建筑，控制基坑变形和周边建筑沉降是本工程的重难点之一。

应对措施：

1）以泥浆护壁、垂直度控制为重点，做好围护结构施工质量控制，施工中技术员全程旁站指导施工；合理选取机械设备型号，提高围护桩和高压旋喷桩止水帷幕施工质量，避免围护结构大面积的渗漏水，为基坑的系统稳定奠定基础。

2）聘请第三方专业监测机构，按照监测方案做好施工监测，一旦监测数据出现异常，立即停止施工并查明原因，采取有效措施后方可继续施工。

3）及时对钢支撑施加预应力，提高对监测数据的敏感性。

4）按"时空效应"确定基坑的分段开挖参数。遵循"纵向分段、竖向分层、平衡对称、先支后挖、限时完成"的原则组织施工，加快施工进度，缩短基坑暴露时间。

2. 本工程周边其他施工项目多，施工场地多处存在交叉；消除施工干扰因素，在合同要求的工期内完成施工任务是本工程的重难点之二。

应对措施：

组建施工调查小组对周边的施工界面进行详细调查，并进行深入分析，将干扰因素进行归类，并按不同的策略进行应对。

1）对现场具备施工条件的段落首先组织进场施工，对暂不具备施工条件的段落做好施工准备和图纸储备，一旦现场条件具备即可马上组织施工。

2）对施工区域被其他施工单位作为材料堆码、临建房屋等的段落，及时协商场地移交。

3）对周边正在进行基坑或地下室施工暂不能开工的段落，与相关单位进行紧密的沟通联系，了解清楚其提供施工界面的具体时间，在施工组织和工序安排上进行合理考虑，及时开工。

4）以关键节点工期为重点，以关键区段工期为突破口，分区段、分阶段编制切实可行的网络计划，并实行动态管理；做好设备、材料、劳动力等资源的储备，一旦施工组织需要，立即调整资源配置，确保满足进度需要；超前筹划，合理有序地安排各施工作业点的展开，随时关注作业点的施工动态，及时安排后续作业，各作业面、作业点间形成平行流水作业。

3.地下道路及车行联络道周边正在施工或即将施工的地下工程多，避免相邻基坑相互干扰影响是本工程的难点之三。

应对措施：

1）加强与周边地块开发、地下工程施工单位的接口管理，了解其施工进度，规划好本工程各分段的建设时序，尽量避免相邻基坑同步开挖。

2）与周边项目建立联动机制，将信息化技术的优势充分应用在本工程当中，发现基坑异常情况时第一时间作出反应。

3）严格按照设计工况施工，确保本项目和周边工程的基坑安全。

4.复杂的既有管线迁改与保护是本工程的重难点之四。

应对措施：

1）由项目负责人担任组长的地下管线迁改处理领导小组，负责地下障碍物处理的统筹安排、调查等，确保地下管线迁改处理有序展开。

2）成立协调工作小组，由项目负责人任组长，负责周边环境巡查，积极配合管线、道路单位的协调工作，同时建立工作责任制，将责任落实到参建各方负责人，确保各项工作落实到位。

3）施工前，现场调查、核实既有管线产权单位、埋深、位置等，形成详实的调查成果资料指导施工；根据每个区域、每种不同的处理形式逐一详细地编制施工方案，并报监理、建设单位等审批后实施，并加强同产权单位的沟通协调。

4）施工前对管理人员与施工人员进行详细的安全技术及施工方案交底，务求人人清楚既有地下管线处理的各个环节、措施，确保施工有序进行；施工过程中遇地下不明障碍物、管线情况，及时上报，并会同设计、监理、建设单位等共同制定处理措施；钻孔桩、高压旋喷桩等施工时，采取先挖探沟、探孔的形式，确保不破坏遗漏管线。做好突发事故应急预案和演练，如管线损毁等，确保施工安全。

5.本项目基坑宽度较大，地质情况复杂，降排水困难，基坑开挖困难，存在较大的安全施工风险。

应对措施：

1）基坑开挖前认真研究地质资料，加强支护桩+止水帷幕施工质量控制。

2）基坑开挖遵循"分段、分层、快速开挖，快速支撑，快速回填"的原则，充分利用时空效应，减少基坑的暴露时间，确保施工安全。

3）土方开挖与支撑施工应遵循"先撑后挖"，为确保围护结构的安全和稳定；混凝土支撑施工完成后必须满足强度后，方可进行土方开挖作业。

4）加强对支护结构的监控量测作业。

6.土方开挖、基坑支护、地基加固、主体结构施工等工序穿插同步施工，施工干扰多。

应对措施：

1）按照先开挖土方，待土方挖至设计标高后，施做支护结构和地基加固，待地基加固满足设计要求后施工主体结构。

2）合理安排好各施工工序，协调好各交叉施工作业相互间的干扰。

7.地下道路上跨地铁1号线、5号线以及11号线，地下道路施工需保证地铁正常运营，且隧道结构变形在安全可控范围内。

应对措施：

1）在地下道路土方开挖过程中严格控制降水水位，控制土体有效应力的下降幅度，从而减轻地铁上方覆土减薄引起的上浮影响。

2）严格控制地铁隧道上方注浆钢管桩施工质量。注浆钢管桩的施工改善了土体的抗浮能力，同时也增加土的重量。

3）注意严格控制土方分段开挖的方式，减少土方开挖对地铁的影响。

4）加强对地铁区间的监控量测工作，发现问题及时上报并处理。

8.结构防水是地下道路工程施工的重点，"三缝"防水施工是保证工程质量的关键工序。

应对措施：

1）认真贯彻"以防为主、刚柔结合、多道防线、综合治理"的原则，贯穿结构成型的全过程。

2）顶板、底板、侧墙采用补偿收缩防水混凝土，优化配合比，掺用高效减水剂和优质粉煤灰，控制泵送混凝土的质量和混凝土浇筑工艺，加强养护，确保结构的刚性自防水性能。

3）变形缝、施工缝、预埋件、预留孔、穿墙管、后浇带等特殊部位是防水的薄弱环节，严格按技术标准施工。

4）结构的外包防水层和特殊部分的施工，选择专业的施工队伍进行施工，保证标准化作业、规范化施工。

3.2 机电安装及装饰装修工程

机电安装及装饰装修工程主要的重难点和在安装过程中相应的应对措施如下：

1.专业多，系统多，接口多

涉及电气、给水排水、通风、消防、智能化、装饰装修6大专业，20多个子系统，专业相互交叉，工序交错复杂，接口众多。

应对措施：

1）编制接口文件，明确界面和权责；

2）聘请国际技术顾问单位对设计文件和招标清单进行审核，管控设计深度，从方案设计到深化设计全链条进行全过程技术把关，避免清单错漏；

3）视情况召开接口专题会，协调土建与机电、工序与专业之间接口问题。

2. 对外协调面广、量大

涉及7家土建单位，3家建设主管单位，和供电、水务、交通管理、交警、消防、通信等20多家政府主管部门。

应对措施：

1）成立对外协调工作组，专人专职开展对外沟通协调工作；

2）以技术沟通为主，组织协调为辅的对外沟通模式开展相关工作。

3. 材料种类多、数量大、价值高

涉及材料超过100种，采购金额超过2亿元。材料审批、采购、封样、验收、送检、存放、保管、安装、成品保护等环节多、工作量大，质量管控难度高。

应对措施：

1）针对项目特点，编制《材料管控手册》，细化材料要求和流程；

2）招标阶段应明确材料管控要求，便于后续执行；

3）做到公平、公正、公开，阳光下对材料管控。

4. 安全、文明施工把控点多面广

线路长、作业空间范围大，施工期间各专业作业区域遍布整个工程，且地下空间潮湿、通风不畅、能见度低，触电、高空坠落、缺氧、中暑、车辆伤害等涉及安全文明施工内容众多，需制定有效专项措施进行严格防范，避免安全文明事故发生。

应对措施：

1）实行人车分离，分段施工、分区管理，标准化作业；

2）根据危险源制定有针对性的安全文明施工措施，如全线采用高空车、采用充电式工具、全线设置安全绳、定期灭蚊消杀等。

5. 搪瓷钢板安装

搪瓷钢板安装工程量大，共计83000m^2；连续型LED灯带数量多，共计约21000盏；消防管道为厚壁不锈钢316L定制管道，需大量现场焊接，主隧道线路过长，现场施工用电负荷存在巨大压力，消防水管、灯具、桥架安装支架均为综合支吊架；综合支吊架形式种类多，数量大，都严重制约施工进度，施工任务艰巨。

应对措施：

1）联合设计院、各供应商技术人员（如搪瓷钢板、LED灯具、综合支吊架、泡沫水喷雾阀组、316L厚壁不锈钢管道厂家），组织联合办公，定期召开设计联络会，通过对施工现场调研、BIM三维放样数据采集和方案对比，开展专项课题研究；

2）通过深化设计，优化施工工艺，采用模块化设计和现场装配式施工，加快现场施工进度。

第八章

科研和成果应用

◎ 科研项目背景与课题
◎ 科研课题研究内容与成果应用

第1节
科研项目背景与课题

1.1 科研项目背景

随着城市用地的日益紧张及汽车保有量的不断增加，城市大部分地面交通趋于饱和，交通需求和交通供应的矛盾日益突出，同时交通带来的噪声、废气等污染已严重地阻碍了城市健康、快速的发展。建设地下道路目前成为国内外大中城市解决交通拥堵、提升城市景观环境诸多问题较为现实的方法之一。城市地下道路作为地面道路的延伸和补充，具有抵抗恶劣气候条件能力强、占用土地资源少、车辆产生的噪声和尾气污染可集中控制和有效处理、易于保护城市自然景观和人文景观等优点。近年来，我国的北京、上海、重庆、武汉、深圳等城市也逐步把修建地下道路作为缓解城市交通拥堵、完善城市交通路网的重要措施。

早期的城市地下道路多以过江、过海隧道及地下车库联络通道为主，如武汉长江隧道；南京长江隧道、玄武湖隧道；上海长江隧道、翔殷路越江隧道、延安东路越江隧道、军工路越江隧道等。近年来，随着隧道技术的发展和地下空间的不断规划开发，城市地下道路逐渐由以前穿越江河、山岭等障碍物的单点进出隧道向着交通功能更为完善、交通服务功能更强的多点进出的地下道路发展，且长度也在不断增加。如上海已批复建设的南北横通道，全长13km、沿线设置13对进出匝道与地面道路相连；在建的上海东西通道地下道路部分，长6.1km，有多个出入口与地面相连；已建成的外滩隧道长3.3km，设5对匝道和2条支线与地面道路和其他道路相连；深圳刚建成的前海地下道路一期工程，长4.6km，有6对匝道和地面道路相连，另有7条匝道分别和另一条地下道路及地下交通枢纽相连；北京规划修建的东西二环地下隧道也属于多点进出型特长地下道路。除上述城市外，武汉、广州、重庆、长沙等城市也规划和建造了长距离的城市地下道路，以缓解地面的交通拥堵及城市用地紧张等问题。

与一般的公路隧道相比，地下道路位于城市中心区，日交通量大，且其结构也较一般的公路隧道复杂。城市地下道路除有多个出入口与地面主干路相连外，各地下道路主体之间，地下道路与地下交通枢纽之间、地下道路与地下车库之间根据需要互有连通，从而形成多个分岔、弯道等复杂的路段。尽管拥有多个出入口的城市地下道路理论上对人员的疏散有利，但火源附近的出入口同时也是烟气扩散的主要通道，故多出入口地下道路通风及人员疏散是亟须解决的课题。

1.2 科研课题

针对地下道路建设条件复杂、消防救援难度大、相关防灾规范缺乏等特点，以及前海对地下道路高品质要求，主要开展了以下六项课题研究，研究成果很好地应用到工程设计与实施当中。

1. 多点进出地下道路通风关键性技术研究

多点进出、断面尺寸多变、岔路多、大量弯道路段的存在使得隧道发生火灾时的火灾特性与单一出入口的隧道相比可能有较大的不同，通风、排烟气流组织相对困难，通风及排烟效果难以控制。在隧道发生火灾时，如何实现快速通风和有效组织排烟气流，保证通风及排烟效果，是工程设计中重点关注的问题。

2. 多点进出地下道路逃生救援关键性技术研究

城市地下道路内由于车流量大，隧道长时间处于超饱和交通状态，火灾发生时事故地点前方车辆由于阻塞可能难以及时远离危险区，火源上、下游人员都需疏散，使得需疏散的人数大大增多。如果烟气控制措施不当，疏散通道设置不合理，人们在高温有毒的浓烟笼罩下逃生，极可能会造成大量的人员伤亡，且大量复杂结构路段的存在也进一步加大了人员快速逃生的难度。所以，采取合理的烟气控制措施和设置有效的疏散通道，对保证逃生救援通道畅通和安全至关重要。

3. 地下道路特长隧道交通安全与驾乘环境专题研究

对于多出入口的长城市地下道路而言，在火灾事故发生时，如何能保证乘客得到安全疏散，同时把火灾对隧道结构和运营的影响降至最低，是工程设计中需要考虑的关键问题。

4. 地下道路车流仿真专题研究

由于多点进出城市地下道路在交通运营、结构布置等方面与一般公路隧道存在明显的不同，其火灾时的防灾救援设计不能照搬现有公路隧道的相关规范，而目前我国并没有针对城市地下道路防灾设计的专用规范，因此，结合城市地下道路的典型特征进行地下道路车流仿真模拟。在此基础上形成多点进出城市地下道路的防灾救援策略，可为城市地下道路防灾救援设计及道路的安全运营提供必要的技术支持。

5. 桂湾地下车行联络道与剧院建设模式专题研究

由于剧院地下室与桂湾车行联络道在同一地块内，为保证结构安全及确定最优建设方案，需要进行剧院地下室开发深度分析、地下联络道与地块建筑位置关系分析及建设模式比选。

6. 地下道路装饰装修设计优化专题研究

在地下道路主体设计成果基础上，为体现前海规划的特色和高品质，在保证交通功能、运营维护安全等功能性需求的前提下，从建筑美观和人性化的角度提出地下道路的设计优化。

第2节
科研课题研究内容与成果应用

2.1 多点进出地下道路通风关键性技术研究

1. 多点进出特长地下道路烟气蔓延规律及控制技术的研究

1) 多点进出特长地下道路复杂结构路段烟气蔓延规律的研究

烟气的蔓延特性是烟气控制系统设计和优化运行的基础。由于多点进出地下道路存在斜坡、分岔等典型的结构特征，这些路段也是多点进出地下道路烟气控制的重点和难点所在，因此，研究斜坡、分岔路段对烟气扩散的影响进而进行对其进行有效的控制是地下道路火灾安全的关键。

2) 多点进出特长地下道路复杂结构路段烟气的最佳控制方法和控制参数研究

由于分岔路段结构的特殊性，特别是立交分岔路段，主隧道和支路隧道的烟气扩散相互影响，支路隧道坡度较大时会对主、支路隧道的烟气扩散起决定性的影响，因此，该路段的烟气如何控制才能达到最佳的控制效果需进行进一步的研究。

3) 纵向通风在拥堵地下道路中应用的可行性研究

纵向通风烟气控制系统技术相对成熟，但由于火源下游的烟气分层受到破坏，在隧道内车辆拥堵的情况下，会危及下游人员和车辆的安全。但如果给以合理的通风风速控制方案，使下游烟气的分层保持一定的时间，以保证人员能在危险环境降临的时间内安全逃生，该系统在拥堵的交通情况下仍可应用，但合理的风速如何确定也存在争议。

2. 多点进出特长地下道路的人员的安全疏散研究

对于多出入口的特长城市地下道路而言，在火灾事故发生时，乘客如何得到安全疏散是亟须解决的问题，故从研究多点进出特长隧道特殊结构下的人员疏散的一般规律出发，通过进行相关的数值模拟和实验，为安全通道优化设计和人员安全疏散提供依据。

3. 多点进出特长地下道路自动泡沫—水喷雾灭火系统的有效性研究

交通隧道内是否设置主动式灭火系统一直是隧道火灾控制技术中最具争议的话题之一，但对于较重要的隧道使用自动喷水灭火系统已经被广泛接受。但这些系统在其使用时仍存在一定的问题，主要表现在火灾时开启通风系统会对其喷雾的雾形和覆盖范围产生影响，进一步影响其控火的有效性，同时，若通风系统在水雾系统作用后开启，有可能会产生死灰复燃现象。因此，本研究将对纵向通风及风机和泡沫—水雾系统不同的开启时间对火灾控制效果的影响进行研究。

4. 多点进出特长地下道路的防灾安全与应急救援系统方案研究

在前面研究的基础上，结合安全监控和应急管理技术，研究城市特殊地下道路的火灾防灾安全与应急救援系统方案,为城市地下道路的安全运营提供保障。

2.2 多点进出地下道路逃生救援关键性技术研究

课题研究结合多点进出城市地下道路的特点,通过数值模拟和实验研究的手段开展了多点进出特长地下道路烟气蔓延规律及控制技术的研究、多点进出特长地下道路的人员的安全疏散研究、多点进出特长地下道路自动泡沫—水喷雾灭火系统的有效性研究以及多点进出特长地下道路的防灾安全与应急救援系统方案研究等研究内容,得出如下结论:

(1)对于平面分岔隧道,火源功率一定时,分岔夹角的改变对于上游主隧道烟气的扩散影响较小,下游主隧道其次,其中对支路隧道的烟气蔓延特性影响最大;相同火源功率下,支路隧道的烟气质量流量分配比例随分岔夹角的增大逐渐减小,但变化幅度不大。在所研究的20°~40°的岔路夹角变化范围内,岔路隧道的烟气质量分配约占总产烟量的30%。火源功率对于主、支路隧道烟气质量流量分配比例影响不大。

(2)对于立交分岔隧道,支路隧道坡度对烟气扩散的影响较大,随着支路隧道坡度的增大,火灾中产生的烟气更多地流向火源下游,并流入支路隧道,这使得上游主隧道的顶棚温度随支路隧道坡度的增加而降低。当支路隧道的坡度达9%时,火灾中约75%的产烟量出现在火源下游,其中的近60%的烟气将进入支路隧道;进入支路隧道的烟气随着坡度的增大,其内烟气分层遭到破坏,烟气逐渐充满隧道断面,竖向隧道断面的温差逐渐减小,断面温度趋于均匀,不利于支路隧道内人员的逃生。

(3)当火源位于分岔路段上游时,由于分岔路段的存在,临界风速的值大于以平直隧道为基础的临界风速设计值。模拟研究也发现,世界道路协会(PIARC)报告中推荐的临界风速经验公式计算出的临界风速值偏小。为安全起见,建议用无临界风速模型的计算值和我国《公路隧道通风设计细则》JTG/T D70/2-02—2014推荐的临界风速值作为实际工程的设计临界风速。

(4)当隧道存在局部加宽突变断面且火源位于加宽段时,依未加宽段隧道结构设计的临界风速并不能满足防止烟气回流的要求,需进一步加大风速。加大风速后,尽管上游部分仍有烟气回流段,由于加宽段的蓄烟作用,烟气层高度相对较高,有利于火灾上游人员的快速逃生。

(5)对于合流分岔隧道,当主隧道只以临界风速送风时,支路隧道若不送风,有部分烟气仍会蔓延至支路隧道,从而会影响支路隧道的行车安全。若采用主支路隧道联合送风,则支路隧道可以较小的送风风速就能将烟气控制在主路范围内,从而保证支路隧道的安全,支路隧道的人员可选择就地安全逃生。

(6)对于大坡度隧道,火源上游的环境较有利于人员逃生,火源上游40m以外绝对安全,20m以外基本安全。火源下游上坡段,不利于人员和车辆的逃生,建议另选直通地面的逃生通道或施以纵向通风,以加快烟气的排出,并降低烟气的温度;经过数值模拟和实验研究,得到了斜坡路段临界风速对Kennedy模型的坡度修正系数为:$k_g=1+0.0715a$。

（7）纵向通风若在火灾初期施以较低的通风风速，维持火源上下游良好的烟气分层，仍可用于交通拥堵的单向交通隧道，但火源功率较大时，该措施应审慎使用。火源功率为5MW时的通风风速约为1.0m/s，10MW约为1.5m/s，20MW、30MW在1.5～2.0m/s，且火源下游的人员应能在火灾初期尽早疏散。

（8）交通量大、经常发生拥堵的城市地下道路的横通道间距最好控制在250m以下，疏散通道宽度在2.0m左右可满足人员疏散的要求，当需疏散的人员较多时，应尽早开启通风系统以辅助人员逃生。

（9）课题就低通风风速下，泡沫—水喷雾系统对木垛火和油池火的灭火效果进行了研究。实验研究表明，2.5m/s左右的通风风速对泡沫—喷雾灭火系统灭火效果的影响不大。对于油池火，火灾仍可在极短时间内可被扑灭，10MW约为15s，20MW约为30s；对于木垛火，泡沫—水喷雾系统首先起到有效控制火灾的作用，火源附近温度先有较大幅度下降后，而后逐渐下降，但完全熄灭火焰所需的时间较油池火长，所需时间超过10min。泡沫—水喷雾系统对液体类火灾的灭火效果较固体类火灾灭火效果好，可有效地控制火灾，保护隧道的结构安全，适用于城市地下道路。

（10）城市地下道路的防火安全等级应较一般的公路隧道高，多点进出城市地下道路火灾工况下的防灾救援应将主隧道与匝道结合整体考虑。

2.3 地下道路特长隧道交通安全与驾乘环境专题研究

2.3.1 项目背景及必要性

深圳市前海地下道路是国内少有的复杂地下道路系统，特别是服务于大交通量的地下交通枢纽和地下互通式立体交叉的设置在国内独树一帜。根据国内外隧道和地下道路建设与运营组织管理的经验，复杂的地下道路系统由于其封闭性，驾驶人不可避免地受到其影响，突出表现在视线受阻，驾驶操作负荷增加，导致判断和反应时间延长，因此在地下道路环境中保障交通安全面临更大的压力。考虑其独特的工程特点，通过对项目初步规划的分析，可以发现前海地下道路在交通安全方面面临以下几方面的问题：

1. 隧道主体工程建设方面

隧道洞口横断面和车道数出现变化，交通流在洞口处会分合流，与隧道洞口的黑洞和白洞效应关联，要求在洞口接线和过渡段设计上对此有充分的考虑；隧道内枢纽与地下互通匝道与主线的衔接处交织区存在交通冲突和匝道与主线的速度差，而且隧道内亮度不足，事故风险较地上道路更高。特别是与地上道路衔接的匝道上驾驶员要经历黑洞和白洞效应的适应阶段，驾驶人的操作能力下降，事故风险更高，需要对地下道路互通匝道的长度、渐变和加减速车道等关键指标进行研究；由于受各种条件限制，隧道内存在个别小半径曲线，需要研究小半径平曲线与相邻平曲线的关系以及在小半径平曲线路段有效引导驾驶行为和速度控制的方法，保证交通流通畅和安全。

2.地下隧道交通组织与引导系统方面

特长隧道内枢纽与互通立交的出入口间距小，而且进出口数量较多，车道数多，交通流量大，因此驾驶人必须提前获取信息，及时完成换道等操作，才能保证安全与畅通，在这种情况下，交通流组织的关键断面和组织方式与地上道路差异巨大。而且隧道内驾驶员视线条件不佳，因此在设计阶段就应该重点考虑如何安全、高效地组织交通，并在设施配备的设计中予以针对性考虑；本隧道内同时有枢纽出入口和互通立交的出入口，必须通过交通标志引导驾驶人行驶。但是隧道内空间狭小，常规的交通标志尺寸过大，难以设置；而隧道内的交通标志上文字过小会导致视认性不佳，减少信息量则不能满足驾驶人的要求，胶州湾隧道等类似道路已经出现这一问题。因此必须从视认性和信息传递的角度系统地考虑隧道内交通标志的设计方法。

3.长隧道内宜人性驾乘环境设计方面

隧道内是一个封闭空间，而长隧道内驾驶人处于隧道内时间较长，特别是发生交通拥堵的情况下，驾驶人长期处于封闭空间，会导致驾驶人的生理压力增加，驾驶负荷提高，行驶的安全性和舒适性下降；隧道内环境缺乏变化，而且视线受到局限，因此对于交通变化点（如减速车道起点、出入口）的识别能力下降。驾驶人不能及时预先识别需要的交通变化点时会在心理上出现紧张、犹豫等负面情绪，影响安全性和舒适性。因此应该对利用多种方式缓解驾驶人的压力，降低驾驶工作负荷，提高驾驶人的驾乘安全性和舒适性。

针对工程所存在的交通安全问题，开展深圳前海地下道路特长隧道交通安全与驾乘环境研究，利用交通模拟和仿真手段研究评价工程所面临的交通安全问题及其解决方案，为工程规划和详细设计服务。

2.3.2 研究内容

项目拟开展的主要研究内容包括：

1.地下特长隧道路线交通安全设计关键参数研究

1）特长隧道洞口接线的过渡设计研究

研究隧道进出口接线处横断面和车道数变化对交通流和驾驶行为的影响规律，针对入洞端和出洞端分别提出过渡段的渐变率要求，以及过渡段路段对应的交通组织方式和交通管控措施。

针对地下互通立交连接地下道路和地上道路的匝道的情况，提出匝道洞口至合流点长度和一致性要求，以及匝道出洞端匝道洞口接线的一致性要求。

2）特长隧道内接入道路的过渡和加减速车道设计参数研究

前海隧道内互通间距很小，进出隧道的车辆有可能需要频繁地更换车道，如果过渡和加减速车道设置不足，会增加主线上车辆的速度差与交通冲突。而过长的过渡段设计会导致工程投资大幅度增加，本课题研究在前海隧道路网条件下，合理地确定加减速车道长度、渐变率等关键设计参数，同时提出与此配套的交通组织和诱导设施设计方法。

3）隧道内路线设计安全性评价研究

前海隧道内由于条件限制存在部分小半径曲线，而且与主线衔接的匝道半径也受到限制，而且出入口相对较多，同时隧道内视线不充分，亮度不足，因此必须对路线和横断面设计从总体上进行细致、全面地评价，利用运行速度、驾驶人操作行为和生理心理反馈等多个指标，从不同的角度对隧道路线设计的安全性进行评价，找出可能存在的不安全因素，并完善设计。

2. 地下特长隧道交通组织与引导系统设计技术研究

针对特长隧道内进出口数量较多，车道数多，交通流量很大，驾驶人必须得到提前、科学、清晰、明确的诱导才能保障安全通行的问题。充分考虑隧道内空间狭小，交通标志尺寸受限；隧道内驾驶员视线条件不佳，常规的交通标志设计方法无法满足要求的技术难点。开展交通引导系统设计关键技术研究，通过理论研究、实验分析与验证提出设计指导意见。包括以下两方面研究内容：

1）前海隧道公路指路标志系统化设计技术研究

结合前海隧道所处路网结构和交通管理方式，基于路网信息重要度量化与最优路径研判，开展路网指路标志信息选取系统化方法研究，提出指路标志信息分层方法及最优路径选取方法，给出指路标志系统具体设计建议。合理选取前海隧道指路标志系统的信息，构建科学的诱导指引系统，确保驾驶人在合适的地点获取正确、充分的信息，避免驾驶人因信息不足导致的交通混乱甚至交通事故。

2）满足隧道特殊运行环境条件的交通标志设置技术研究

由于隧道洞口设置有复杂立交，因此，大量的交通标志需要设置于隧道中。隧道中净空受限、视线不佳、运行环境更加复杂，高速公路和城市道路一般路段的交通标志设置方法无法满足实际需求。因此，需要专项研究，从理论层面研究提出科学、可靠的交通标志设置方法，保障交通标志的有效性。本部分包括两方面研究：

（1）基于安全通行要求的交通标志设置关键指标参数研究

根据前海隧道特殊的交通运行环境与路网环境，基于驾驶模拟与实车视认，综合实验与计算研究保障车辆安全通过隧道内分岔点所需要满足的速度、加速度、交通标志视认距离、减速距离等关键指标参数。

（2）基于交通标志有效性的交通标志设置方法研究

基于上述研究得到的交通标志设置关键参数，从交通标志的信息发布方式、亮度指标要求、综合设置方法等方面展开研究，提出交通标志设置方法。包括以下几方面研究内容：

①交通标志信息发布方式研究

基于隧道特殊的结构形式限制问题，提出针对性的交通标志信息发布方式，如信息提前多级预告以及信息前后分开发布等，以得到的关键指标参数为依据，对不同设计方案进行实验验证，经过验证、完善后，提出最优设计方案。

②交通标志视认性增强技术

基于隧道内视线受限的问题，从增强交通标志的视认性角度出发，通过实车实验，以隧道内交通标志应具有的视认距离为依据，研究增强交通标志视认性的方法，研究主动发光标志合理的发光强度与亮度区间；给出具体的设计方案建议。

3. 长隧道内宜人性驾乘环境的设计

1）隧道内关键交通变化点的易识别设计技术

国内外研究表明，隧道内驾驶人心理压力增加的主要原因是封闭的隧道环境中，驾驶人不能迅速地获取需要的交通环境信息，特别是隧道内的平曲线、出入口等特征变化点不能提前判断。这会增加驾驶人的焦虑，从而增加工作负荷，降低驾乘的感受。

为此，研究通过隧道内空间的色彩、亮度的变化，结合侧墙上标识以及诱导指示灯的综合设置提高驾驶人对关键交通变化点的识别能力，使驾驶人对路况的预期得到及时的满足，使隧道内的关键交通变化点能够在较远的距离便能够为驾驶人方便、准确地识别，缓解驾驶人行驶压力，提高驾乘感受，保障交通安全。

2）隧道内空间色彩设计

在隧道内的封闭空间内，驾驶人的视野单调，导致驾驶人更易于疲劳，为解决这一问题，国内一些长隧道采取了模拟外界环境的壁画等方法，取得了一定的效果，但是在实施上要求很高，也相对复杂。本部分以色彩空间为研究重点，研究选取在隧道内兼顾驾驶人生理感受和提升空间光环境的色彩，提出在隧道纵向利用隧道色彩空间的变化改善行车视野，提升舒适度，缓解驾驶疲劳的隧道色彩空间设计方案。

2.4 地下道路车流仿真专题研究

2.4.1 研究方法

1. 基于微观仿真模型的测试分析方法

微观仿真模型在交通规划与设计领域应用广泛，如道路交通客流仿真、轨道交通客流仿真、行人交通模拟等，均取得了较好的应用效果。低速、多出入口条件下的城市特长隧道在国内外并不多见，相应的交通流特性研究亦较少，利用微观仿真模型模拟道路交通运行状况、分析其交通流特性是一种较好的研究方法。微观仿真主要是基于交通流理论，它通过构建车辆的通行环境（道路网、交通控制、限速等）、驾驶员行为（跟车、换道超车等）、车辆性能特性、交通需求特性等交通要素的计算机模型，通过"再现"或"预演"交通流在不同的交通流组织方案、交通控制管理方案下的运行特性，达到评价、优选方案的目的。交通流仿真原理概念关系如图8-1所示。此次研究采用PTV VISSIM软件作为微观仿真工具。

2. 定量分析与定性分析相结合、以定量分析为主的方法

在项目开展过程中，需依靠反复的模型测试和大量的模型数据方能得到研究的结论，因而定

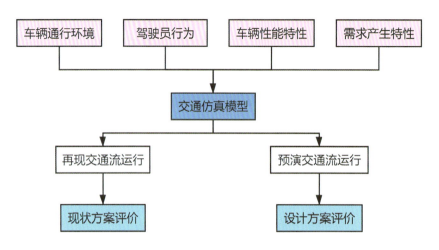

图8-1 交通流仿真原理概念关系

量分析是主要的研究方法。而测试方案的提出、方案优劣比较亦需要进行定性分析。因此，在项目研究过程中，将实行定量分析与定性分析相结合、以定量分析为主的方法。整体而言，研究工作主要分以下两步：

1）现状交通流运行状况评价—发现问题；
2）交通流组织设计方案评价—优化系统。

2.4.2 研究技术路线

项目将按照建立模型—方案测试—评价结论的步骤进行研究。

首先，利用VISSIM软件，通过搭建交通流运行的3D道路网络，并设定输入车辆数、车辆通行路径、通行的优先规则等仿真运行参数，建立地下道路的微观仿真模型；其次，根据工程需要，确立模拟测试方案，通过修改仿真模型的相关参数值，分析不同速度条件下、不同出入口条件下地下道路运营状况；最后，根据测试结果，提出合理建议。

2.4.3 研究结论

1. 设计车速

根据仿真模型评价结果，主线车速为50km/h时地下道路运行状况可以接受，故建议主线车速采用50km/h。

2. 出入口方案

取消原桂湾片区进地下道路匝道，在主线外侧设置集散车道，作为滨海大道右转进交通枢纽、地下道路出主线匝道、进地下道路主线三股车流的交织段，避免在地下道路主线产生交织。优化后方案交通组织如图8-2所示。

3. 预留接滨海大道匝道

预留接滨海大道匝道对交通运行影响不大，建议下阶段结合工程条件作进一步论证。

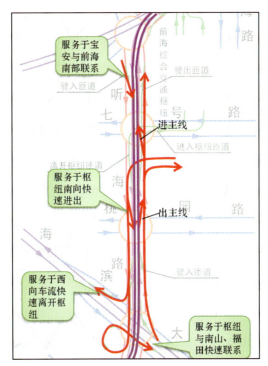

图8-2 优化方案交通组织示意图

2.5 桂湾地下车行联络道与剧院建设模式专题研究

桂湾地下车行联络道L2K0+975～L2K1+122段及设备用房二段位于规划的02-01地块内（图8-3），该地块后期拟作为剧院的建设用地。

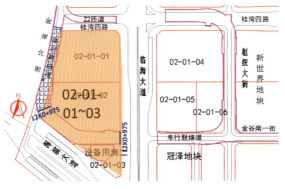

图8-3 桂湾地下车行联络道与02-01地块相互关系

2.5.1 边界条件

在02-01-01～03地块剧院初步方案设计启动时，部分地下车行联络道围护结构和主体结构已施工完成，主要的建设边界条件如下：

1.车行联络道已施工区段

车行联络道桂湾四路至滨海大道部分区段围护结构已完成，正进行主体结构施工。

2.临海大道预留接口

车行联络道上跨临海大道段已施工完毕,接口位置已无调整可能。

3.滨海大道C匝道

滨海大道C匝道接临海大道E匝道,与车行联络道距离较近,二者之间的距离仅满足采用共用围护墙的设计方案。

4.金岸北街与污水管路由影响

金岸北街污水管北高南低,与滨海大道污水管相连,受滨海大道C匝道影响,污水管需局部置于地下车行联络道上方,穿越南侧联络道至滨海大道C匝道上方,再向东南接至滨海大道 DN600 污水管(图8-4)。

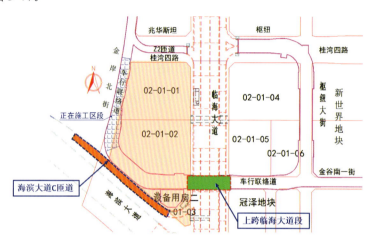

图8-4 桂湾车行联络道与周边项目相互关系

2.5.2 剧院地下室开发深度分析

地下室综合规范及参考表8-1、表8-2中实例数据,按照最不利条件测算,剧院的地下室按照四层考虑,总深度建议为22m,首层或二层为剧院辅助功能用房,层高分别为8m、6m。三、四层为停车库。层高均为4m。加上结构的厚度后地下室总深度约为24m。剧院地下室布置见图8-5。

国内部分剧院地下室层数及地下室深度　　　　　　　　　　表8-1

剧院名称	地下室层数(层)	地下室最大深度(m)
上海大剧院	2	10.0
杭州大剧院	2(局部4)	18.0
哈尔滨大剧院	1(局部2)	15.0
广州大剧院	1(局部4)	18.0

前海地区地块开发层数及地下室深度　　　　　　　　　　表8-2

项目名称	地下室层数(层)	地下室深度(m)
新世界地块	4	21.2
冠泽金融中心	4	22.5

续表

项目名称	地下室层数（层）	地下室深度（m）
华润金融中心	4	21.1
华强金融中心	4	20.3
卓越金融中心	4	18.0
腾讯地块	4	18.9
交易广场	3	17.15

图8-5　剧院地下室布置图

2.5.3　剧院与桂湾车行联络道相互关系

按照24m的地下室开挖深度，对桂湾车行联络道与剧院的相互关系（图8-6）进行分析。

图8-6　剧院与车行联络道关系平面图

1. 1-1剖面标高分析（图8-7a）

1）地下联络道L2路段标高位于地下2层，下方为空腔；L1路段标高位于地下3层，上方为空腔；

2）仅局部联络道设置空腔，面积较小，无法利用；

3）联络道顶板距离室外地坪3.6m；

4）地上建筑室内外高差按0.1m测算，首层地面标高距联络道顶板高差3.7m。

2. 2-2剖面标高分析（图8-7b）

1）地下联络道L1和L2路段标高基本相同，位于地下2层；

2）联络道顶板距离室外地坪3.6m；

3）地上建筑室内外高差按0.1m测算，首层地面标高距联络道顶板高差3.7m。

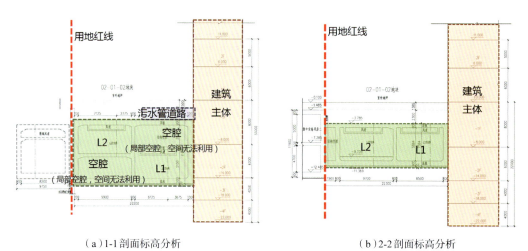

（a）1-1剖面标高分析　　　　　　　（b）2-2剖面标高分析

图8-7　车行联络道与剧院竖向关系图

2.5.4 地下联络道与地块建筑位置关系分析

根据剧院与地下联络道间的空间关系，可采取下列三种的结构处理措施：

1.方案一：地下联络道与剧院共用侧墙（图8-8）

该方案建筑主体避开地下联络道主体结构，两者共用防护墙体；主体建筑和联络道的地下使

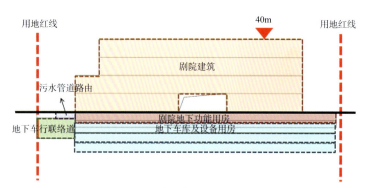

图8-8　地下联络道与剧院共用侧墙方案

用空间互不影响;方案可行,建筑结构对地下联络道结构有影响;共用外墙下基础需要预留上部建筑荷载。

2. 方案二:地下联络道与剧院共用侧墙,剧院上部结构局部悬挑(图8-9)

该方案建筑主体和地下室与联络道结构完全分离,但共用防护墙体;建筑裙房采用悬挑结构,增加地上可建范围;方案可行,建筑结构对地下联络道结构有影响,共用外墙下基础需要预留上部建筑荷载;如采用普通梁、层层悬挑,按现有层高,建议悬挑控制在6m左右;如采用加型钢等措施,可适当加大悬挑长度;如需更大尺度,也可采用拉索或桁架。

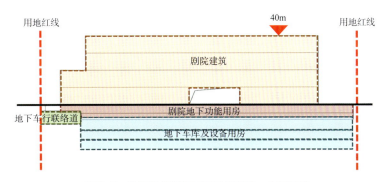

图8-9 地下联络道与剧院共用侧墙、上部悬挑

3. 方案三:地下联络道与剧院完全共建(图8-10)

该方案建筑地下1层地下室及地面建筑局部位于联络道上方,结构共用;位于联络道上方的地下室层高为3.7m,仍可用作地下车库或设备等功能用房,但联络道上方空间与地下室有高差,使用较为不便;方案可行,建筑结构对地下联络道结构有较大影响;建筑主体利用联络道结构直接建造立柱时,预留上部荷载即可,此时联络道上方地下室层高为3.7m,仍可使用;建筑主体任意位置立柱时,需要结构转换,转换梁的高度与柱网布置有关,一般为1.0~1.4m,此时会牺牲联络道上方地下室面积,但建筑主体结构自由度较大;结构可在地下联络道顶板转换,利用原有结构高度,也可在0标高处转换。

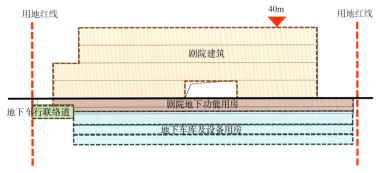

图8-10 地下联络道与剧院结构共建方案

2.5.5 建设模式比选

剧院地下室与桂湾车行联络道在同一地块内，结构上可采取共结构或分离式结构的方案，共用结构可节省地块空间，但结构受力上相对复杂，需同期设计、同期实施；分离式结构相对独立，相互间影响小，建筑主体和地下室与联络道结构完全分离，但共用围护墙；建筑裙房采用悬挑结构，增加地上可建范围；不受设计进度影响。

建设模式对比如表8-3所示，在不考虑建设时序的情况下，三种设计方案均可行，但目前剧院仅处于方案设计阶段，桂湾地下车行联络道已处于施工图设计阶段，时序差别较大，不稳定因素较多，经综合分析，推荐采用独立建设（共用围护结构）方案。

建设模式对比表 表8-3

	独立建设（共用围护墙）	共同开发建设（结构相连）	同步设计、分期施工（结构相连）
结构形式	结构框架分离，联络道和建筑之间结构互不影响	结构共墙共板。联络道和建筑结构体系标准不同，共用结构及围护墙体，不利于结构抗震	结构共墙共板。联络道和建筑结构体系标准不同，共用结构及围护墙体，不利于结构抗震
结构责权划分	地下车行联络道安全事故风险控制要求较高，过程中可能出现的质量、安全事故可进行清晰划分以及责任追溯	结构一旦出现问题，责权不明，难以划分	结构一旦出现问题，责权不明，难以划分
空间利用	对地上建筑会有一定影响	地上、地下空间充分利用	地上、地下空间充分利用
工程投资	工程投资稍大（分建所需结构墙柱、板、防水和基础的工程量相对较大）	工程投资稍小	工程投资稍小
建设标准	联络道全段设计、施工标准统一，有利于施工质量控制；联络道竣工资料独立编制，自成体系，后期验收竣工时易于整理、通过。建筑物设计、施工标准也相对独立	联络道主体结构依托于地块地下室，需处理房建和市政系统之间标准不一致（结构使用寿命、防水等级等），设计复杂性较高；联络道的竣工资料由多家单位编制、标准难以统一，出现资料缺少、错误的可能性大，后期整理、归档工作复杂	联络道主体结构依托于地块地下室，需处理房建和市政系统之间标准不一致（结构使用寿命、防水等级等），设计复杂性较高；联络道的竣工资料由多家单位编制、标准难以统一，出现资料缺少、错误的可能性大，后期整理、归档工作复杂
接口协调	联络道与地块的接口分期由不同建设主体实施，易造成接口预留和后期贯通问题	可避免接口预留和后期贯通问题	先行建设的工程需预留接口，后期工程贯通
建设时序	只需提供对围护墙的荷载作用及深度要求	联络道和建筑需同步设计、施工。针对周边地块及市政管线工程的建设时序及使用要求，02-01-02地块内地下联络道需于2018年完成设计	联络道和建筑需同步设计。针对周边地块及市政管线工程的建设时序及使用要求，02-01-02地块内地下联络道需于2018年完成设计
建设前提条件总结	提供对共用围护墙的荷载作用及深度要求（确认地块地下室底板深度）	剧院方案稳定；剧院和联络道同时施工	剧院方案稳定
建设条件现状	可根据地块容量和功能要求初步测算地下室面积及埋深，基本满足提资要求	剧院方案仍未进行招标，何时进行建设时间无法确定	若两者同步设计，需加快剧院建筑招标及设计进程，在2018年下半年稳定剧院建筑方案，该目标难以实现
可实施性研究	方案可行（推荐）	方案不可行	方案不可行

2.5.6 研究结论

地下车行联络道对02-01-01&02&03地块的地下室开发和地面建筑布置有较大影响，综合考虑车行联络道的建设条件和建设模式的比较，建议加快02-01-01&02&03地块的前期设计，02-01-01&02&03地块南侧的车行联络道和地块优先建议独立建设（共用围护墙）的建设模式，地上建筑可采用悬挑的结构方式，利用联络道上方空间，但对剧院方案设计有一定的制约和影响。

2.6 地下道路装饰装修设计优化专题研究

2.6.1 地下道路装饰装修设计优化范围及目的

设计优化的范围为桂湾一路、临海大道、滨海大道地下道路，桂湾、前海地下车行联络道，如图8-11所示。

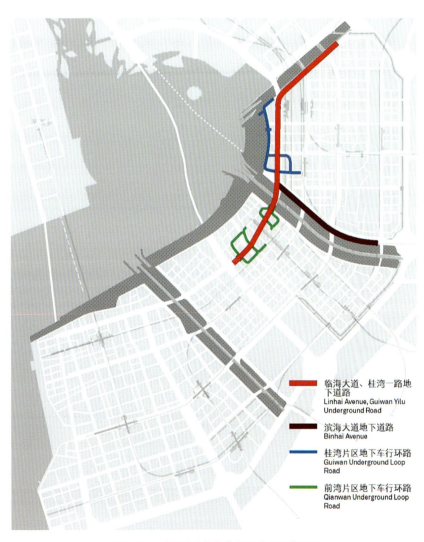

图8-11 地下道路装饰装修设计优化范围图

优化目的：在地下道路主体设计成果基础上，为体现前海规划的特色和高品质，在保证交通功能、运营维护安全等功能性需求的前提下，从建筑美观的角度提出地下道路的设计优化。

1. 保证不同施工设计合同之下进行的地下道路有统一协调的设计方案，确保地下道路的一致性与高品质的使用体验；
2. 道路使用体验是愉悦的，具有轻松而直观的驾驶与导航寻路标识；
3. 遵循交通功能性设计，从建筑美学、外观的角度提出优化理念；
4. 让优化设计方案确实可行，容易建造，以及符合成本效益；
5. 优化设计应尊重符合前海的区域文脉与定位。

2.6.2 地下道路装饰装修设计优化重难点

地下车行道路装饰装修设计优化的重难点主要有以下五个方面：

1. 空间环境

地下道路因建筑空间结构不开阔，布局单调、呆板，地下环境与地面环境的反差，以至于进入地下空间时，会产生狭窄感，舒适感减低。在前海地下道路建筑结构已基本定型的条件上，通过内部装饰装修优化、细节设计，提升空间环境、满足使用过程的心理需求，同时增加地下道路吸引力和舒适度。

2. 方向诱导标示

前海地下道路贯通区域及地块多、交叉口多且层次复杂、道路功能及等级各异，而且地下道路内部封闭，无外界景观的引导作用，环境可识别性差，以致地下道路方位感问题成为地下道路主要难点之一。通过地下道路可识别设计、完善诱导标示，将会大大改善该问题。

3. 装饰材料

地下道路处在物理环境比较恶劣的地下，而且相对环境封闭，对装饰材料耐腐蚀性及防火性能要求很高，一旦投入使用，再重新装修难度及代价极高，因此装修材料必须经久耐用、具备较强防火性能。如何选择具有耐久稳定、易洁、易维护、防火和防眩光等特性的主要装饰材料，也是装饰装修优化的重点。

4. U形槽及匝道出入口

地下道路U形槽及匝道出入口，除了满足交通功能，还是一个很好的标志性地标。目前地下道路的出入口位置已确定，原设计只部分考虑了出入口造型设置。为体现前海的特色及城市入口门户的体验；提供统一视觉识别、改善出入口设计的系统性、提升整体景观环境和道路使用者的体验，对整个地下道路出入口进行系统的装饰装修优化。

5. 出地面构筑物

本项目的出地面构筑物主要包括紧急疏散逃生楼梯、风井（包括新风机及排风井）、附属建筑（配电房、水泵房）等，出地面构筑物的位置及大小基本已确定，并通过了消防审批，其中部分现场已实施。原设计的出地面构筑物数量多、体量大，严重影响前海地面景观效果，如何将出地面构筑物对景观影响的不利转换为有利，降低影响，通过融入地面城市景观和装饰装修的软设计来实现，是本次专题研究主要方向。

2.6.3 总体概念

基于对前海地下道路不同层次、设计速度、等级的分析，提出策略方案，地下道路网络对应等级及设计速度如图8-12所示。

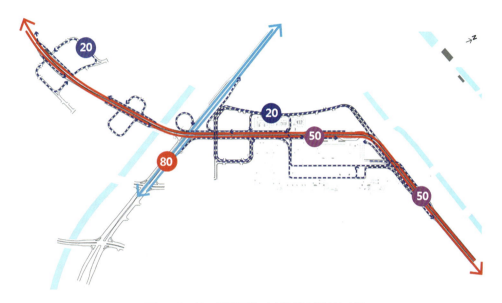

图8-12 地下道路网络对应等级及设计速度图

设计概念来自于道路的四个层面：

1.第一层面是深圳道路网络。使前海区域道路相对深圳市内其他道路更具有高品质外观与使用体验，而U形槽出入口构筑物设计优化更能有效体现这种提升变化，更容易树立建筑标杆。

2.第二层面是前海地下道路中50km/h或80km/h限速的主干路。这类城市道路，需要高质量的内部装饰面与安静的色彩来体现。

3.第三层面是低速的车形环路，这些道路里由于拥有众多地块的地下室出入口，寻路系统显得至关重要而具有挑战性，则利用更明亮的灯光与颜色来帮助寻路导向。

4.第四个层面是周边地块地下室联络道。这些道路车速十分缓慢，因此使用强烈的颜色与超大型图像对于寻路导向十分有帮助。

优化策略示意见图8-13。

2.6.4 U形槽及匝道出入口

1.出入口位置

地下道路系统共设置了2处U形槽出入口和3处匝道出入口，如图8-14所示。

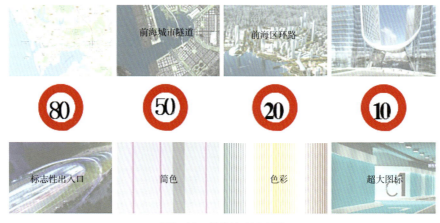

图8-13 优化策略示意图

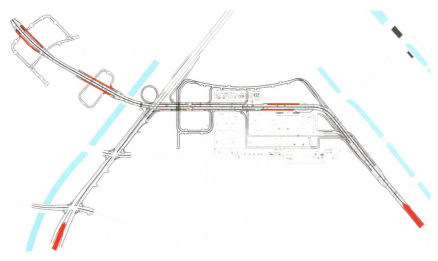

图8-14 U形槽及匝道出入口位置图

2.现状

原设计中,两处U形槽出入口设置了建筑造型,其他匝道未设置。优化工作启动时,地下道路部分工程已开展建设,其中部分出入口主体结构已建成(图8-15、图8-16)。

图8-15 桂湾一路U形槽出入口位置现状

图8-16　滨海大道U形槽出入口位置现状

3.优化方案

优化后桂湾一路U形槽拥有未来式动态曲线形态，并设置特色灯光照亮覆板边缘彰显该曲线形态；特色灯光亦设置在出入口的侧墙，随不同材料装饰板之间的曲线交接缝自下而上延伸至隧道内（图8-17～图8-19）。

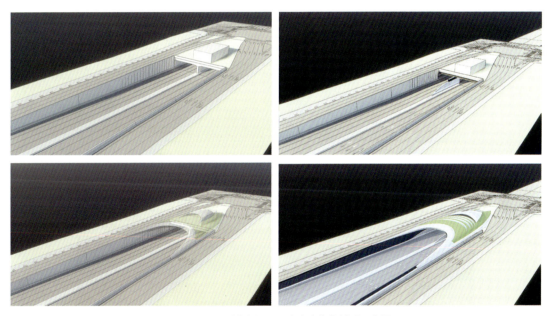

图8-17　U形槽出入口设计方案优化过程示意图

其他匝道全部进行出入口造型设计优化，采用与U形槽方案一致的建筑形态，保证前海地下道路出入口的统一性和识别性。各个匝道根据具体工程情况微调，匝道出入口优化方案效果如图8-20所示。

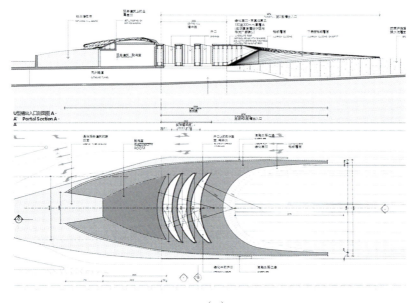

(a)

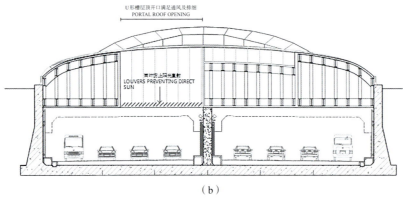

(b)

图8-18　U形槽优化方案设计图

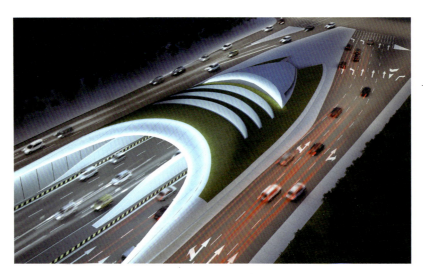

图8-19　U形槽优化方案效果图

图 8-20　匝道出口优化方案效果图

2.6.5 隧道内部装修优化

1. 寻路系统优化

优化设计保留了原设计使用颜色寻路导航的想法对每一条环路用一个特定的颜色,根据不同区域的定位选用颜色,桂湾金融区选用暖橙色,前湾高新技术区采用蓝色。

每一个主要的颜色都有两种深浅不同的衍生颜色,在地下环路的出口连接处采用深色的装饰板,作为寻路导向的提示。为了增强识别性,从每条环路到地块地下室联络道出口将设置大型图标,比如1某地块、2某地块等,如图8-21所示。

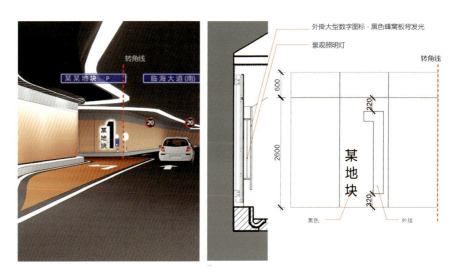

图 8-21　桂湾地下车行环路地块大型图标

2. 墙面装饰板颜色优化

1)桂湾一路、临海大道、滨海大道

主干路及以下等级地下道路墙面装饰板颜色柔和,使用灰色。每当遇到驶出岔道,墙面装饰板样式变化。车道外部靠近岔道墙面装饰板颜色渐变至环路的颜色,在道路另一边墙面装饰板排列方式一样,呈镜面对称,使用柔和渐变深颜色。墙面装饰板颜色的交错排列可以打破沉闷统一的灰色覆板,但不影响识别另一侧驶出道路的明亮颜色装饰板。在每条环路里从主要地下道路驶出的匝道都会由一种渐变的颜色来识别。两侧墙的垂直装饰板将在基本颜色和更明亮的颜色中交错相间，越接近驶出道路的部分颜色装饰板越明亮。由屋顶悬挂的灯光将均匀地照亮墙面，加强颜色变化的效果（图8-22）。

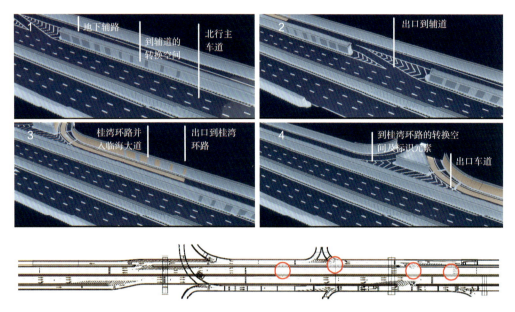

图8-22　主干路侧墙装饰板在岔道的渐变示意图

2）前湾、桂湾地下车行环路

不同地下环路的墙面垂直覆板颜色不同，前湾地下环路采用蓝色，桂湾地下环路采用橙色。从地下环路进入地块的出口连接处，设置深色的装饰板，上方设置特色洗墙灯，地面为深色沥青路面（图8-23）。

3）墙面装饰板选材及规格划分

（1）材料的选用

侧墙装饰板是地下道路主要的材料，对地下道路及隧道的常用材料进行了功能、外观、造价、后期管养等对比及实地考察，最终推荐玻璃搪瓷钢板作为地下道路内部装修的主要材料。

在国内外的近年来重大项目有使用案例，而且运用效果较好。如港珠澳大桥、上海外滩隧道、澳洲布里斯班Legacyaa隧道、美国波士顿Callahan隧道等。

（2）规格划分

装饰板沿车行方向标准宽度为1.2m，遇到墙面有设备箱或门时，根据开口大小特殊划分搪瓷钢板宽度，原则是设备开口居装饰板中间，尽量让装饰板宽度与设备开口宽度一致，分缝与门边重合。装饰板宽度划分浮动范围尽量控制在±0.2m。

板块高度，主道路搪瓷钢板装饰高度主路为3.5m，环路为2.75m，其中顶部为0.6m高，颜色为固定浅灰色；下部为2.79m（主路）或2.04m（环路），颜色根据侧墙色彩策略而变化。侧墙装饰板竖向分缝为铅垂线。墙面装饰板规格如图8-24所示。

(a)桂湾地下车行环路

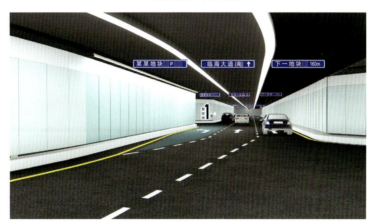

(b)前湾地下车行环路

图 8-23　环路进入地块侧墙装饰板渐变效果图

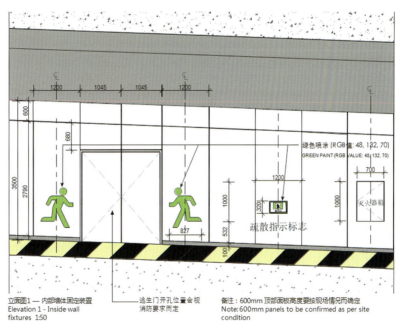

图 8-24　墙面装饰板规格示意图

4）地面颜色优化

从主隧道出口至地下环路、从地下环路出口至地块地下空间的过渡连接区，地面采用彩色沥青路面，颜色与侧墙颜色基调一致，采用深蓝或深橙色。

5）隧道顶部优化

侧墙装饰板以上及顶部采用深灰色涂料喷涂，包括顶部的管线等。根据规范要求，消防水管每隔固定长度涂红色环，红色标示环的颜色、宽度及间距符合消防规范要求，其他段喷涂深灰色。

6）照明优化

为便于寻路，在隧道出口处侧墙颜色变化区域安装洗墙效果灯，强调面板颜色及变化，见图8-25。

图8-25　洗墙灯图

2.6.6　出地面附属设施

本项目出地面构筑物主要包括有消防泵房、配电房、疏散楼梯、风井等，针对不同的位置及功能，采用隐蔽或转换利用两大策略。

1. 消防泵房

消防泵房位于桂湾一路、双界河水廊道公园旁，土建结构已建成。考虑到成本及工期问题，拟对该泵房进行美化改造，使其与周边环境协调。消防泵房外观改造效果见图8-26。

2. 配电房

配电房主要位于桂湾一路U形槽出入口范围，与U形槽的造型一起整合，隐藏于出入口造型里，详见U形槽优化方案。

3. 疏散楼梯及风井

出地面的疏散楼梯及风井较多，消防已通过审批，大部分土建结构已建成或已预留开口，本

图8-26 消防泵房外观改造效果图

次优化尽量不改动已实施土建结构，主要对外观的改造。

1）优化策略

（1）位于地块中构筑物，与建筑物整合，出地面构筑物隐藏于建筑里；

（2）位于公园或大型绿化带中构筑物，构筑物与景观公园整合，成为地景；或与城市家具功能结合，转化成街道家具；

（3）位于道路边绿化带而且空间有限制的，可采用绿篱遮挡隐藏的方式。

2）桂湾一路、临海大道及滨海大道地下道路

主路范围的出地面疏散楼梯共2座，风井共7处。

针对实际情况及景观需求，出地面构筑物优化方案如下表8-4：

出地面构筑物优化方案　　　　表8-4

功能	编号	位置	现场情况	采用方案	备注
疏散楼梯	1号	公园内	未实施	放坡形成绿坡地景	降低出地面高度
	2号	公园内	未实施	与附近监控中心整合	
风井	1号 6号	侧绿化带	结构已实施出地面	绿篱遮挡	2号、4号风井局部调整绿化带宽
	2号-5号	边绿化带	结构已实施出地面	绿篱遮挡	
	7号	大型绿化带	结构已实施，未出地面	放坡造景融入地景，与城市休闲座椅结合，成为城市街道家具	

采用绿篱方案时，风井外边线与绿篱的净距保持在0.5m以上，采用的遮挡植物建议采用比风井稍高的、耐干燥的灌木，推荐福木、红车、垂叶榕等，见图8-27。

3）前湾、桂湾地下车行联络道

地下联络道出地面构筑为疏散楼梯及风井，共24组，其中桂湾地下联络道有8组，前湾地下联络道有16组。按照位置、现状情况、远期规划等，分类优化设计（表8-5）。

(a)放坡形成地景

(b)绿篱遮挡

图8-27 疏散楼梯及风井优化效果图

地下联络道分类及优化方案　　　　　　　　表8-5

编号	位置	采用方案	备注
类型1	公共空间或绿地	改造为城市小品构筑物，附加洗手池、饮水机、标识/地图/资讯、自动售卖机及休闲座椅等功能	材料为六涂自然浅木色铝格栅，建筑立面采用浅灰色花岗岩
类型2	大面积的公园中	利用公园高差放坡，形成地景与公园整合，绿化造景	
类型3	未出让地块中	近期设计绿墙，预留导改结构，远期的与地块整合设计建设	临时附属设施采用垂直绿墙设计
类型4	已出让地块	大部分已与地块整合，不出地面。4组出地面1.1m左右，体量较小，采用绿化遮挡	

类型1至类型3效果图见图8-28～图8-30。

(a)前湾南环5号楼梯、9号新风井、排风井11号

(b)前湾南环6号楼梯和10号新风井

图8-28　类型1效果图

图8-29　类型2效果图

(a)近期绿墙方案

(b)远期整合方案

图 8-30　类型 3 效果图

2.6.7　监控中心装饰优化

监控中心位于滨海大道与桂湾一路交叉口西南角，位于桂湾公园内。本次主要对监控中心内部装饰装修进行优化。主要包括主大堂及出入口、休息室、控制室三大功能区。

1. 主大堂及出入口

主入口下沉庭院设置庭院绿植景观，采光天花吊顶为灰色铝格栅、地面为银灰色花岗岩并延伸至室内大堂、墙面铺设米色仿石纹砖，银色铝合金推拉门，见图 8-31。

图8-31 监控中心大门入口装饰优化效果

2. 休息室

休息室保证功能为主，室内装饰营造开阔、舒畅、休闲的体验，总体色调与大堂一致，见图8-32。

图8-32 休息室装饰优化效果图

3. 控制室

既要保证功能要求，同时要考虑较高的安全消防与防噪声要求。色调基本与以上两个功能区域一致，主要在选材方面满足特殊安全要求，见图8-33。

2.6.8 结论

结合前海地下道路建设实际情况，借鉴国内外地下道路装饰装修经验，对前海地下道路、出地面构筑物、监控中心等进行优化设计，从建筑美学的角度上，就装饰装修风格、色彩、材料进

图8-33 控制室装饰优化效果图

行了本次研究。本次研究的意义和影响：

1）统一、系统化前海片区各地下道路装修装饰设计标准。通过对前海片区各地下道路及地下环路装饰装修设计进行优化，有利于形成统一的装修设计标准，避免不同道路之间出现较大反差；根据不同地下道路的等级及功能，形成系统性的地下道路设计策略，提升驾乘体验。

2）提升前海片区各地下道路装饰装修设计品质。通过对道路出入口、附属设施景观、装饰装修、照明等进行总体设计，使前海地下道路设计与城市设计相匹配，从而提升前海地下道路的标志性及设计品质。

3）塑造前海片区地下道路形象的文化标识特点。通过对地下道路不同部位进行空间效果设计，体现前海特色，形成前海地下道路独特标识，便于交通寻路识别，彰显前海自身的文化特色。

第九章

经验成果

◎ 工程亮点

◎ 经验总结

◎ 下一步研究及探索

第1节
工程亮点

1. 攻克多点进出地下道路网络消防技术难题

前海合作区地下道路是由多个单体工程组成的隧道网络，因地下道路多点进出、火灾工况复杂等特点，导致消防设计难度极大。在国内鲜有先例，也缺少针对性的消防规范。面对众多设计难点，项目团队将前海地下道路网络作为整体项目统筹消防设计，多次与市消防局针对项目难点专项沟通，全过程利用BIM模拟烟气场景、人员疏散场景，并赴香港、上海、苏州调研类似项目，总结经验教训。在消防报批文件中，根据市消防局所关注的重点，不仅表达各自隧道的单体，同时专篇论述整个隧道网络之间的相互关系和各系统的连接方式，做到整体网络清晰、相关消防联动措施合理可行，顺利取得了地下道路的消防设计批复，为地下道路的顺利实施奠定了基础。该项目不仅取得国内首例多点进出地下道路的消防批复，还推动了国家消防规范的修编，为后续地下道路建设先行先试。

2. 打造特色与高品质环境景观

地下道路作为前海公共地下空间的主要载体，是前海地下空间开发的名片。通过引入国际知名咨询机构开展地下道路空间环境提升、天花与侧墙装修精细化设计、出地面构筑物优化与整合，提升了地下道路空间品质和驾驶环境，美化了地面道路的景观环境。

3. 以支部共建为契机，促进项目建设及团队建设

地下道路机电装修工程属于基建前湾项目党支部重点建设项目。项目团队开展了形式多样的党建共建活动，如"支部书记讲党课""重温入党誓词""七一媒体探访工地""参观学习红色教育基地""质量月观摩""防疫物资慰问"等活动，充分发挥了党建政治优势和党员的先锋模范作用，增强了项目建设团队凝聚力。

4. 大胆尝试项目管理创新

在具体项目管理工作中主要尝试了以下四方面的创新性措施：

1）在设计与项目建设管理领域深化"深港合作"。为借鉴香港精细化项目群管理的理念，前海特引入国际工程顾问，协助建设单位分析基础设施项目群建设时序、开展设计总体管理以及接口管理等工作。借鉴国际轨道交通建设先进经验，聘请中国香港顶尖水平的轨道交通建设顾问，协助开展前海轨道交通线网规划统筹及优化、轨道交通与基础设施及地块接口管理。同时，为进一步提升前海地下道路装饰装修工程品质，特引入中国香港专业机电装修顾问对前海地下道路及出地面构筑物优化装饰装修设计。对地下道路机电设备系统安装提出包括深化设计、设备采购、标段规模优化、品质管控、接口协调、系统功能及运营需求方面咨询意见。

2）工程采购探索集群化招标，破解区内项目"小、多、散、杂、高"的管理难题，吸引优质承包商，减少招标次数，节约招标成本及时间，整合资源，有效推进了地下道路建设。

3）整体管理试用"监理+项目管理"模式，监理和项管对管理范围内的所有项目进行全过程统筹、策划、组织及协调，参照国际先进标准，对项目投资、进度、质量和安全开展监理工作，整合出所涉及各专业施工监管规程，建立前海标准，并建立以建设单位为核心的信息管理制度及系统，服务于质量、安全、进度与现场管理工作。

4）管理工具全面应用BIM技术。引入先进的BIM技术，破解地质条件和边界条件复杂、空间关系和专业种类复杂、建设标准要求高的建设难题，创新前海规划、设计、施工等建设管理模式，全面提升工程建设全生命周期智慧化管理水平。

5. 探索采用项目集群管理模式

为应对前海城市新中心复杂基础设施开发的种种挑战，前海合作区探索采用项目集群管理方法对基础设施项目群进行管理，对片区基础设施项目群建设起到了极大的推进作用。前海的城市新中心项目群组织模式本质是我国城市级大型群体复杂工程的政府推进机制。对于如此庞大的项目群，传统单个项目的组织体系难以匹配支撑建设的总体要求，包括人力储备、类似工程管理经验、复杂工程管理机制、相应组织管理构架、群体工程建设单位管理能力等。前海建设指挥机构经过系统分析研究，结合自身实际从顶层设计和组织体系上建立了比较完整的项目群管理体系。

1）在顶层设计上，提高统筹协调的决策能力和执行力，将工作重心放在项目科学推进与统筹协调，构建政府、市场的二元建设推进系统，以此调和各层次和利益相关方的利益诉求。

2）在组织体系上，前海蛇口自贸新城建设指挥部及前海管理局作为决策主体，是重大工程的决策组织核心，统筹项目相关方共同推进整个系统前行。

6. 提前统筹设计接口

过去十年来，前海合作区同步推进的基础设施工程项目众多，不同类型和不同投资主体的工程建设项目在时间上和空间上交叉实施，产生许多复杂的项目接口问题，作为贯穿前海合作区桂湾和前湾二个片区的地下道路一期工程，项目间接口问题尤为复杂，地下道路系统与周边地块和其他基础设施之间存在超过380个地下实体接口。由于地下工程的隐蔽性、不可逆和复杂的环境条件，在基坑和主体结构设计中接口处理难度大、风险高，若处理不当，会对结构安全、工程进度和成本造成极不利影响，也将对后续工程的实施带来诸多问题。

针对地下道路复杂的接口问题，建设单位管理团队、咨询单位和设计单位详细分析工程存在的接口、接口面临的问题及解决的方案，对接口问题提前统筹研究，对复杂接口技术问题进行综合分析并主动协调各主体单位，在设计方案中采取合理的预留或接口处理措施，提前统筹设计接口对整个项目顺利实施具有十分重要的作用。

7. 试验段+样板段先行，把控施工品质

为了更直观感受和检验地下道路装饰装修设计的总体效果、材料类型及其质量、施工工艺水平及施工质量，项目采用试验段+样板段先行的机制。通过试验段与样板段的制作等质量控制工作，确保装饰装修达到预期的质量与效果，且与前海规划定位相匹配。机电及装修顾问公司快速指导施工承包商进行深化设计，依据更加完善的深化设计开展正式的装饰装修工作，保证了装饰装修效果、节省了施工成本和加快了施工进度。

8. 精耕细作，打造示范工地和精品工程

机电与装修工程材料设备种类多、数量大、价值高。机电装修工程品质关键是选材和工艺，为保证项目的品质，项目团队对该工程的主要材料进行逐个考察与甄选，本工程主要设备材料全部选用国际国内知名品牌，同时从深化大样图、定样、封样到施工工艺，项目团队层层把关，样板工程一次性验收合格，工程品质得到多方认可，吸引同行多次观摩交流。

9. 探索深基坑施工工艺，确保基坑和周边建筑物的安全

基坑开挖过程中掌握好"分层、分步、对称、平衡、限时"五个要点，遵循"竖向分层、纵向分段、平面分区、对称平衡、先支后挖"的原则进行基坑土方开挖；基坑采用从大里程往小里程方向开挖的顺序，将基坑平面分为24块，竖向分为6层进行基坑开挖。每层土方开挖完成后及时采用C20挂网喷混凝土支护；加强支护结构的监控量测作业，根据监控量测数据指导现场施工作业；基坑开挖至底部标高后，尽快施工地下结构，减少基坑底部暴露的时间，降低因基坑底部隆起过大而导致围护结构失稳破坏的风险。

10. 加强地铁保护措施，保障地铁安全运营

前海地下道路一期工程上跨运营的地铁1号、5号、11号线，部分区段地下道路距离地铁结构顶部的距离不足3m，前海地下水位较高，在轨道线上方进行明挖施工时，容易造成地铁隧道结构上浮，影响地铁的正常运营，施工风险较大，如不能采取有效措施，将严重影响地铁的运营甚至破坏地铁隧道结构。在设计和施工上采取以下措施：

首先在地铁保护区采用注浆钢管桩进行地基加固，施工时严格控制注浆压力在淤泥或淤泥质土中为0.2~0.3MPa、在填石层为0.2~0.5MPa，使土体均匀加固，增加土的重量和强度；其次沿地铁隧道两侧设置抗拔桩，为减小抗拔桩施工对地铁隧道振动影响，抗拔桩采用搓管机全护筒跟进施工；再次在地铁保护区施作$\phi 700mm@500mm$双管止水帷幕旋喷桩，并在基坑范围内施做20口$\phi 600mm$降水井，降水井的水泵保持昼夜连续运转，严格控制降水水位，增加土体的有效应力；最后在地铁上方采用竖井分区间隔跳孔开挖施工工艺，及时施做抗拔桩冠梁和抗浮板。这些设计与施工措施取得了良好的效果，地下道路建设期间未出现地铁隧道结构破坏和超过容许变形的问题。

11. 连续无间隔布置灯具并智能调光

本工程隧道照明灯具均采用条形LED绿色环保节能灯作为光源。光源发光效率为100lm/W左右，灯具长度为1m，自带可调光电源。灯具安装固定支架与灯具本体间角度可调节。隧道照明全线采用连续无间隔布置方式，形成连续灯带。这种连续无间隔灯具布置方式，可以有效减少照明眩光，消除灯具频闪，增强交通诱导。极大提高了驾驶安全舒适度的同时，又保证了隧道交通安全高效运行。

隧道照明采用智能控制方式，可根据隧道洞口处设置的照度计检测的洞外和洞内亮度信号，选择预定的控制方案和自然光条件的照明控制方案。

隧道照明控制方式以自动控制为主，手动控制为辅。自动控制采用智能控制方式，对隧道照明灯具进行逐盏调光控制，从而使隧道各区间的照明亮度满足各种工况下亮度要求。工作人员通过智能照明监控管理软件可以迅速、实时地掌握灯具的工作状态，并且该软件还可以对异常状态及时报警，提高了安全性，降低了维护成本。

第2节
经验总结

前海地下道路位于新近填海区，里程长，沿线地质条件复杂，同时，前海路网密、开发强度高，地下空间开发体量巨大。地下道路与周边地块开发项目、地下空间和市政配套设施紧密相邻，地基处理、基坑围护、与沿线地块及市政项目的协调、接口管理、建设时序统筹、地铁保护等成为前海地下道路工程的重难点，该工程在地下道路规划设计、项目统筹和工程实施方面为前海合作区后续地下交通工程的设计与实施积累了经验，同时也为其他地区类似建设条件下的地下空间开发提供有益的借鉴。

1.项目群统筹协调管理

自2014年地下道路开始建设，前海区内项目众多且类型多元，项目间联系紧密，同时建设与运营并存，如何在有限的工期和施工空间内，有序组织地下道路及其他工程的协同建设难度极大，传统单个项目的组织体系和管理模式难以匹配项目群的要求。

前海建设指挥机构经过系统分析研究并结合自身实际情况，从顶层设计和组织体系上建立了比较完整的项目群统筹协调管理体系。及时统筹协调不同项目之间因建设时序变化、并行实施等因素产生的各类干扰，协调解决影响地下道路关键节点工期的问题，确保前海各类基础设施工程顺利实施。

2.有效的项目群建设时序管理策略

前海地下道路建设的周边环境较为复杂，项目建设主体既有政府，也有地块开发商，建设边界条件有静态和动态的，但以动态变化为主。地下道路属于大型地下空间开发，建成后改造难度大、成本高，因此每个工程的交叉节点都需要系统进行分析与跟踪。需通过全面、精细的实施策划，进行严密的项目实施推演，梳理项目在前期工作组织、施工组织、竣工验收等阶段的工作特点，识别出项目重点、难点、风险点，制定科学合理的实施路径。

为有效推进前海城市新中心建设，对项目建设时序进行有效管理，提出如下有效的解决策略：

1）以地块开发为需求主导，基础设施建设为支撑的原则；

2）基础设施建设计划要具有可实施性和时效性；

3）制定建设时序的定期回顾及动态调整机制；

4）采用大型项目进度管理软件进行总控进度计划管理。

3. 科学的项目群接口协调与管理

国内外工程经验表明，接口问题是制约项目顺利推进的主要因素，接口协调与管理是项目的重难点，前海地下道路接口问题尤为突出，包括与地块建筑、地铁、水廊道、高压走廊、市政道路、地下人行通道等工程的接口，涉及多个不同建设主体，接口协调工作繁重、管理难度大、风险高。

前海建设指挥机构和建设管理单位通过搭建项目接口实施统筹平台，采用矩阵法接口管理，系统梳理工程接口，按照轻重缓急要求，并充分考虑接口条件在项目各阶段的动态性，逐项协调并闭合接口，确保各个项目的协同推进。

4. 复杂填海地质条件下的长大基坑设计

前海合作区处于新近填海区，经历多次堆土填筑和处理，局部夹杂有淤泥包，区域地质条件复杂，长大基坑围护及软基处理难度大。

按照承载力和变形控制要求，结合土层的性状和分布特点，分区段开展分析计算，并借鉴类似工程经验，确定工法和工艺参数；对于深度大、土层差，以及与已建或在建交叉或相邻的建（构）筑物等难点部位，选择变形控制好和对周边影响小的支护型式及专项保护措施。结合本工程实施计划，兼顾周边地块的开发进程，提出合理支护和地基处理方案，以不影响或少影响为目的，有利于前海合作区总体规划及时落地，做到合理利用，有序开发。

5. 解决地下道路网消防关键技术

地下道路网火灾具有多样性、起火点的移动性和安全疏散局限性的特点，火灾造成的人员伤亡大、经济损失大和次生灾害严重，做好地下道路消防设计极为重要。现行技术规范尚未对此种多点进出的地下道路消防设计做出明确的规定，前海地下道路工程采用消防性能化的设计方法，将地下道路网络作为整体统筹消防设计，并开展《多点进出特长地下道路防灾救援专题研究》《多点进出特长地下道路自动喷雾—泡沫灭火系统的有效性研究》《多点进出特长地下道路火灾时人员安全疏散研究》《多点进出特长地下道路烟气蔓延规律及控制技术的数值模拟及实验研究》等消防关键技术专题研究，确定：①隧道灭火系统采用水消防和泡沫水喷雾联用系统；②前海地下道路人行横通道按照250m间距设计，车行横通道按照500m间距设计，车行横通道兼作人行横通道；③对于长度大于250m的匝道，按照间隔250m的原则设置通向地面的逃生竖井；④地下道路与前海湾综合交通枢纽之间采用钢制防火卷帘分隔，防火卷帘平时为开启状态，火灾时关闭；⑤地下道路主路与地下车行环路之间设置钢制防火卷帘，防火卷帘平时为开启状态，火灾时关闭；⑥地下设备用房防火分隔均控制小于200m^2，设置两处通向主路隧道的疏散出口，并设置乙级防火门分隔，有条件的均设置了应急爬梯直通地面。

消防性能化设计和以上消防关键技术研究有效解决了地下道路网消防技术难题，所采取的措施能够满足前海地下道路网消防疏散的要求和火灾工况下迅速分隔分区实现快速灭火的效果，该技术可为国内类似项目提供很好的经验借鉴。

6. 复杂地下车行道路交通组织与标识设计

基于《深圳前海地下道路特长隧道交通安全与驾乘环境研究》，结合前海地下道路的特征，构建预告、告知、确认的三级指引系统。在地下道路地下交通标示设计中采取：①针对地下道路系统的出口情况信息预告，在进入地下道路之前对地下道路内出口情况进行二级预告，为驾驶员进行地下道路内的出行规划提供依据；②针对单个出口的信息预告与指引，通过对出口信息的逐级发布与指引，使准备从出口驶出地下道路的车辆提前换道，实现直行车辆与出口车辆的提前分道行驶，减少交通干扰；③地下道路标志牌均采用电子LED自发光标志牌。

经过一年多运行，地下道路交通指示清晰，满足安全运行的要求，交通总体运行良好，且标志牌设置简洁，达到了预期效果，为其他同类型项目提供了可借鉴的经验。

7. 合理布置地下道路出地面构筑物

地下道路需在地面上设置部分附属构筑物，包括逃生口、通风井、配电房等，除了满足功能要求外，前海合作区对于出地面附属构筑物在地面环境景观融合方面也提出较高的要求。前海地下道路设计对出地面构筑物进行了全面的梳理并进行了优化设计，采用合建、景观融合、弱化建筑体量等方法，其中包括：通风井尽量靠近绿化带，同时进行绿化遮挡；逃生出口与环境相融合，逃生口与水廊道地形充分结合，满足远期水廊道环境景观项目的需求，逃生口与监控中心天井相结合，减少出地面构筑物；主线风井设计为休闲设施，消防泵房采取外立面美化设计并预留远期与周边水廊道公园水景融合等方案。

设计管理方面采取主体设计单位和景观专项设计单位协作的方式，由景观专项设计单位负责地面总体景观的整合优化，主体设计单位负责结构优化，总体上减少了地下道路出地面设施的数量，出地面设施与环境相融合，达到了消隐的效果。

8. 科学解决地铁保护问题

地下道路上跨现状地铁线，施工过程中如何对受影响的既有地铁隧道结构做好保护措施是个重难点。

设计时对地铁保护段进行地基预加固，并通过竖井跳挖的方式施做抗拔桩及抗浮板，成功地防止地铁隆起变形；这些设计与施工措施取得了良好的效果，地下道路建设期间未出现地铁隧道结构破坏和超过容许变形的问题，很好地保障了地铁运营安全。

9. 做好地下道路分期建设与开通的交通组织和预留

前海地下道路建设与前海片区开发时序相一致，先期实施一期工程，从桂湾到前湾，后期实施二期工程从前湾到妈湾。一期工程实施终点为前湾三路北侧，为满足近期的交通衔接需求，一期工程主线隧道终点南侧设置两条出地面匝道以满足近期的使用功能，发挥投资效益。由于近期开通主路，地块环路等均未建成，交通量较小，为有序引导交通，避免超速驾驶带来的安全隐患，一期工程主线隧道局部压缩车道数运行，对出入口匝道均进行了相应优化，既满足近期的交通使用要求，也便于远期修改。

通过近期交通组织优化，地下道路主路、滨海大道主路实现了互联互通，临海大道地下道路与前湾片区、桂湾片区地面道路也实现了联系，项目建成后前海前湾片区、妈湾片区向北与新开通的南坪快速路二期的连接实现前海与龙华区的快速联系，向东与滨海大道，桂庙路隧道的连接，实现前海与福田区的快速联系。及时解决了前海对外交通出行问题，达到了项目投资的预期效益。

第3节
下一步研究及探索

1.地下道路建设与运营中的节能、环保、绿色和低碳

全球建筑行业及相关领域造成了70%的温室效应，建筑业在二氧化碳排放总量中占据约50%。2009年8月12日，国务院首次把培育低碳经济作为我国经济新的增长点，要大力发展绿色经济，加快建设以低碳排放为特征的工业、建筑和交通体系；同时宣布了控制温室气体排放的行动目标，截至2019年底，中国碳强度较2005年降低约48.1%，提前完成了2020年控制温室气体排放目标，扭转了二氧化碳排放快速增长的局面。2015年，国务院进一步提出到2030年左右二氧化碳排放达到峰值并争取尽早达峰、碳强度比2005年下降60%～65%。

每个道路工程，都应成为道路建设者与环境的一次和谐对话，前海已建地下道路长度约5km，建设规模大，如何在运营期做好节能、环保、绿色和低碳工作，是未来项目需要关注的重点。下阶段可进一步研究自然光照明设施、低温沥青路面、隧道净化站碳收集、冲洗水循环回用等绿色设计。建设及运营期间建立健全节能减排统计、监测和考核体系，完善制度等。除了上述的措施外，如何在未来的地下道路建设与运营中利用新技术、新材料、新工艺实现节能、环保、绿色和低碳，是进一步探索的主题。

2.地下道路防灾救援智能化控制系统

面对近年来极端暴雨天气多发造成隧道水淹灾害，在以往隧道排水设计中均遵循"高水高排，低水低排"的原则，在隧道口采取截水排水设施，并根据技术标准设置排水泵站。但对于隧道内积水的预警设置不足，下阶段可进一步研究隧道积水自动化监测、预警，发布隧道封闭信息等。

隧道内火灾事故由于空间密闭，烟气排散困难，如在火灾最初期消防系统不能控制火势时，往往会迅速发展，造成更大的灾害，同时消防人员判断火情，采取有效灭火救援方案也十分困难。隧道内火灾初起时，现有的监控系统可确认火灾发生及定位，但因烟气、高温的遮蔽和破坏对火场内情况完全失察，下阶段可以进一步研究火灾期间智能探测系统，"封闭空间火灾监测系统"可对火场全时空进行三维量化多参数实时检测，检测内容传输至任意位置进行可视化呈现，

供消防、救援制定针对性策略,为迅速灭火救援提供有力支持。

3.采用智慧化手段针对地下道路"回堵快、易迷航、管养难、救援慢"四大难题,可进一步研究"多维联动管控、精准导航、智慧管养、事故快速响应"等运维策略。隧道与其外场紧密相关路网的一体化"区域配时控制",解决高峰期拥堵、水灾/火灾期间的预警/疏散/疏解交通问题。

参考文献

[1] 沈杰，蔡强新，苟中华.大城市更新改造工程与可持续发展——概析波士顿中央干道/隧道改建工程[J].建筑学报，2008（5）：47-50.

[2] ITA-AITES波士顿中央干道/隧道[EB/OL]. http://www.ita-aites.org/zh/cases-histories/case/boston-s-central-artery.

[3] 孟宇.城市中心区交通设施更新实例——波士顿中央干道/隧道工程[J].国外城市规划，2006（2）：87-91.

[4] Eugenio, A Merzagora. Road Tunnels in Spain >1000m[EB/OL]. http://www.lotsberg.net/data/spania/list.html，2011-06-29/2015-10-20.

[5] 蔡逸峰，沈海洲，刘淼.地下道路的建设实践及发展思考[A].武汉市人民政府、中国城市规划学会城市交通规划学术委员会.城市交通发展模式转型与创新——中国城市交通规划2011年年会暨第25次学术研讨会论文集[C].武汉市人民政府、中国城市规划学会城市交通规划学术委员会：中国城市规划学会，2014：7.

[6] 谢宇智.马德里三环路："遁地"躲拥堵[EB/OL]. http://news.xinhuanet.com/world/2014-11/01/c_1113074031.htm.

[7] 张毅媚，沈海洲，朱晓燕.国外地下道路建设及对上海的启示[C]. 2012城市发展与规划大会论文集，2012.

[8] 饭岛，启秀.中央环状山手トンネル（渋谷线-新宿线）の完成に向けて[J].基礎工，2010（3）：2-3.

[9] 前海深港现代服务业合作区管理局.前海深港现代服务业合作区总体发展规划[R]. 2010.

[10] 深圳市规划和国土资源委员会.前海深港现代服务业合作区综合规划[R]. 2018.

[11] 深圳市规划和国土资源委员会.深圳市轨道交通线网规划（2016—2030）[R]. 2017.

[12] 前海深港现代服务业合作区管理局.前海合作区轨道和道路交通详细规划[R]. 2013.

[13] 前海深港现代服务业合作区管理局.地下快速道路系统详细规划[R]. 2014.

[14] 前海深港现代服务业合作区管理局.前海合作区地下空间规划及重要节点周边地下空间概念方案设计[R]. 2015.

[15] 前海深港现代服务业合作区管理局.前海地下车行联络道及行人联络通道设计标准[R]. 2016.

致 谢

  本书对前海地下道路规划设计、开发建设和技术创新进行高度概括和归纳总结，参考了项目各参建单位编制的规划、设计、咨询、科研、施工和项目管理等成果，以及内部工程文档和已经公开发表的文献，在此向所有参建单位和参建人员以及公开发表文献的作者表示崇高的敬意和衷心的感谢！